교육의 미래
컬처 엔지니어링

교육공학자
폴 김

인문학자
함돈균

질문하는 문화를
어떻게 만들 것인가?

교육의 미래
컬처 엔지니어링

폴 김·김길홍·나성섭·함돈균 지음

미래를
디자인하는
4인의 대담

인간사회개발 디렉터
나성섭

개발협력가
김길홍

CULTURE
ENGINEERING

메이킨

| 차례 |

0. 왜 지금 컬처 엔지니어링인가?
  - 서문을 대신하여   008

1. 갈등 수용 능력 //
  갈등을 드러내야 문제를 해결할 수 있다   023

2. 리스크 테이킹 //
  처음에는 망하는 게 정상이다   055

3. 도시 경쟁력 //
  플랫폼 도시의 발전 동력은 무엇인가?   079

4. 인재 전쟁 //
  기술혁명 시대, 인재가 갖추어야 할 무기는?   105

5. 다양성 //
  다른 생각은 어떻게 경쟁력이 되는가?   125

6. 사회적 신뢰 //
인공지능이 만들어낼 신뢰의 위기   149

7. 매뉴얼 없는 사회 //
경험해보지 못한 시대가 오고 있다   171

8. 글로벌 시티즌십 //
시민은 군중도, 백성도, 국민도, 중생도 아니다   195

9. 미래학교 //
사회에 적응시키는 교육이 아니라
사회를 변화시키는 교육을 위해 219

CULTURE
ENGINEERING

지은이 소개

폴 김

스탠퍼드대학교 교육대학원 부학장이자 최고기술경영자다. 미국에서 컴퓨터공학 학사와 교육공학 석·박사 학위를 받았고, 2001년 스탠퍼드대학교로 부임한 후 교육공학과 관련된 다양한 학위 과정 개발을 해왔으며 MOOC와 같은 실험적 수업을 운영해왔다. 최근에는 혁신교육리더 양성 프로그램 및 혁신창업교육 프로그램을 운영하고 있다. 또한 비영리 국제교육재단인 'Seeds of Empowerment'를 설립해서 학생 및 국제 자원봉사자들과 함께 다양한 프로젝트를 운영하고 있으며, 유네스코 및 여러 국제기금의 지원을 받았다. 그중 '스마일(SMILE)' 프로젝트는 2016년 유엔 미래교육혁신기술로 선정되었다. 아울러 재단의 '천일 스토리(1001 Story)' 프로젝트는 글로벌 교육협력기관인 'World Reader'를 통해 전 세계 개발도상국의 600만 명이 넘는 어린아이들에게 리더십 및 평화교육 스토리북을 무료로 보급하고 있다. 2005년 멕시코 방문을 계기로 케냐, 아르헨티나, 르완다, 부룬디, 탄자니아, 코스타리카, 엘살바도르, 페루, 우루과이, 인도, 콜롬비아, 태국, 이스라엘, 팔레스타인 지역 등 지구촌 곳곳을 직접 누비며 '국경 없는 교육'을 실천하고 있다. 아시아개발은행 자문위원, 미국 국립과학재단 자문위원 및 미국 국립과학학술원 국제개발협의위원을 역임했으며, 중동, 남미, 아시아의 여러 국가에서 교육정책 프로젝트와 자문을 맡아 수행하고 있다. 대표적인 국가 프로젝트로는 사우디아라비아 국립이러닝센터 설립, 오만 국립과학기술대학교 설립, 두바이 혁신인큐베이터센터 및 대학교 설립 등 다수가 있다.

김길홍

국제개발협력가. 마닐라 소재 아시아개발은행에서 21년간 일하고 선임 디렉터(Senior Director) 겸 부문장(Chief Sector Officer)으로 은퇴했다. 동남아 지역국에서 베트남, 라오스, 메콩강 5개국 협력 사업 프로그램을 담당했다. 지속 가능 개발 및 기후변화국에서 에너지, 수자원, 교통, 도시개발, 교육, 보건, 금융 분야 정책 및 혁신 사업을 총괄했다. 게이츠재단과 함께 혁신적인 하수시설 지원 펀드를 설립했고, 영국 DFID 및 록펠러재단과 기후변화 대응도시 개발 펀드를 설립했으며, 독일, 스웨덴, 오스트리아와 지속 가능한 도시 개발사업을 지원하는 'Cities Development Initiative for Asia'를 설립하여 공동으로 운영했다. 스탠퍼드대학교에서 1년간 방문학자로서 4차 산업혁명과 개발도상국의 대응과제에 관해 연구했다. 행정고시(재경직)를 거쳐 재무부에서 13년간 근무했으며, 아시아개발은행 근무를 위해 사직했다. 현재 서울대학교 행정대학원 객원교수로 재직 중이다.

나성섭

국제경제기구인 아시아개발은행의 교육 분야 대표이자 남아시아 인간사회개발 디렉터다. 아시아개발은행의 교육 분야 정책 방향 및 전략을 수립하고 약 4조 원에 달하는 교육 및 보건 분야 포트폴리오를 책임지고 있다. 교육뿐 아니라 아시아 국가의 경제, 인프라, 보건, 사회보장 등 폭넓은 분야에 대한 정책 및 프로젝트 입안, 실행에 직접 참여한 생생한 현장 정책 경험을 가지고 있다. 개도국의 현실을 고려한 사회 개혁에 관심이 많다. 인간사회 개발 분야에서 새로운 지평을 연 프로젝트와 비즈니스모델을 다수 개발한 혁신가로 알려졌다. 아시아 각국이 인적개발을 국가 미래발전 전략으로 삼아 재정투자를 대폭 확대하고, 기본 교육 중심의 교육의 외연을 유아교육, 직능교육, 고등교육으로 넓히는 데 지대한 역할을 했다. 전통적인 학교 교육의 틀을 넘어 현장에 필요한 미래 인재 육성 프로젝트를 IT, 농업, 의류, 보건 등 다양한 분야에서 개발·실행 중이다. 최근 폭넓은 인적 네트워크에 기반하여 식량 문제, 학습 위기, 청소년 고용 등의 글로벌 개발 이슈를 해결하고자 노력하고 있다. 아시아개발은행 이전에는 한국, 미국, 일본에서 공부하고 일했다. 고려대학교에서 학부를 마치고, 미국 일리노이대학교에서 경제학 박사 학위를 받았다. 일본 국제기독교대학교와 고려대학교 교수를 역임했다. 삼성과 국민연금에서도 일했다.

함돈균

문학평론가. 고려대학교 민족문화연구원 HK연구교수와 고려대학교 민족문화연구원 《웹진 민연》의 편집주간을 지냈다. 미학적 전위와 윤리의 문제, 정치성을 결합한 문학·예술에 특별한 관심을 갖고 문학평론에 집중해왔다. 시민의 일상성과 문명의 구체성에 대한 관심으로 글쓰기 영역을 확장하고 있다. 인문정신의 공공성과 시민교육에 대한 관심 때문에 '실천적 생각발명그룹 시민행성'을 설립했고 대표를 지냈다. 진화한 미래교육에 대한 의지를 실천하기 위해 '공존-세계시민-생명' 가치와 지구적 네트워크에 기반한 사회디자인학교 '미지행'을 동료들과 만들고 있으며 총괄디렉터로 있다. 고려대학교, 한국예술종합학교, 서울예술대학교 등 여러 대학에서 문학, 예술, 철학, 인문고전 등을 강의해왔다. 문체부, 교육부, 삼성리움미술관, 삼성전자R&D센터 등 여러 공공기관, 교육기관, 기업 등에서 교육프로그램을 기획·자문·심의·강의해왔다. 현재 삼성디자인멤버십, 서울자유시민대학, 문화재청 산하 한국전통문화대학 자문위원이며, 서촌 이상의집 프로그램디렉터다. 인문서 『사물의 철학』, 문학평론집 『사랑은 잠들지 못한다』 등 여러 책을 썼다.

0. 왜 지금 컬처 엔지니어링인가?
- 서문을 대신하여

함돈균 — 저하고는 다른 경험을 해오신 선생님들과 캘리포니아에서 전환시대에 관한 긴 대화를 시작하려니까 마음이 상당히 설렙니다. 이 시대를 큰 '전환'의 관점에서 보는 것은 아무래도 기술혁명의 도래라는 현실이 크겠지만, 이를 인문적 차원에서 이해하여 지금까지 인류를 끌고 왔던 '이야기'의 종말이라는 차원에서 보는 관점도 흥미를 끕니다. 현재 세계에서 시대진단에 관한 가장 영향력 있는 저술가 중 한 명인 유발 하라리[Yuval Noah Harari]는 다음과 같이 말합니다.

확실히 지금 시대는 20세기를 주도했고 사람들의 사고와 생활양식을 지배했던 세 가지 이야기, 즉 파시즘 이야기, 공산주의 이야기, 자유주의 이야기가 더 이상 작동하지 못하는 시대입니다. 여기에서 주목할 만한 것은 인권과 투표권의 확대, 사상의 자유, 상품이 자유롭게 이동하는 시장경제의 확대 등 자유주의 이야기가 종국의 승리를 거둔 것처럼 보이던 시대에 나타난 깊은 불안감과 파열의 증후입니다. 특히 2008년 금융위기 이래 자유시장경제에 대한 불신은 극도로 커졌습니다. 또한 전 세계적으로 발생하는 수

많은 난민 문제를 적절하게 '관리'할 수 있는 현실적인 방법을 찾지 못하고 있는 상황에서 이 문제는 지구촌의 시한폭탄이 되어 각 나라의 경계에는 높은 장벽이 쳐지고 있습니다. 디지털 기술혁명과 시장경제가 완전히 허물어 낸 줄 알았던 완강한 국경의 존재가 다시 지구적 이슈가 되고 있고, 휴머니즘적 가치에 따른 합리적 문명 진보와 연대의 이상에 큰 제동이 걸리고 있습니다.

MIT 놈 촘스키Noam Chomsky 교수가 지적하듯이 20세기 초에 사라진 줄로 알았던 '국가 파시즘적' 성격의 정부가 최근에 지구촌 곳곳에 다시 출현하면서 인종적·민족적·젠더적 특권을 포기할 수 없다는 노골적인 목소리들이 한 국가 내에서 강력한 대중적 지지를 얻고 있기도 합니다. 여기에 더하여 인간의 고유 영역이라고 생각되어왔던 인지 영역을 침범하며 이미 압도할 조짐을 보이고 있는 AI기술혁명, 생명과학혁명, 정보혁명에 의해 기술혁신의 미래가 무엇인지 예측할 수 있는 이들은 사실상 아무도 없는 시점입니다. 시대 진단에 대한 여러 목소리가 있지만, '확실한 것은 아무것도 없다'라는 가변성만이 확실하다고 할까요. 즉, 시대가 큰 '전환' 상황에 있다는 직관적 인상만을 공유할 뿐입니다.

그러다 보니 '글로벌global'이라는 말조차 지금은 또 다른 전환적 의미를 갖게 되었습니다. 처음 등장하고 유행하기 시작하던 시절 그 말은 자유주의 이야기를 지지하는 이들의 희망을 반영하는 시대적 키워드였으나, 1997년과 2008년 두 번에 걸친 '글로벌' 금융위기 이후에는 시장주의에 대한 비판적 시각을 강화하는 불신의 키워드가 되었습니다. 도널드 트럼프Donald Trump

대통령이나 브렉시트Brexit가 등장하는 현시점에서는 시장자본주의의 핵심 영토에서조차 지지받지 못하는 미아가 되어버렸다고나 할까요.

이 대화는 특정한 이념적 선명성이나 사회에 대한 도덕적 접근 방식, 대의명분을 따지는 고담준론보다는, 이러한 전환적 추이에 대해 다각도로 관찰하여 실용주의적 진단을 통해 사회 변화를 위한 내적 동력의 실마리라도 얻어 실천해보자는 차원에서 마련되었습니다. 이 대화가 특이한 점은 한자리에 앉아 얘기할 기회 자체가 거의 없는 네 사람이 모여 나누는 대화라는 점입니다. 김길홍 선생님과 나성섭 선생님은 아시아개발은행에서 개발도상국의 사회경제개발을 위해 힘써오신 현장 책임자이십니다. 폴 김 선생님은 기술혁명 시대 중심인 미국 실리콘밸리의 인재 공급처가 되고 있는 스탠퍼드대학교의 교육공학자이자 교육행정가이시고요. 그리고 저는 한국의 인문학자입니다. 관점을 나눌 기회가 없었고, 어쩌면 경험을 교환하는 걸 서로 회피해온 영역의 사람들이 허심탄회하게 둘러앉아 충분한 대화를 나눠보는 일 자체가 전환시대의 새로운 질문 형식이 될 수도 있지 않을까 생각해봅니다.

저희 대화는 1년간 기획되어 오늘 캘리포니아에서 실현될 수 있었습니다. 특히 기획 과정에서 대화자들은 지능을 지닌 기계와 자율적 인지판단력을 지닌 데이터생태계가 출현하는 기술혁명 시대의 도래와 이와 연동하는 글로벌 경제시스템의 구조적 변화에 초점을 맞춥니다. 또한 이런 시대에 반드시 필요한 교육 패러다임의 대전환이 아직도 요원하기만 한 한국 현실을 주목했습니다. 이 상황에 대하여 특정 분야의 전문가, 특히 이론가가

교육의 미래, 컬처 엔지니어링

진단한 얘기들은 이미 많이 있기 때문에, '상황 인식에는 동의하되 다른 경험과 시각, 그리고 현장성을 갖고 직접 사회디자인을 실천해온 여러 영역의 사람들이 모여 관점을 나눠보면 어떨까' 하는 생각을 하게 되었습니다.

사회혁신과 교육혁신에 초점을 두고 대화를 하되 현상 비판에 머무는 것이 아니라, '그래서 어떻게So what?'라는 질문에 현장의 구체적 경험이 녹아 있는 나름의 가이드를 던져보고 싶었습니다. 이 가이드에서 저희가 강조하고 싶은 접근 방식이 있죠. '컬처 엔지니어링culture engineering'이라는 개념입니다. 이 개념이 완전히 새로운 개념은 아니지만 그렇다고 널리 쓰이는 익숙한 개념도 아닙니다. '문화'를 '엔지니어링'한다는 개념이 모호하기도 하고, 인위적이고 공학적인 개념이라 거부감을 느끼거나 동의하지 않는 분들이 있을 거라 생각합니다. 하지만 '정답'으로서가 아니라 이 시점에 해볼 수 있는 여러 가능한 노력 가운데 하나로서 공론장에 논쟁적 제안을 해보는 일이 필요하다고 생각합니다.

저희가 여기에서 개념의 방향을 잡아나가 보려는 '컬처 엔지니어링'이라는 말은 이론적 엄밀성을 갖고 쓰는 말은 아닙니다. 예전에 폴 김 선생님께서 한국을 방문해 저와 대화하던 중에 이 용어를 사용하셨던 적이 있었는데, 제가 비평가라서 그런지 그때 이 말을 흘려듣지 않고 계속 생각해보게 되었습니다. 기술 시대의 쇼크가 새로운 사회문제를 다양한 영역에서 계속 일으키는 상황에서, 그 상황에 대처하는 사회 구성원 전반의 사고방식이나 대응 방식, 의식의 고착화 현상은 정부가 교체되어도 좀처럼 변하지 않는 모습을 관찰했습니다. 이것이 제가 '컬처'라는 개념에 새삼 주목하게 된 계기입니다. '컬처'라는 말은 모호하기 짝이 없지만, 저는 이 대화에서 컬처를 '개인과 조직의 사고·대화·행위 양식을 강제하는 의식적·무의식적 토대·구조·맥락'이라는 차원에서 규정하며 얘기를 진행하려고 합니다.

덧붙이자면 제가 이 대화를 시작하면서 떠올린 책이 하나 있는데 현대 사회철학의 고전이 된, 정치철학자 라인홀드 니부어Reinhold Niebuhr의 『도덕적 인간과 비도덕적 사회』입니다. 세계 경제공황기와 나치즘이 유럽에 등장할 무렵에 나온 이 책의 요지는, 인간들이 도덕적이라도 그들이 구성하는 사회는 그와는 다른 집단적 정체성을 이룬다는 것입니다. 특히 집단이 추구하는 이해관계를 관철시키기 위해 작동하는 시스템의 역학이 비합리적이며 정의롭지도 않은 정치적 파워 게임을 만들어내고, 거기에서 도덕적 개인들마저 그 정치적 특수성에 갇히게 된다는 것입니다. 니부어는 신학자이기도 했지만, 사회진화를 위해서는 개인의 선의지에 의존하는 것이 아니라 사회의 현실적 메커니즘을 개선하는 실천적 개입이 필요하다는 통찰을 제시합니다. 그는 도덕의 문제를 정의의 문제와 분리해서 보지 않았으며, 레프 톨스토이Lev Tolstoy가 당시에 취하고 있던 평화주의적 인간론을 도덕적 낙관주의라며 강력히 비판했습니다. 문명이 경제대공황과 세계대전, 파시즘 등을 통해 종말을 고하는 것으로 보였던 당시에, 니부어는 평등한 정의를 갈망하는 노동계급의 분노를 사회진화의 매우 중요한 요소로 보았습니다. 그는 사회적 분노가 없는 사회를 지성과 활력이 사라진 사회로 파악했습니다.

이 대화를 시작하면서 저는 한편으로는 니부어의 입장을 참조하면서 다른 한편으로는 더 현실적이고 실용적인 입장을 가지고 있어야 한다고 봅니다. 시스템에 대한 실천적 개입이라는 차원에서는 그를 수용하지만, 분노를 통한 사회체제의 감정적 전환은 지금 불가능하며, '정치경제체제 자체의 근본 전환을 추구했던 사회는 과연 아름다웠던가' 하는 문제가 20세기 후반의 철학적 반성이었기 때문입니다. 그러므로 사회진화를 위한 합리적 장치들을 디자인하는 나름의 노력이 필요하다는 것입니다. '컬처 엔지니어링'은 이 가능한 합리적 노력의 한 시도일 수 있는데요. 이에 관해서는 폴 김 선생님의 얘기를 들어보며 시작하겠습니다.

폴 김 ─ 함돈균 선생님이 개인적으로 이 대화의 맥락을 말씀해주셨는데, 아무래도 인문학자시기 때문에 여러 가지 차원에서 복합적인 생각을 갖고 계신 것 같습니다. 저는 교육공학자면서 세계 여러 나라를 다니면서 사회적 고통을 완화하기 위해 교육제도나 환경 개선에 개입하는 실천가라고도 할 수 있고, 기술 사회에 대한 감각을 피부로 절실히 느끼는 위치와 경험도 있어서 그 차원에서 제 문제의식을 말씀드리겠습니다.

'컬처 엔지니어링'이라는 단어를 제가 떠올리게 된 이유는 다음과 같습니다. 아무리 사회적 고통이 심하고 상황이 좋지 않아도 그 사회 속에 살고 있는 개인들은 세계관이나 인식을 정말 변화시키기 어렵고, 변화의 필요성도 못 느끼며, 심지어는 고통 자체에 무감각해져 있는 상황도 상당히 많다는 겁니다. 이에 비해서 어떤 사회시스템을 기계라든지 소프트웨어라든지 하드웨어라든지 이런 장치를 통해 바꾸는 일은 아주 어려운 일은 아닙니다. 그것은 인간 의식에 직접 호소하는 일이 아니라서, 잘 디자인된 의학의 수술 프로세스처럼 섬세하게 디자인하면 인간이 할 수 있는 일이고 좀 더 효율적 결과를 도출해낼 수도 있다는 것을 알기 때문이죠. 인간 의식의 변화를 직접적으로 호소하는 일보다 소프트웨어 코딩이나 알고리즘 디자인 같은 공학적 프로세스의 변화는 상대적으로 덜 어렵습니다.

사회를 개선하기 위해서는 여러 방향에서 전반적으로 다 노력해야 하지만, 제가 할 수 있는 일이나 경험의 관점에서는 사회에도 엔지니어링적인 여러 방식들이 도입될 수 있고, 또 지금도 도입이 되면서 발전하고 있다는 겁니다. 저는 전공을 컴퓨터공학으로 시작해서 디지털 세계의 논리에 익숙한데, 이 경험에서 컴퓨터가 안 돌아가면 이는 사용자인 제 잘못이지 컴퓨터 자체가 뭘 잘못한 게 아니라는 관점을 갖게 되었습니다. 기술적 기제의 현명한 설계와 활용 능력 여부는 사용자의 것이고, 이게 삶의 개선에 큰 영향을 준다는 관점이죠. 이 분야는 비교적 선명한 판단과 예측이 가능한 분야이기 때문에 노력한 보람을 가시적으로 보는 경우가 많습니다.

그런데 말씀드린 것처럼 사회, 특히 교육 분야로 제가 전공과 관심과 활동 영역을 접목하고 넓혀가면서 느낀 건, 정말로 힘든 게 사람의 생각 그리고 태도를 바꾸는 일이라는 겁니다. 그런데 사실 행동은 생각과 태도에 따라오는 것이기 때문에, 인간의 생각과 태도가 좀 더 진화할 수 있다면 행동도 따라갈 텐데 이게 참 힘들다는 거죠. 그리고 이게 개인적인 면이라면 오히려 개별적으로 해결할 수도 있는데, 사회적인 태도, 습관, 생각의 패턴 같은 건 정말 변화하기가 너무 어렵다는 것을 느꼈습니다.

그런데 제가 교육 프로젝트를 많이 하면서 '왜 저 사회에서는 저런 문제가 반복적으로 발생할까? 왜 저 사회는 저런 생각에 사로잡혀서 고통을 짊어지고 강요하며 살고 있을까?' 하고 생각을 해보니까, '이건 그 생각을 그 틀에 묶어두는 어떤 보이지 않는 태도나 습관 같은 게 아주 강하게 존재하기 때문이다. 그게 바로 저 사회의 컬처, 즉 문화 같은 게 아니겠는가' 하는 결론에 이르렀습니다. 그런데 사회적 고통이나 불편의 개선을 사회혁신이나 사회진화라고 한다면, 이 혁신에 가장 큰 걸림돌이 되는 게 그 삶의 패턴이나 생각의 전제를 의심해보지 않고 그냥 수용하는 문화, 즉 질문하지 않는 문화라는 생각을 하게 된 겁니다. 그리고 제가 교육자다 보니까, '그럼 왜 자기 삶의 관습에 의심이 없고 질문을 하지 않는 문화가 계속될까? 그것을 어떻게 변화시킬 수 있을까?' 하고 자문하게 되었고, 결국은 학교에서 질문 없는 인간을 키우고 있다는 판단을 하게 되었어요. 이건 이런 상황이 발생하는 사회에서는 어디에서나 교육적 상황을 보면 거의 예외 없이 관찰되는 일입니다.

그런 사회의 학교교육시스템이 어떻게, 무엇을 가르치고 있는가를 살펴보면, 역시 대부분 시험용 답안 작성 위주, 암기 위주로 학교시스템이 운영되고 있다는 거죠. 물론 이런 시스템을 가진 나라 중에서도 한국은 개발도상국보다는 훨씬 더 발전한 나라지만, 이게 앞으로는 더 이상 유효하지 않은 상황이 문명사적으로 전개되고 있어요. 또 이런 시스템에서 사회 구성원들 상당수가 학교 다니는 일을 불행하게 느끼잖아요.

함돈균 — 질문의 중요성은 사실 오늘날뿐만이 아니라 인류사의 도약 자체가 빅 퀘스천^{big question}이 등장하는 역사였다는 점에서도 쉽게 확인할 수 있죠. 서양에서 '과학'의 시조라고 불리는 탈레스^{Thales}는 당시 사람들이 '우주는 누가 만들었는가?'라는 질문에 답을 찾으려고 했을 때, '우주는 무엇으로 만들어졌는가?'라고 질문 자체를 다른 방향에서 물음으로써 신화적 세계관을 자연과학적 세계관으로 전환시켰고요. 르네 데카르트^{René Descartes}는 '내가 알고 있는 앎 중에서 강력한 의심을 견딜 수 있을 만큼 견고한 앎과 대상은 무엇인가?'라는 질문을 던짐으로써 중세 신학적 사회를 인간 중심적 근대로 전환했죠. 카를 마르크스^{Karl Marx}는 '꿀벌의 집 짓기과 인간의 집 짓기는 어떻게 다른가?'라는 질문을 함으로써 인간 노동의 창조성과 고유성을 발견했습니다. 이 질문은 노동을 하층계급의 전유물로 취급하던 전근대 세계의 귀족주의적 관점을 전복하고 근대 평등사회로 나아가는 데에 결정적인 계기가 됩니다. 질문하는 능력, 특히 관점 전환적 질문, 요즘식으로 말해 빅 퀘스천을 던질 수 있는 힘을 갖게 하는 건 교육이 할 수 있는 가장 큰 역할이자 목표 중 하나가 아닌가 합니다.

폴 김 — 그렇습니다. 그런데 이런 질문은 함 선생님이 말씀하신 것처럼 전환시대에는 더욱더 중요해질 수밖에 없습니다. 기존 질문 자체가 무용해지는 상황이기 때문에 답을, 그것도 상투적인 해답을 찾는 암기 교육은 더 무의미해지기 때문이죠. 그런 대답을 사람보다 월등하게 잘하는 기계들이 이미 등장했고 이 기계들이 생활의 일반 영역에 이미 들어오고 있거든요.

그런데 한국은 이런 상황에서 오히려 질문이 없는 사람, 질문을 할 수 없는 사람을 키우고 질문을 회피하는 문화가 더 고착화되고 있다는 거죠. 일류 대학이라고 하는 곳의 강의실에 가보십시오. 침묵의 교실이라고 해야 할까요. 문제의식이 없는 건지 학생들이 너무 착해서 그런 건지 반응이 없고 활력이 없어요. 하버드대학교에서 연구한 내용들 중에도 아이들이 어렸을 때는 수만 개의 질문을 하는데 성장할수록 질문하는 숫자가 적어진다는 결과가 있습니다. 제가 학교 프로젝트를 하면서 느꼈던 것들도 학생들이 상급학교로 올라갈수록 질문을 하지 않고, 사회인이 되면 그냥 주어진 대로 수동적으로 상황에 적응만 하는 존재가 된다는 거였어요. 질문 없는 학교에서 질문 없는 사회로 되어가는 게 보편적인 현재 상황인 것 같습니다. 그건 한국뿐만 아니라 근대 초기에 형성된 전반적인 교육시스템에 그런 분위기가 있습니다. 그렇다 하더라도 나라마다 사회마다 학교마다 편차가 상당히 심한 것도 사실입니다. 저도 제가 태어난 나라니까 한국에 관심을 갖는데, 그점에서는 안타까운 면이 상당히 커요. 이 상황이 제가 어릴 때에도 그랬는데, 지금은 '문화로 고착된 것처럼 변화할 기미가 보이지 않는다', 이런 생각이 드는 거고요.

그래서 그에 대해 비판을 할 게아니라, 우리 사회를 질문하는 사회로 바꾸려면 비판적 질문을 용인하고 창조적 질문을 생산할 수 있는 컬처가 필요합니다. 그건 그냥 저절로 되는 게 아니라 인간의 노력과 시스템적인 개입이 필요하다는 생각이었어요. 직접 생각을 변화시키는 일은 거의 불가능에 가깝지만 교육공학적으로 시스템을 개선하고 개입하는 일은 불가능한 일이 아니거든요. 그래서 스마일SMILE: Stanford Mobile Inquiry based Learning Environment이라는 교육 프로젝트를 만들게 된 거죠. 질문을 기본으로 하는 배움inquiry based learning이라는 개념을 만들어 이 공학적 프로젝트를 진행하면서 배운 게 상당히 많습니다. 초등학교 1학년 때부터 스마일 프로젝트를 활용하면 아이들이 질문을 많이 합니다. 처음에 타자도 잘 못 치던 아이들이 스마일 프로젝트를 하면서 협력적 질문을 만들어나가고, 또 그 질문에 대해서 토론하는 기회를 충분히 가지면서 이 프로젝트를 진행했습니다. 그랬더니 아이들이 평소에는 하지 않았던, 또 할 수 없었던 질문들도 많이 하고, 점차 아이들이 성장하면서 학교에서 해온 질문이 아니라 그 이외의 것, 그러니까 사회나 정치적 질문, 어떤 친구는 철학적 질문도 하는 태도를 갖게 되는거죠.

질문을 항상 하는 태도가 몸에 익는다는 것은 모든 것을 그냥 그대로, 예컨대 사회적 관습이나 현상을 그냥 받아들이는 게 아니라 따져보는 태도, 더 정확히 분석해보는 태도를 갖는 거예요. 그렇게 사회 구성원으로서 성장하면서 시민의식을 바꾸고 기업 문화를 바꾸는 거죠. 여기에서 질문의 수준은 사고의 수준과 관련되기 때문에 질문 수준을 높여주고 측정하는 질문평가시스템을 인공지능과 결합하여 계속 업그레이드하는 중입니다. 좋은 질문, 창조적 질문, 심도가 있는 복합적 질문을 하는 사람이 많은 사회일수록 그 문화의 사고 수준도 높다는 연구 전제 아래 이 프로젝트를 진행해왔고 계속 정교화해나가고 있는데, 아직 해야 할 일이 많습니다. 이 프로젝트는 그 의미와 가능성을 인정받아서 2016년 UN 미래교육 모델로 선정되었습니다. 그러니까 이 프로젝트는 결국 사회의 더 나은 변화와 발전을 위해서 컬처를 엔지니어링하는 교육시스템적 접근이라고 할 수 있는 겁니다. 여기에서 중요한 게, "질문하세요" 이렇게 외친다고 되는 게 아니라 그 문화를 유도하는 엔지니어링이 필요하다는 거고, 이건 사회 여러 분야에서 혁신을 유도하려고 할 때, 그 방향을 유도하는 섬세한 기제들을 디자인하는 인위적인 노력이 반드시 있어야 한다는 뜻입니다.

나성섭 — 인류가 가보지 않은 길을 나서는 대전환 시기에 우리가 나눌 대화가 어떤 질문을 통해 무슨 사회개혁이 필요한지 고민을 나누는 자리가 되었으면 합니다. 이 대화가 사회 발전을 위한 컬처를 만드는 데 필수적인 관점 전환적 질문, 즉 빅 퀘스천을 유도하기 위한 비판적 사고critical thinking를 가감 없이 쏟아내는 시간이 되길 바랍니다. 그래서 각 대화의 말미에는 이 비판적 사고를 요약하는 질문들을 추출해볼 수 있을 것 같습니다. 인문학을 전공한 작가인 함 선생님, 교육공학자이자 교육행정가이신 스탠퍼드대학교의 폴 김 선생님과 함께, 저와 김길홍 선생님은 국제개발금융기구에서 아시아 개발도상국의 교육 및 보건시스템, 도시개발 등 인프라스트럭처infrastructure를 디자인하고 현장에 적용해온 경험을 가지고 다양한 각도의 얘기를 할 수 있으리라고 생각합니다.

김길홍 — 선생님들 말씀에 대체로 동의합니다. 제가 개발도상국의 국가개발 프로젝트를 해온 경험에서 보면, 아까 폴 김 선생님께서 말씀하신 대로 길을 닦고, 학교를 만들고, 발전소를 만들고, 전기 송배전선을 설치하고, 상수도와 하수도를 까는 것들은 오히려 어렵지 않습니다. 거기에도 나름의 어려움은 있지만, 그런 일은 상대적으로 빠른 시간 내에 할 수 있고 그 효과도 가시적으로 보입니다. 그런데 이런 인프라가 설치되어어 있어도 이 하드웨어를 제대로 사용하고 유지·관리하는 것, 거기에 따르는 관습·제도·정책·규정·법을 바꾸는 것이 굉장히 힘들다는 것을 느낍니다. 하드웨어보다 변화시키기 어려운 게 소프트웨어이고, 그것보다 더 어려운 게 소프트웨어를 창출하고 이용하고 유지하는 그 사회의 컬처, 사람들의 문화나 인식이나 태도의 변화입니다.

지금 4차 산업혁명 시대라는 것은 이전 산업사회에서 겪어보지 못했던 정도로 모든 사회 구성원이 큰 영향을 받는 광범위한 변화가 아주 빠른 속도로 진행되는 사회를 뜻합니다. 사회 변화의 쓰나미라고 할 만한 상황이 목전에 달했는데, 여기에서 중요한 것은 테크놀로지에서 하드웨어로 이어지는 단순한 변화가 아니라 그에 부합되는, 어쩌면 하드웨어를 끌고 가는 새로운 소프트웨어의 등장입니다. 그 소프트웨어라는 게 결국 사회의 관습이나 문화, 법, 제도 같은 것과 아주 밀접한 연관이 있습니다. 또 변화에 수반되는 사회 이해관계자들의 갈등 요인들이 엄청나게 폭발할 게 분명하기 때문에 굉장히 면밀한 연구와 분석과 예측이 필요하고, 이 영역은 궁극적으로 새로운 상황에 부합하는 새로운 컬처의 형성과 관련이 있습니다.

이런 도전적 상황에서는 워낙 사회가 급변하고 물리적 충돌이 강력하기 때문에 컬처가 저절로 형성되기를 기다릴 수가 없고, 절대로 저절로 형성될 수도 없습니다. 그렇다면 그냥 손 놓고 기다리지 말고, 미리 조금 더 과학적으로, 공학적으로, 합리적으로 접근을 해서 사회시스템들이 원활하게 작동하고 변화에 따른 고통과 갈등을 가능한 한 완화하면서 새로운 발전을 도모할 수 있는 선제적이고 적극적인 전략이 필요하다는 겁니다.

함돈균— 제가 올해 처음 서핑을 해봤는데요, 어렵더라고요. 일어서지도 못했어요. 그런데 절 가르치는 서퍼가 그런 말을 하시더라고요. "비슷해 보여도 똑같은 파도는 없다. 오는 파도가 다르면 파도를 타는 방법도 달라야 한다. 그것을 할 수 있는 사람이 좋은 서퍼다. 그런데 더 중요한 게 있다. 오는 파도를 두려워하면 어떤 스킬도 거기에서는 맥을 못 춘다." 다른 파도가, 그것도 아주 격렬한 파도가 밀려오는 시대인 것만은 분명한 것 같습니다. 오는 파도가 하드웨어라면 파도를 타는 기술은 소프트웨어인 것 같아요. 그런데 파도를 맞이하는 마음가짐, 파도를 보는 관점이 파도 타는 기술보다 더 우선하는 게 아닐까 싶습니다. 그 마음가짐과 태도와 관점, 이런 게 사회에서는 '컬처'일 수도 있겠다고 생각하고요. 그 컬처가 저절로 형성되는 게 아니라면 어떤 접근이어야 할까, 어떤 질문이 필요한 걸까 하는 얘기를 몇 개의 키워드를 통해 이제 나눠보고자 합니다.

1. 갈등 수용 능력

. . . . .

갈등을 드러내야 문제를 해결할 수 있다

기술 발전 그 자체보다 더 중요한 것은 그 기술로 인해서 야기되는 사회적 갈등을 어떻게 건설적으로 해결하는가입니다. 기술을 개발하는 것도 사람이지만, 그 기술을 어떻게 쓰는가 얼마나 잘 활용하는가도 사람에 달려 있고요. '사회적 합의를 할 수 있는가', '어떻게 변화를 받아들일 것인가' 하는 합의 능력에 따라서 4차 산업혁명 시대에 기회를 잡는가, 못 잡는가가 나눠질 것이라고 봅니다.

함돈균— 본격적인 대화에 앞서 사회혁신을 위해 '컬처'를 '엔지니어링'한다는 게 어떤 의미인지 간단히 화두를 던져봤습니다. '컬처 엔지니어링'은 큰 화두와 같은 거라서, 이 대화는 그 개념에 묶이고 그 개념을 이론화하기보다는, 사회 변화의 큰 추세를 검토하면서 어떻게 변화의 동력을 만들어갈 것인가라는 차원에서 얘기를 진행하겠습니다. 결과적으로 '컬처 엔지니어링'이라는 방법론의 실마리를 찾아보고요. 특히 이 자리에서는 선생님들이 수행해왔던 국가디자인, 사회디자인의 사례나 교육 프로젝트의 경험들을 최대한 들어보는 방식으로 영감을 얻어보면 어떨까 합니다. 『교육의 미래, 티칭이 아니라 코칭이다』를 통해서 폴 김 선생님의 교육 실천 이야기는 잔잔하지만 작지 않은 반향을 일으켰고 이제 국내에 어느 정도 알려졌습니다. 그렇지만 여전히 가장 강력한 글로벌 파워를 지닌 미국, 그중에서도 21세기

기술혁신과 교육 트렌드를 주도하고 있는 실리콘밸리와 스탠퍼드대학교의 사례에서 들어보고 싶은 이야기가 많습니다. 또 아시아에 속하면서도 아시아의 국가디자인 모델에 큰 관심을 가져오지 않은 한국인들에게 김길홍, 나성섭 선생님이 전해주실 아시아개발은행ADB: Asian Development Bank에서의 경험은 들어보기 힘든 귀한 사회 공부의 기회를 제공할 것 같습니다.

근대 세계를 주도한 유럽의 쇠퇴 또는 정체가 가시화되는 상황에서 중국을 중심으로 한 아시아의 역동성은 특별한 주목을 요합니다. 더군다나 지금 생각해보면, 한국 역시 아시아 국가지만 우리가 개발도상국 시절이었을 때는 스스로가 이 개발의 흐름 속에 있었기 때문에 사회·국가 개발의 과정을 객관적으로 성찰할 수 없었습니다. 그런 점에서도 현시점의 아시아가 무엇이며 어떻게 변화하고 있고 그들과 어떻게 관계 맺어야 하는가 하는 문제는 유럽 중심주의, 미국 중심주의에 갇힌 한국인들에게 신선한 성찰의 사례를 제시해줄 수 있을 듯합니다.

김길홍 ― 미국은 앞으로도 상당 기간 글로벌 스탠더드를 리드해갈 것이기 때문에, 특히 한국처럼 미국과 특수한 관계를 지닌 나라에서는 미국을 잘 살펴야 합니다. 역사와 세계 역학 구조 속에서 만들어진 상호의존성은 감정적인 것으로 해소될 수 있는 것이 아니며, 엄연한 현실이기 때문이죠. 한편 아시아는 여러모로 새로운 연구의 대상이며 관심 대상이 될 필요가 있습니다. 일본인들의 속내를 들여다보면 스스로를 아시아가 아닌 '서구'인 것처럼 여기는 무의식이 있다고 합니다. 그런데 사실 한국인들 역시 아시아에 대해 잘 알지 못하고 아시아의 사람들, 특히 상대적으로 저개발 국가 사람들을 무시하는 경향이 있는데, 이는 우리가 비판하는 일본인들의 속내와 크게 다르지 않습니다. 아시아는 이제 글로벌 경제의 중요한 축으로 재편되고 있기 때문에, 한국 젊은이들에게는 자신의 꿈을 펼칠 수 있는 기회의 땅이기도 하다는 점에서 정말 진지하게 공부하고 도전해볼 만한 곳입니다.

함돈균 ─ 이번 장에서는 그 시작으로 사회 구성원이 원치 않는다 하더라도 강제될 수밖에 없는 최근의 문명적 상황, 특히 기술 변화가 야기하는 사회 대격변에서 눈에 띄게 도드라지는 사회적 갈등의 문제부터 얘기해보면 어떨까 싶습니다. 이 문제는 4차 산업혁명을 기술 변화의 문제로만 이해하다가 큰 곤경에 처해 있는 한국 사회에도 시사하는 바가 매우 큰데요. 하지만 꼭 지금 상황이 아니라도 개발이 야기하는 기존 사회 또는 공동체와의 갈등은 늘 있던 문제가 아니겠습니까? 선생님들이 진행해온 소위 개발 프로젝트 등의 사례도 좋고 현재 글로벌한 문명론적 상황에 대한 얘기도 좋습니다.

김길홍 ─ 일단 제가 아시아 지역 국가개발 프로젝트를 하면서 겪은 사례를 얘기해볼까요. 아시아의 사례이기도 하지만, 아마 거의 모든 나라가 개발 과정에서 겪는 보편적 일이기도 합니다. 라오스는 수력발전을 할 수 있는 물이 풍부하기 때문에 25년 전에 메콩강 지역 국가의 배터리 역할을 하겠다는 개발 방향을 잡았고, 이를 도와주기 위해 아시아개발은행에서 수력발전소 두세 개를 지어줬습니다. 프로젝트 당시에는 환경이나 이주 문제 등 공동체 갈등 문제를 잘 해결했다고 생각했지만 프로젝트가 끝나고 난 뒤에도 일부 부작용이 남아 있는 경우가 있었어요. 그래서 라오스뿐만 아니라 다른 개발도상국에도 부작용만 너무 부각이 되어서 수력발전소 건설에 대한 거부 반응이 많이 생기게 됐죠. 국제적인 시민단체에서 발전소 짓는 것을 반대하고 개입하면서 라오스에서도 10년 정도 수력발전소 건설이 중단되었죠.

함돈균 — 개발과 환경의 이슈가 부딪치는 전형적인 사례네요.

김길홍 — 그렇죠. 라오스의 경제개발에서 수력발전이 굉장히 중요한데, 개발을 하면서도 환경과 이주 문제를 보다 바람직하게 해결하는 방법이 없을지 고민을 많이 했죠. 그리고 과거의 경험을 토대로 어떻게 하면 좀 더 효율적으로 도와줄 수 있을지 고민하다가, 예를 들면 사회 이슈나 환경 문제나 댐 엔지니어링 실행 문제에 대한 연구를 하고 협의도 많이 했어요. 그래서 나름대로는 '이렇게 하면 우리가 조금 더 좋은 개발모델을 이 세상에 보여줄 수 있겠다. 라오스에서 서로가 윈원하는 수력발전소 프로젝트를 우리가 한번 추진해보자' 하는 방향을 잡게 되었던 거죠.

그런데 여전히 국제 시민단체에서는 불신의 눈으로 개발을 봤어요. 과거의 사례에 비추어 라오스 정부의 능력을 믿지를 않았고, 그렇게 개발해봐야 주민 삶에 실질적으로 도움이 안 된다는 고정관념을 강력히 가졌던 거죠. 시민단체가 국제 여론을 부정적으로 환기하고 주민들한테도 반대 여론을 많이 형성해서 프로젝트 추진에 상당히 어려움을 겪었습니다.

폴 김― 어떻게 난관을 헤쳐나가셨는지요?

김길홍― 주민들을 만나서 설명하고 인터뷰해보니까 많은 사람들은 찬성을 하는데 일부는 여전히 불신감을 가지고 있었어요. 그래서 우리가 정보를 주민과 자세히 공유했죠. 이 프로젝트는 뭘 하는 거고, 이런 문제가 생기는데 우리가 어떻게 해결해줄 거고, 이렇게 하면서 당신들이 받는 배려가 뭐라는 것을 충분히 알려줬어요. 사실을 정확하고 구체적으로요. 그런 소통과 협의 과정을 거치면서 거의 대부분의 사람들이 찬성 쪽으로 돌아서는 계기가 됐어요. 국제 시민단체하고도 합의가 됐어요. 그래서 프로젝트를 하면서 당신들이 걱정하는 부작용이 발생하지 않도록 할 것이고, 이를 보장하기 위해 국제전문가와 시민단체를 포함한 자문단에 프로젝트 과정을 직접 독자적으로 모니터링하고 중요한 문제가 발생할 경우에는 프로젝트를 중지시킬 수 있는 권한까지 주겠다고 했죠.

폴 김― 이례적이면서도 사려 깊은 제안인데요.

김길홍― 그렇게 주민들과 국제 시민단체들하고도 쉽지 않은 조건하에서 어렵게 프로젝트가 성사됐는데, 라오스 정부가 제도적으로나 인적 자본이 약하다 보니까 여전히 집행 과정에서 부족한 면도 많았죠. 그런데 이게 첩첩산중인 것이 환경 문제나 인적 자본 문제에 대해서는 라오스 정부, 발전소 개발 업체, 국제 금융기관들과 긴밀한 협의를 거쳐 겨우 해법을 찾아나

갔는데, 가장 어려운 일은 주민들을 이주시키는 문제였던 거예요.

주민들에게 새로운 집이나 땅이나 생활 터전을 훨씬 나은 수준으로 다 제공했고, 새로운 학교도 짓고 보건소도 짓고 정착 보조금과 직업 훈련을 제공했는데도, 살던 지역을 떠나서 새로운 지역으로 자발적으로 이주하게 하는 데는 어려움이 많았어요. 자기네들의 생활 습관이나 지역 사람들이 오래 존중해온 풍습들이 있어서 일부 부족들은 이주를 주저하고 불안해했는데, 특히 한 가족이 마지막에 이주를 거부했어요. '모든 사람이 다 옮겼는데 한 가족만 안 옮기면 철거를 하고 그냥 강제 이주를 시켜서 프로젝트를 진행해야 하는 것 아니냐'라는 의견도 많이 있었죠. 그렇지만 저희들은 인내심을 가지고 마지막 한 가족까지 이해시켜서 전원이 자발적으로 이주하도록 해야 한다는 원칙을 고집했어요. 세대주 할머니는 밖에도 안 나가려고 하니까 할머니의 자식들에게 이주가 어떻게 새로운 삶이 될 수 있는지 많이 보여주었어요.

그래서 자식들은 생각이 조금 바뀌기 시작했는데 그 할머니는 여전히 주저했어요. 그 할머니가 연장자이기 때문에 작은 부락을 대표하는 촌장이라고 볼 수 있어요. 그 할머니가 주저했던 가장 큰 이유는 자기네 소수민족이 모시는 나무가 있는데, 그 나무에서 꽃이 피어야 그 지역을 떠나 이주할 수 있는 그런 전설이랄까, 관습이 있었던 거죠. 거기에 거주한 지 오래되었는데, 그 할머니는 촌장으로서 자기 조상들의 관습을 지키고 싶은 거죠. 그분은 아직까지 꽃이 안 피었기 때문에 옮기면 안 된다는 거예요. 우리가 보면 이해가 안 되는 면도 있지만 그분으로서는 중요한 관습이니까 전통을 자기

교육의 미래, 컬처 엔지니어링

세대에서 깨기 싫은 거예요. 다른 가족들이 떠나고 난 뒤에도 1년 이상을 혼자 남아 있었어요.

함돈균 — 아, 전설과 개발이라. 상황은 엄중한데 어떻게 보면 로맨틱해 보이는 얘기이기도 하고, 대부분의 사람들에게는 어이없어 보일 것 같기도 하네요. 어떻게 이 문제를 해결하셨을지 궁금합니다.

나무에 꽃이 필 때까지 기다려야 한다

김길홍 — 저희가 일단 기다려주었어요. 설득될 때까지. 이주를 마친 동네 주민들과 자식들도 적극적으로 협조해주었어요. 옮긴 데를 가보니까 훨씬 생활도 좋고, 학교도 있고, 자기 손자나 애들이 새롭게 살 수 있는 기회가 생겼다고, 자식들이 부모하고 똑같은 운명을 살아야 될 게 아니고 자기들도 새로운 기회를 마련할 수 있는 길을 걸을 수 있게 도와달라고 할머니한테 권유를 하는 거예요. 그 할머니도 결국에는 어렵지만 기꺼이 "우리가 새로운 조상을 만들어보자", 이렇게 결단을 해요. 정말 훌륭한 결단이라고 봐요. 그래서 모든 분들이 평화롭게 자발적으로 다 옮기고 난 뒤 수력발전소가 완공됐고, 국제 시민단체들도 그 결과를 환영했어요. 물 부족과 전기 부족으로 고통을 겪던 지역에서 수력발전소가 만들어지고 난 후 마지막에 물을 흘려보내는 행사가 있었는데, 그때 국제 시민단체 자문단장이 감동적인 기자회견을 한 거죠. 아직도 개선될 부분이 충분히 있지만 개발과 주민 생활의 개선과 자연 보존을 동시에 도모하려는 시도가 가능하다는 것을 증명했고, 이러한 성공적인 모델에 자기가 관여할 수 있게 되어서 영광으로 생각한다고 말했어요.

폴 김― 보람이 있는 좋은 모델을 디자인하셨네요.

김길홍― 쉽지 않은 과정이었지만 서로가 많이 배웠고 정말 보람이 있었죠. 수력발전소가 완공됐고, 전기도 공급받고, 전기를 태국으로 수출해서 그 돈을 교육이나 보건이나 빈곤퇴치운동에 공공투자로 활용하는 순환구조를 만들었어요. 그래서 그 모델이 개발도상국 정부, 국제 시민단체, 그리고 국제금융기구가 수력발전소 건설에 새롭게 접근하는 새로운 계기를 만들어 주었어요. 그다음부터는 라오스도 갈등 해결에 대한 자신감이 생겨서, 스스로 다른 수력발전소 프로젝트들을 개발하고 시행할 수 있게 되었어요.

함돈균― 이 사례가 시사하는 바가 참 크다고 생각되는 건 단순히 개발에 관한 이야기가 아니라, 개발을 주도하는 쪽이 기존 주민의 삶의 양식을 존중한다는 차원에서인데요. 특히 정부 단위에서 주도하는 국가 개발에서 원주민들에 대한 존중은 민주주의의 문제와도 연결되어 있어서 이념적 문제로까지 번지는 경우가 많지 않습니까? 그러면서 대립도 심해지고요. 요즘 같으면 사회 변화가 정부 주도보다 기업이나 기술혁신에 의해 강제되는 경우가 많은데, 이때는 기존 산업 체제와 새로운 체제가 충돌하면서 쌍방의 이해관계 당사자들을 첨예한 갈등 상황으로 몰아넣는 일이 발생합니다.

쌍방의 이해관계 당사자들의 문제가 결국 사회 안의 체제와 지역과 집단의 문제가 될 정도로 큰 문제이다 보니까 사회갈등의 큰 요소가 됩니다. 한국의 경우 기존 택시운수조합과 IT 기술을 이용한 새로운 교통서비스를 제공하려는 기업 사이에서 큰 충돌이 일어나고 있는 현 상황이 대표적이죠. 이걸 혁신 수용 능력이라고 보게 되면 이전과는 다른 차원의 기술 사회가 도래하고, 새로운 기술이 기존 기술시스템을 지닌 이해당사자들과 부딪치면서 여러 가지 문제를 일으키는 상황에서 이 능력이 발휘되어야 합니다. 이런 갈등을 해결할 수 있는 능력 자체가 어쩌면 기술 문제보다 더 사회 발전의 핵심이라고 생각합니다.

김길홍 — 사회 전 분야에서 급속하고 광범위한 변화가 생기면서 기존 영역에서 기득권을 갖고 있는 그룹과 새로운 기술을 가지고 진입하려는 그룹 사이에 심각한 충돌이 있을 것 같아요. 이 문제를 어떻게 해결하는가가 사회가 제대로 발전할 것인가 안 그러면 도태될 것인가를 결정한다고 봐야죠. 그러니까 기술 발전 그 자체보다 더 중요한 것은 그 기술로 인해서 야기되는 사회적 갈등을 어떻게 건설적으로 해결하는가입니다. 기술을 개발하는 것도 사람이지만, 그 기술을 어떻게 쓰는가 얼마나 잘 활용하는가도 사람에 달려 있고요. '사회적 합의를 할 수 있는가', '어떻게 변화를 받아들일 것인가' 하는 합의 능력에 따라서 4차 산업혁명 시대에 기회를 잡는가, 못 잡는가가 나눠질 것이라고 봅니다.

이 갈등 문제를 해결하는 방식은 두 가지가 있겠죠. 하나는 권위적으로, 강제적으로 해결하는 방법이죠. 과거 통제 사회, 후진적인 사회에서는 이 방법을 택하죠. 빨리 해결할 수 있으니까요. 그러나 이 방법으로는 근본적인 진짜 문제를 사회적으로 해결할 수 없으면서, 오히려 갈등만 심화시키는 계기가 될 수 있다는 것을 알아야 합니다. 또 다른 방법은 새로운 메커니즘을 도입해서 시간은 걸리더라도 충분히 협의해서 서로가 원원할 수 있는 과정을 찾아가는 방법이죠. 이 과정은 장기적 관점에서는 사회적 비용을 줄이고 갈등 해결 능력을 키워줄 수 있으나 당장은 시간과 비용이 들고 상당한 인내심을 가져야 하는 거고요. 그래서 이 과정 자체를 경험하고 배우면서 그 사회에 보다 더 적합한 '컬처 엔지니어링'을 디자인해나가야 할 필요가 있죠.

함돈균 — 나성섭 선생님께서도 이 얘기에 관해 해주실 말씀이 있으실 텐데요.

나성섭 — 아까 말씀하신 라오스의 수력발전소 사례에 관해 우선 보충 설명을 드리자면요. 그 프로젝트는 수력발전에 아시아개발은행 같은 국제개발금융기구가 참여하게 되는 아주 획기적인 전기가 된 프로젝트예요. 특히 수력발전의 경우 환경과 이주 문제 같은 사회문제나 공동체 문제가 복잡하게 걸려 있어서 국제개발금융기구가 참여하는 게 쉽지 않은 일이었거든요.

그런데 그 라오스 프로젝트의 경우에는 단순한 구호나 원조 프로젝트가 아니라 세계은행World Bank, 아시아개발은행, 국제 NGO들이 모두 힘을 합친 매우 새롭고 드문 모델이었어요. 글로벌 시각에서 중요한 주체들이 다 들어온 거죠. 라오스의 수력발전소는 그 나라에서 주민들이 겪는 생활의 실제 어려움을 해결했을 뿐만 아니라, 정부가 새로운 성장을 할 수 있는 수입원을 찾았고, 글로벌 콘텐츠에 있어서도 수력발전에 우리 같은 국제기구가 참여할 수 있는 길을 뚫어줬어요. 그런데 거기에서 그 꽃이 그렇게 중요한 역할을 한 줄 몰랐네요(웃음).

김길홍 선생님이 물 자원에 대해 말씀하셨으니 네팔의 멜람치^{Melamchi} 물 공급 사업에 대한 얘기를 나누어보려 합니다 멜람치 물 공급 사업은 네팔의 수도 카트만두 지역에 물을 공급하는 프로젝트입니다. 네팔은 지금 인구가 3,000만 명 정도 되는데, 그 당시 2000년경에는 인구가 2,300만 명 정도였어요. 2000년 기준 1인당 국민 소득이 250불로 세계에서 가장 가난한 나라 중의 하나인데 정부군과 마오이스트^{Maoist} 무장 반군 세력이 내전 중인 상황이었어요. 입헌군주 민주국가였지만 국왕이 군을 장악하고 있었고요. 제도 정치권에서도 분열이 상당히 심했어요. 집권 정당과 반대당이 있는데 서로 정권을 차지하려고 싸움을 하고 있어서 정치적으로 불안정한 상황이었어요. 그뿐만 아니라 네팔에는 많은 NGO가 활발하게 활동하고 있었습니다.

함돈균 ― 국가디자인의 방향을 정하고 큰 프로젝트를 진행하기에는 극히 어려운 조건이었군요. 그런데 네팔에 NGO가 많다는 것은 처음 안 사실인데요. 어떤 맥락이 있습니까?

나성섭 ─ 정부나 민간기업의 역할이 제한적인 나라에서 NGO가 활발하게 활동하는 경우가 많아요. 교육받은 많은 사람들이 NGO에 갑니다. NGO에 있는 사람들 중에 똑똑한 분들이 많습니다. 이들 인재가 NGO에서 활동하는 이유로는 정부나 민간기업 등 제도권 경제가 이들을 제대로 수용할 능력이 없는 점도 있겠지만, 저는 사회 변화에 이바지하고자 하는 열망 때문이라고 봅니다. 네팔의 경우에는 NGO 종류가 많지만, 특히 환경 NGO가 많아요. 네팔은 히말라야산맥 해발 0미터부터 8,000미터까지 펼쳐지는 경이로운 자연환경과 엄청난 생태 다양성을 가지고 있는 나라입니다. 그리고 이 나라가 세계에서 물 자원이 두 번째로 많은 나라예요. 티베트에서 나오는 물이 있어서요.

저는 네팔 담당으로 2001년부터 일했어요. 하루 종일 네팔에 대해서만 일하고 연구했습니다. 그래서 네팔을 나보다 잘 아는 사람이 없다고 생각하기도 했죠. 그러다가 2004년 초엽 현지 부소장으로 부임했어요. 부임해서 보니까 수도를 틀었는데 물이 안 나오는 거예요. 부임 전 출장으로 왔을 때는 물이 펑펑 나오는 호텔에 투숙해서 잘 몰랐는데, 현지에 집을 정하고 가니까 물이 공급되지 않는 것을 그제야 체험해서 안 거죠. 정부가 물을 제한적으로 공급했어요. 일주일에 몇 시간만 수도로 물을 공급해주는 거예요. 이 나라가 물 자원이 세계에서 두 번째로 많은 나라인데 집에서 물을 틀면 물이 안 나오는 이유가 정말 의아했죠. 그리고 내가 네팔을 책상머리에서는 잘 안다고 생각했는데, 현지 생활을 하면서 가장 기본적 상황도 제대로 모르고 있었다는 점에 적잖이 당황하고 크게 반성했어요. 경제학자로서, 현장과 동떨어진 공부의 한계도 알게 돼서 부끄럽더라고요.

함돈균 — 4차 산업혁명을 얘기하는 이 상황에서도 지구촌에는 도시에서 물 공급을 제대로 받을 수 없는 지역들이 있다는 게 새삼 마음이 아프군요. 물 같이 핵심적인 자원이라면 그곳에서는 그 문제가 가장 큰 사회적 고통 중 하나라서 사회개발의 우선순위가 되겠군요.

나성섭 — 물론입니다. 제게도 그 상황이 여러모로 많은 생각거리를 주었고, 그 문제는 제가 그곳에서 생활인으로서 겪는 큰 고통이기도 했습니다. 그 상황에서 우선 개인적으로 제 문제를 해결하려고 시도했던 일이 물탱크 트럭으로 물을 가져오는 거였죠. 강에 가서 펌프질한 물을 트럭에 있는 탱크에 실어 가져오는 거예요. 그래서 물값이 비싸요. 저만 그런 게 아니고 카트만두에 있는 많은 시민들이 물이 없어서 물을 탱크로 길어다 먹어요. 어떤 때는 논에 있는 물도 길어다 팔아요. 깨끗한 물이 아니라서 그 물을 먹으면 설사 등 수인성 병이 발병할 수 있습니다. 그런데 이게 얼마나 아이러니한 일인가요? 전 세계에서 수자원이 두 번째로 많고, 카트만두에서 차를 타고 30분만 야외로 나가면 산의 폭포에서 물이 펑펑 쏟아져 마치 물속에 사는 것 같은 기분이 드는 나라인데, 정작 내 집에서는 물이 안 나와요.

게다가 식수난이 심각해지면서 시민들 간에 물 전쟁이 일어납니다. 시민들이 집에 모터를 설치하기 시작하는 겁니다. 모터를 설치하면 급수가 되는 제한적 시간에 수도관의 물을 최대한 자신의 집으로 끌어올 수 있겠죠. 경쟁이 붙어요. 부잣집은 강력한 모터를 설치해서 수도관 물을 쫙 빨아들여서 쓰고, 가난한 사람들은 안전성이 담보되지 않은 물을 길어다 먹죠. 사람들은 흔히 에너지를 얘기하지만 국가개발 초기 단계에서 일단 제일 시급한 것이 바로 먹고 마시는 문제를 해결하는 것입니다. 그러나 안전한 식수가 확보되지 않아서 수인성 질병이 국민 건강에 심각한 위협을 주는 경우가 많습니다. 네팔의 경우 매년 3,500여 명의 아이들이 설사병, 콜레라 등 수인성 질병으로 사망하고 있어요. 저도 오염된 식수를 먹고 한 달 동안 설사를 했어요. 얼마나 심한지 약을 먹어도 낫지를 않았어요.

카트만두의 심각한 식수 문제를 타개하고자 네팔 정부는 카트만두에서 약 40킬로미터 떨어진 멜람치강에서 하루에 1억 7,000만 리터의 물을 공급한다는 멜람치 물 공급 사업계획을 1998년에 발표합니다. 산이 많아 26킬로미터나 되는 긴 수로 터널을 뚫어 물을 가져와야 하는 어려운 사업이죠. 총사업비는 4억 6,000만 달러이고 아시아개발은행이 주관사로 노르웨이 등과 함께 참여했습니다. 이 사업은 아시아개발은행에서 2000년 12월에 승인되었으나 2001년 11월에나 시행되었습니다. 카트만두 인근에는 하루 1억 7,000만 리터의 충분한 용수를 채취할 공급원이 없어 카트만두에서 멀리 떨어진 멜람치강에서 물을 가져오는 프로젝트를 하게 된 겁니다.

한국에서는 서울과 수도권의 식수를 소양강 등에서 가져오잖아요. 멜람치 사업은 소양강댐 사업처럼 중요한 프로젝트예요. 그런데 한국의 소양강댐은 순조롭게 건설되어 중요한 역할을 수행하고 있잖아요. 대일청구권자금으로 건설된 다목적댐인 소양강댐은 1970년 착공되었습니다. 착공 3년

만인 1973년부터 용수 공급을 시작했고 현재 수도권 물 공급의 50퍼센트를 담당하고 있어요. 이에 반해 멜람치 물 공급 사업은 20년이 지난 지금도 물을 공급하지 못하고 있어요. 물 공급이 2020년 말이나 가능할 것으로 보입니다. '여기선 대체 왜 20년이라는 오랜 기간 동안 사업이 지연되어 물이 공급되지 않았는가', 이걸 얘기하려고 해요. 사업이 장기간 지연된 원인에는 사업 수행 능력이 탁월한 공사 업체를 선정하는 데 실패해 터널 및 진입로 공사가 지연되는 등 여러 문제가 있었지만, 사업 초기 5년간의 지체는 바로 사회갈등 때문이었습니다.

함돈균 — 아, 그렇군요. 그렇게 중요하고 모든 사람들의 공통 이해관계에 부합하는 일인데도 어떤 사회적 이슈가 있다는 말씀이신가요?

나성섭 — 네. 정말 이게 사회라는 판에서 발생되는 슬픈 현실입니다. 물이 없어서 고통을 받고 죽는 사람까지 있어요. 이 문제의 해결은 엄밀한 테크니컬 분석에 기반을 두어야 합니다. 물 부족이 왜 발생하는지 분석하고 이에 대한 해결 방안을 검토한 후 사회적 합의를 도출하여 사업에 대한 경제적 지원을 하면 되는 것이죠. 경제적 능력이 없을 때 우리 같은 국제기구가 그곳에 들어가서 도움을 주는 겁니다.

그런데 멜람치 물 공급 사업의 경우 이런 고도의 전문성에 기반한 평가와 해결 방안이 사업 초기에 정치적 이슈로 변질되어버렸어요. 엄격한 과학적 분석에 의거하여 해결책이 명확하게 제시되었지만, 애초에 정치적 갈등이 심한 나라에서는 기술적인 이슈를 사람들이 정치적 이슈로 변질시키면서 오히려 사회갈등을 증폭시키죠. 당시 네팔에서는 '왜 가까운 곳에서 물을 가져오지 40킬로미터나 떨어진 멜람치에서 물을 가져와야 하느냐' 등 거의 모든 사안들을 의심했어요. 정부는 못 미덥다고 하더라도, 아시아개발은행 같은 중립적인 국제기구에서 실사한 데이터와 증거들을 NGO들이 믿지 않는 거예요. 기술적 타당성이나 근거를 통해 이루어진 어떠한 테크니컬한 제안들도 믿지 않는 겁니다. 이게 반복되면서 불신과 사회적 갈등은 증폭됩니다. 이와 비슷한 일들이 한국에서도 일어났죠. 예를 들어서 광우병, 4대강 같은 사건들요.

기술적 이슈가 정치적 이슈로 변질될 때

함돈균 — 신뢰 없는 사회가 야기하는 불필요한 갈등, 참 중요한 말씀인 것 같습니다.

나성섭 — 불신이 초래한 사회적 갈등이 결국 네팔의 프로젝트 진행을 더욱 어렵게 했습니다. 멜람치 물 공급 사업의 초기에 가장 어려웠던 부분은 멜람치강 지역의 환경 문제, 이주 문제에 대한 사회적 합의를 도출하는 것과 카트만두 지역을 배경으로 활약하던 물 관련 NGO들이 제기한 멜람치 물 프로젝트의 필요성에 대한 비판에 대처하는 것이었어요. 멜람치 물 공급 사

교육의 미래, 컬처 엔지니어링

업에 직접적 영향을 받는 2,000여 가구의 이주 문제, 환경 문제, 동식물 피해 문제 등에 대한 합의를 도출하기 위해 지역 주민과 NGO를 포함한 협의체를 구성해 많은 노력을 했습니다. 사업의 혜택은 카트만두 주민들이 받는데 멜람치 지역은 환경·이주 문제를 겪어야 하는 상황이니, 지역사회에 사업의 이익을 공유한다는 원칙하에 이주 및 환경 문제를 풀기 위해 협의체를 구성한 거죠. 그럼에도 불구하고 NGO나 지역 커뮤니티가 정부를 믿지 못했습니다. 환경 문제, 이주 문제의 대책에 대해 불신이 컸어요. 커뮤니케이션을 강화해 이런 문제를 극복하긴 했지만, 공사가 지연되면서 멜람치나 카트만두 지역 주민 모두 커다란 피해를 입게 되었죠.

지역구의 정치인들이 개입하고, NGO가 지역 주민과의 조정 과정에 과도하게 개입하면서 사태가 더욱 악화되었습니다. 정당과 단체가 뒷돈을 요구하고, 주민들이 이주비 인상을 계속 요구하는 등 요구가 끝이 없었어요. 자기 고향을 떠나는 일에 관습상 굉장히 보수적인 부족도 자녀 교육에 대한 혜택 등을 잘 설명하면 이주를 하는 경우가 많은 데, NGO가 개입해서 그런 중재 과정 자체를 불신하게 조종해요. 어떤 때는 NGO가 주민들 의사와 상관없이 중재·조정 과정을 NGO 활동의 목적을 달성하기 위한 도구로 사용하면서 NGO와 주민들이 갈등을 하는 경우도 있었습니다.

이 당시 활약했던 NGO는 월드 댐World Dam의 지원을 받으며 워터 마피아라고 불리는, 카트만두에 기반을 둔 엘리트들이 중심이 된 와페드WAFED: Water and Energy Users' Federation-Nepal라는 그룹이었습니다. 와페드는 멜람치 물 공급 사업 등 수자원 개발에 대해 아주 비판적인 입장을 가지고 있었죠. 와페드는 멜람치 물 공급 사업의 대안으로 카트만두의 지하수나 근교 작은 강의 수원지 등을 활용하는 방안을 주장했어요. 그런데 사업 초에 엄밀한 타당성 분석에서 모두 적합하지 않은 것으로 판단된 것이었어요. 합리적 분석 자료나 데이터를 가지고도 설득이 안 되는 난감한 상황이었습니다.

함돈균 — 생각만 해도 너무 복잡한 상황이네요.

나성섭 — 그렇습니다. 기술적인 문제가 정치적인 문제로 전이되면서 사업 진행에 쏟아야 할 에너지를 갈등을 중재하고 조정하는 데 쓰며 사업이 지연되는 안타까운 상황이죠. 이 과정에서 초기 5~6년간 사업 진행이 지지부진했어요. 거기다 내전 중이라 낮에는 정부군, 밤에는 반군 마오이스트들이 일대 지역을 실질적으로 지배하다 보니 반군에게까지 비즈니스 허가증을 받아야 하는 등 사업 진척이 어려웠어요. 과정이 길어지다 보니 이 일을 맡았던 행정 인력들도 바뀌게 됩니다. 5년이면 끝날 일이 20년이나 걸려도 안 끝나고, 그사이에 사람과 조직도 더 비효율적으로 변하고, 사회적 갈등은 더 증폭됩니다. 이 멜람치 물 공급 사업 사례에서 생각해볼 때, 테크니컬한 이슈와 정치적인 이슈를 일단 분리하고 서로 섞이지 않게 조정하고 디자인하는 게 정말 중요해요. 그런데 그게 가능하려면 사회 구성원 간에 최소한의 신뢰를 가지고 있어야 합니다. 사회적 갈등, 이해관계 당사자들 사이의 갈등을 조절해주는 공평한 중재자의 존재와 역할도 매우 중요합니다. 또한 일반 시민들도 주어진 정보를 비판적으로 판단해서 수용할 수 있어야 합니다.

교육의 미래, 컬처 엔지니어링

김길홍 — 기술적인 문제가 정치적 이슈로 증폭되는 경우는 아무래도 개발
도상국에서 많이 봐요. 예를 들어 파키스탄이나 남아시아 지역의 정권이 자
주 바뀌는 나라에서는 어떤 문제가 생기는가 하면, 전 정권과 우선순위 프
로젝트를 합의해놓고 타당성 조사를 다 해놓아도 다음 정권이 들어서면 그
프로젝트가 사라져요. 그러니까 우선순위 자체가 사실 이 프로젝트의 기술
적인 고려가 들어간 핵심인데, 정치적인 시각을 개입시켜 해석을 해버리니
까 개발도상국의 개발 정책들이 정권이 바뀌면 다음 정부에서는 사라지죠.
그러면 그 피해는 국민들이 입는 거예요. 그 와중에서 제가 느낀 것 중의 하
나는 개발도상국에서는 관료시스템, 기술관료들의 능력이나 투명한 제도
운영, 자신감과 같은 것이 결여되니까 정치적 이슈까지 같이 합쳐져서 꼭
필요한 발전이 중단되거나 지속되지 못하는 어려운 문제를 겪는다는 거죠.

나성섭 — 네팔 멜람치 물 공급 사업도 그런 경우입니다. 사람들이 물이 없어
서 일주일에 몇 시간만 물을 공급하는 상황이 20여 년간 지속되는 상황이 돼
버렸어요. 이렇게 되면 가장 고통받는 것은 가난한 사람들입니다. 생활하
기 위해 물이 필수 불가결한데, 가난한 사람들은 물 저장 시설이 없어서 더
크게 영향을 받아요. 물탱크로 가져와야 되니까 물값이 더 비싸져서 힘들어
지고요. 물은 생존 문제와 직결되기 때문에 사회가 겪는 고통이 상상을 초
월합니다. 이렇게 프로젝트가 사실상 '실패'하게 되면 두 번째 고통이 발생
하는데, 프로젝트 비용이 굉장히 올라간다는 거죠. 시간과 인력과 자원이
더 들어가게 되니 비용이 몇 배로 뜁니다. 또한 더 나쁜 점은 사람들이 '이

사회에 믿을 게 없다'라는 생각을 하게 되어서 사회적 불신이 더 커지는 거죠. 아이러니한 사실은 이 과정에서 사회 지도층이나 와페드 등 누구도 사업 지연에 책임지는 사람은 없고 사업 지연의 고통은 온전히 시민의 몫으로 남았다는 것이죠. 한 번 크게 추락한 사회적 신뢰는 복구가 굉장히 어렵고, 계속해서 불신을 증폭하면서 사회적 갈등을 심화하게 됩니다.

교육이 부재한 곳에서는 갈등도 부재한다

함돈균 — 이즈음에서 폴 김 선생님께도 질문을 드리고 싶어요. 개발 프로젝트를 진행하는 두 선생님께서 앞서 언급된 나라들의 제도권의 정치적 대립을 사회적 분열의 차원에서 보시는 건 충분히 그럴 수 있다고 보입니다. 하지만 사회를 다양성의 구조라는 차원에서 정당정치라는 게 서로 다른 사회적 위치라든가 이해관계를 가지고 있는 당사자들의 입장을 대변하는 일이라고 할 수 있습니다. 오늘날 기술 이슈나 사회개발 이슈에서 비롯되는 갈등 문제는 개발도상국에서의 정치적 후진성의 문제로만 이해될 수 있는 게 아니라 사회의 불가피한 모습이라고도 생각되는데요.

폴 김 — 저는 교육의 시선으로 모든 것을 바라보게 됩니다. 말씀을 하신 내용을 들어보면 이분들이야말로 세상을 바꾸는 사회혁신가들이십니다. 규모가 큰 일을 담당하시는 거죠. 세상을 바꾸려는 노력을 하고 또 그 과정에서, 특히 개발도상국 쪽에서 일을 하게 되면 가난한 사람들을 상대로 일을 주로 하게 됩니다. 그러다 보면 도움을 주는 원조 프로젝트들이 실패하는 경우도 많아요. 저는 교육자의 입장에서 사회혁신을 위한 교육원조 프로젝트들을 개발도상국에서 많이 진행하니까 그 경험을 나눠볼게요. 현지화localization, 응집화coherence의 중요성에 대해서 상당히 많이 깨닫게 됐는데, 특히 지역의 사람들이 자신이 뭘 원하는지조차 모를 때, 자기에게, 자기 사회에 무엇이 필요한지조차 자각이 안 되었을 때, 프로젝트에 실패할 확률이 많이 생기고 외부의 도움이 오히려 그 사회의 내적 갈등을 부추기는 경우도 생기죠.

저는 개발이나 사회혁신에서 사회갈등의 문제도 기본적으로 교육의 부재와 연결 지어 이해합니다. 좋지 못한 질의 학교교육을 받거나, 아예 교육을 받을 수 없는 지역에 사는 사람들이나 아이들이 스스로 뭘 모르는지조차 모르는 것들 중에서 가장 중요한 문제가 인권에 대한 것이에요. 아주 기본적인 인권에 대해서도 교육을 받지 못합니다. 글을 읽지 못하니까 정부 정책이라든가 이런 것이 뭐가 있는지도 모른단 말이에요. 외부에서 "너희들 도와줄게" 했을 때 과연 이걸 믿고 따를 수 있는지도 모르겠고, 또 NGO들이 상당히 많은 역할을 하는데, NGO에서 뭐라고 그러면 '그것도 맞는 것 같다'라고 생각하기도 하고요. 그런데 지역에 깊이 뿌리를 내리고 있는 NGO들이 있어요. 물론 좋은 일을 하는 NGO들이 상당히 많이 있지만 그렇지 않은 NGO들도 많이 있어요. 그런 데서 현장에 개입해서 왜곡된 방향으로 끌고 갈 수도 있거든요. 이 경우 교육이 부재하면 원주민들에게 판단력이 부재하게 되고 그것이 잘못된 이해력이나 정보 왜곡 등 여러 가지 이유로 사회적 갈등을 양산하기도 합니다.

함돈균 — 사회혁신과 사회갈등의 문제에 관한 중요한 관점이네요. 이게 단지 이해관계의 대립이 아니라 기본적 교육의 부재와 그로 인한 판단력의 부재가 야기하는 상황이라는 것이요. 보통 이런 방향에서 이 문제를 생각해보지는 않는 것 같습니다.

폴 김 — 네. 그래서 다시 이 문제에서도 교육이 참 중요하다는 생각이 들어요. 제가 공학자지만 교육혁신의 문제로 옮겨 가 집중하게 된 것도 이 때문이죠. 이런 억압된 사람들, 그런 지역의 가난한 사람들에게 교육을 어떻게 시킬 것인가에 대해 중요한 얘기를 한 사람이 있어요. 브라질 교육철학자 파울루 프레이리Paulo Freire가 억압받는 이들의 교수법pedagogy of the oppressed에 대해 얘기하면서, 브라질에서 가난한 노동자들이나 천민 계층의 사람들이 어떻게 교육을 받아야 되는지, 또 그 사람들이 무엇을 두려워하는지, 그 사람들을 위해서 어떤 교육시스템이 필요한지에 대해서 얘기를 한 적이 있어요. 프레이리는 그런 사람들이 자유 자체를 두려워하는 게 아니라 자유와 함께 오는 것들이 무엇인가에 대한 두려움을 상당히 갖게 된다고 봅니다. 자기들도 좀 더 나은 생활을 얻고 싶고, 좀 더 발전된 시설들을 이용하고 싶기도 한데, 그것들이 무엇인지 몰라서, 자유와 선택과 변화의 산물로 오는 것이 무엇인지 잘 모르는 데에서 오는 두려움과 불신이 크다는 거죠.

김길홍 — 제가 프로젝트를 하면서 관찰한 것과도 통하는 상당히 공감이 가는 말씀입니다.

폴 김 — 그래서 이런 외부 원조 프로젝트를 할 때는 이걸 '하나'의 문제로 보는 게 아니라 전체 생태계^{ecosystem} 차원으로 봐야 합니다. 생태계적 시각을 가져야 합니다. 특히 외부에서 타지의 삶에 개입할 때는 생태계적 시각을 갖지 않았을 경우에는 반드시 실패한다는 거죠. 하나의 프로젝트에는 하나가 아니라 많은 사회적 삶이 얽혀 있습니다.

그렇기 때문에 제가 만들어낸 이론 중의 하나가 PCR$^{Program Cohesion Ratio}$라는 건데, 이게 사람들이 머리로는 이해하면서도 항상 실행은 잘하지 못하는 것입니다. 얼마나 응집력 있게 프로젝트를 진행하느냐에 프로젝트 전체의 성공과 실패가 달려 있다는 거죠. 가령 사람들이 어떤 프로젝트라든지 발전 계획이 있을 때 이를 평가할 수 있는 가치 척도입니다. 예컨대 어떤 시설을 설치했을 때 인프라를 전체적으로 갖춰주는 건지, 아니면 그 해법만 던지고 가는 건지, 그것을 계속 평가하고 모니터하고 발전시켜나갈 계획까지 같이 되어 있는지, 그것을 정치적으로 사회적으로 전체적으로 이해하고 있는 시야가 얼마나 되는지, 이런 것들을 종합적으로 측정하는 척도 같은 것입니다. 총체적인 준비가 갖춰져야 되거든요.

예를 들어 수력발전소를 짓는다면 그것을 짓는 것만으로는 안 되고, 그들의 것으로 만들어주기 위한 수력발전 기술학교도 지어주고, 그 수력발전을 하다 고장 나면 거기에 대해서 관리하는 기술을 알려줘서, 스스로 고치고 부품을 조달하는 것까지 다 할 수 있는 생태계를 구성해줘야 한다는 거죠. 그냥 가서 제너럴일렉트릭에서 사 온 값비싼 모터를 갖다주고서 "수력발전 잘 돌아가니까 전기 잘 들어오지? 됐어", 그렇게 손 끊고 가면 절대로 이 기술을 유지할 수가 없다는 거예요. 기술자 양성도 해야 되고, 어떻게 발전시켜야 하는지까지 다 생각해봐야 해요. 주변에 미치는 환경적 영향에 대한 이해와 대비도, 이익생산 등등 총체적 이해와 준비 척도, 그 전체적인 응집도를 저는 PCR라고 정의했어요. 그 PCR가 최소한 어느 정도 수치, 그러니까 0~1 사이에서 0.7에 가까우면 유지할 확률이 높은 거고, 이게 만약 0에 가까우면 당연히 실패하는 거예요. 1년 후면 망가지고 실패하고 아무도 쳐다보지 않거든요. 모든 실패는 실패대로 그 자체가 양산하는 사회적 갈등이 또한 있습니다.

함돈균 — 이렇게 보니 자연스럽게 교육에 관한 문제가 되는데요. 선생님 말씀을 들으니 사회 변화의 과정에서 대립되는 이해관계와 사회적 갈등을 해소한다는 의미를 되짚어보게 됩니다. 갈등의 해소라는 게 그 자체로 중요한 것이거나 합의하면 그만인 것이 아니라, 사회의 수준을 어떻게 해서든지 더 높은 차원으로 나아가게 하는 방향성을 지니고 있지 않다면, 그건 사회적 담합과 크게 다르지 않을 것입니다. 극단적으로는 지금까지의 얘기와는 반대로 구성원들의 의식 수준이 낮을 때에 사회적 무갈등의 상태에서 기술적 개발이 일방적으로 진행되는 환경도 있을 수 있겠습니다.

적당한 예가 될지는 모르겠지만, 한국에서 가장 오래된 근대 경기장 시설인 동대문운동장이 흔적조차 남지 않고 사라지고 거기에 다른 구조물이 들어설 때 한국의 일반 시민들은 이 사안을 큰 저항 없이 받아들였던 것으로 기억합니다. 지금 그 자리에 지어진 건물이 설령 멋있다고 하더라도, 그와는 별개로 이렇게 큰일들이 사회 구성원들에게 별 거슬림 없이 수용된다는 것도 기이한 일이지 않겠습니까? 어쨌거나 폴 김 선생님 말씀은 사회개발 프로젝트에는 사회 구성원들의 의식 수준을 높이는 교육적 프로세스가 동시에 진행되어야 하고, 사회의 질을 생태계 수준에서 총체적으로 진화시킨다는 관점이 수반되어야 한다는 것이겠죠.

폴 김 ― 그렇습니다. 수력발전 같은 것은 엄청나게 큰 프로젝트이지만 작은 프로젝트들도 상당히 많아요. 학교를 지어주기도 하고, 우물을 지어주기도 하고, 열악한 생활에 필요한 여러 가지 해법들을 제공하기도 하죠. 그런데 사회 구성원들이 아예 의식이 없을 때는 거꾸로 사회적 갈등이 아예 안 생기는 경우도 있습니다. 예컨대 물이 하루에 1시간 나오기도 하고 일주일에 몇 번 나오기도 하는 상황을 저는 너무나도 많이 봤어요. 개발도상국에 가면 그런 일들이 상당히 많죠.

그런데 이 상황에서 사회적 갈등이 나와야 하는데 오히려 갈등이 없어요. 왜냐하면 그것이 문제 상황인 것을 의식조차 못 하기 때문이죠. '왜 물이 안 나오는 거야?', '정부는 왜 가난한 동네에는 공공서비스를 제공하지 않지?', '왜 우리는 학교를 다닐 수 없는 거야?', '왜 우리 동네에는 학교가 없지?', '왜 우리 동네에는 관공서에서 나와보지도 않지?', 이런 질문 자체가 없는 사회가 많습니다. 이런 질문을 할 수 있는 능력을 가르쳐줄 수 있는 게 학교 인데, 학교가 없거나 교육의 질이 너무 낮은 것입니다. 이런 곳에서는 사회 개발과 기술발전의 상황에서 반대되는 문제가 발생합니다. 공공서비스의 부재에 대한, 삶의 필수 조건의 부재에 대한 질문이 없거든요.

인권에 대한 의식도 없습니다. 예를 들면 제가 멕시코 원주민 지역에 갔을 때 그곳의 아이들은 에스파냐어를 사용하지도 않는 원주민이었어요. 완전 산속에 사는 원주민인데 그 원주민들은 산속에 살다가 내려와서 농장에서 하루에 2,000~3,000원씩 받고 너무도 끔찍한 조건에서 죽도록 일을 하다가 빨리 죽습니다. 어떤 아이가 길거리에서 콜라병을 밟아서 깨진 조각이 발에 들어간 채로 상처가 아물어버리니까 걷지를 못하는 상태가 되는데, 병원 하나만 가까이 있어서 간단한 수술만 했어도 아이가 두 발로 걸었을 텐데 이런 문제를 제기할 생각도 못 하는 겁니다. 그냥 운명으로 받아들여요.

인도 같은 경우에도 부모가 여자아이들을 학교에 안 보내요. "학교 가면 농사지을 사람 하나도 없다. 그러면 우리는 다 굶어 죽는다." 부모가 그렇게 말하죠. 지금도 그렇다면 슬픈 일이지만, 제가 방문할 당시만 해도 농촌에서는 여자를 상품으로 보았어요. 인도 같은 경우는 여자를 때리는 것이 별로 문제없이 받아들여지는 지역도 많아요. 아내를 물건이나 소유물처럼 생각하는 커뮤니티라서, 아이들이 보고 있는데도 남편이 아내를 가혹하게 때리는 것을 말리는 사람이 아무도 없습니다. 실상은 사회혁신을 도모하기 위해서라도 사회 구성원 내부에서 갈등이 발생되어야 하는데, 사회적 무지에 의해 갈등 자체가 발생하지를 않는 경우죠.

팔레스타인의 경우 분쟁 지역인 유대정착촌$^{Jewish\ settlements}$이 지어진 지역에서는, 아이들이 학교를 5분이면 갈 수 있는데 3시간을 돌아 가게 되는 상황이었어요. 사회적 갈등이 전쟁 상황에 놓인 지역이죠. 조그만 아이들이 돌을 던지며 데모하는 일이 일반적이고 자라서는 총을 들기도 하죠. 이런 경우 사회갈등의 문제는 사람을 죽이는 분쟁 차원으로 치닫는데, 이런 종류의 갈등 표출이 근본적으로 사회문제를 해결해줄 수는 없죠. 그래서 이런 경우에는 그 사회의 생존을 지속 가능한 것으로 만들 수 있는 정말 더 높은 지혜를 가르칠 수 있는 교육이 필요하기도 합니다. 사회적 갈등에 대한 외부의 개입도 너무나 참혹하고 예민한 현실 조건들로 인해 쉽지가 않고요.

함돈균 — 사회적 갈등의 문제를 부정적으로만 볼 것이 아니라 변화를 위한 동력으로 볼 필요도 있다는 말씀이겠습니다. 문제를 제기하는 각성된 사회적 이성이 있어야만 문제 자체도 발생하고, 문제가 발생해야 해결을 위한 계기와 노력도 나타난다고 봐도 되겠습니까?

폴 김 — 그렇습니다. 다만 '이러한 문제를 그럼 어떻게 풀 것인가' 하는 접근 방식에 대한 시각이 있어야 하고, 잘 디자인된 프로그램이 다양한 방식으로 연구되어야 하고, 실행되어야 한다는 것입니다. 교육은 사회의 중요한 프로그램일 텐데요, 저는 이와 관련하여 심적 외상 후 스트레스 장애$^{PTSD:\ Post\ Traumatic\ Stress\ Disorder}$와 실행 기능$^{executive\ function}$과의 관계에 대한 연구를 한 적이 있어요. 우리가 한 번에 일을 하나씩 하잖아요. 그런데 순차적으로 사안을 인지하고 일에 접근하는 이해 기능이 바로 실행 기능이에요. 예를 들어서 '이 일이 생기면 저 일이 생기고, 저 일이 생기면 이렇게 할 거다', 이걸 인간이 몇 단계까지 추론할 수 있는가 하는 인지 기능들이죠. 실행 기능이 높은 사람은 지능을 많이 쓰고 공부를 많이 하기 때문에 그렇습니다.

그런데 두려워할 때라든지 불안해할 때에는 이 기능이 확 떨어져요. 당장 눈에 보이는 것밖에 몰라요. '이것을 해결해야 된다, 이거는 A니까 B로 해결해야 돼', 이런 식입니다. 이런 상태와 수준의 개인들이 많을 때에는 사회적 갈등도 높아집니다. 단순하고 즉흥적이며 단편적이고 자기 본위로만 생각하기 때문이죠. 그런데 두려움이나 불안이 덜하고 자신감이 있을 때에는 사물 세계를 넓게 보고, 단계를 더 많이 순차적으로 생각할 수도 있으며, 총체적으로 일과 삶을 디자인할 수 있어요.

이를 사회에 적용해볼까요. 사회구조를 바라볼 때에도 실행 기능이 높을 때에는, '만약 임금을 올리면 저런 인플레이션이 생기니까 이와 같은 부가 장치가 필요하므로 이렇게 디자인을 할 수 있다'라고 순차적이고 단계적이며 종합적으로 사고할 수가 있어요. 그런데 한국 사회에서는 노동자는 임금 투쟁을 하고, 임대인은 집세를 올리고, 정부는 무언가를 밀어붙이고, 기업가는 회계를 속이고, 그러면 뭐가 다 해결이 된다고 생각을 하는데 절대 아니거든요. 실행 기능이 상당히 약해 보여요. 제가 자꾸 질문 능력을 키우는 것도 중요하고 이런 실행 기능의 훈련도 상당히 필요하다고 하는 이유인데요. 마찬가지로 제가 팔레스타인에서 하고 싶었던 교육 훈련은 '이스라엘이 저렇게 우리를 지배하고 있으니까 가서 총을 들고 폭탄을 던지면서 싸우면 된다'라는 식의 상당히 단순한 사고를 업그레이드시키는 것이었죠. 이런 식으로 문제를 파악하면 절대로 분쟁이 해결되지 않아요. 우리는 이 장에서 사회혁신과 사회갈등의 문제를 얘기하고 있지만, 교육자로서 저는 수준 높은 실행 기능을 키우는 교육이 필요하다고 강조하고 싶습니다. 칼로 덤비는 상대를 다른 칼로 맞서는 방법은 사회문제에서는 근본적인 해법이 아니라는 거죠. 첨언하면, 심적 외상 후 스트레스 장애와 실행 기능에 대한 연구에서 분쟁 지역의 아이들은 스트레스 장애가 훨씬 높고 실행 기능도 상당히 떨어집니다. 분쟁이 덜하고, 학교와 돈도 있고, 아이들의 안정이 보장된 지역의 애들은 상대적으로 실행 기능이 훨씬 뛰어납니다.

함돈균 ― 말씀하신 실행 기능을 고양하기 위해서는 심리적 불안감을 덜 갖게 하는 삶의 조건이 필요하다는 뜻으로 읽힙니다. 그것은 개인 차원보다도 지속성을 지닌 사회디자인적 과제로서 더 중요하다고 생각됩니다. 저는 정신분석 연구를 하기도 해서 여러 정신적 증상 사례에 대해서 공부를 한 적이 있는데, 그 관점에서 보면 실행 기능이란 사물을 전체로 조망할 수 있고 단계적으로 따지는 힘이라고 할 수 있다는 점에서, 불안이나 두려움이 조성하는 강박적 상황을 통제할 수 있는 정신 능력이라고 보이거든요. 사회적 갈등이 건강한 사회 발전의 동력원이 될 수도 있지만, 그렇지 못한 경우 갈등을 해소하려는 즉각성이 단순하고 과격한 폭력성을 낳기도 하는데, 이는 사실 강박증의 양상과 크게 다르지 않습니다. 강박증을 해소하기 위해 중요한 것은 세계와 자신이 연결되어 있다는 심리적 안정감이고 삶이 지속 가능하다는 시간성에 대한 인지입니다. 사회적 안전망이나 사회적 생태계가 잘 갖추어진 사회가 디자인되는 것은 가장 효과적이며 근본적인 해법 중 하나일 것입니다.

컬처 엔지니어링을 위한 첫 번째 질문:
AI와 싸우시겠습니까?

지적 능력은 전통적으로 인간의 고유 영역으로 강조되어 왔으나, 새로운 기술 사회에서는 인간의 지적 능력을 상당 부분 대체하고 능가할 만한 월등한 기계들이 등장합니다. 현재 기술혁신의 추세는 종래 존재했던 기술을 통해 생존하던 사회적 생태계를 단숨에 다른 종류로 대체할 수 있을 만큼 과격합니다. 이 과정에서 심각한 사회적 갈등과 분쟁이 발생할 것입니다. 그러나 인간이 이 상황을 부정하고, 탁월한 능력을 갖춘 AI에 대항하고, AI와 대결하고자 하는 것은 소모적인 일입니다. 새롭게 등장한 교통 공유 서비스는 택시 업계의 일시적인 저항으로 사라질 수 없습니다. 포드 자동차가 등장하던 당시에 도시의 주 운송 수단이었던 마차의 마부들이 자동차를 거부했던 일을 생각해보십시오. 자율주행 자동차의 등장은 더 과격한 방식으로 운전의 개념을 바꿀 것입니다. 당신은 AI와 싸우는 길을 택하시겠습니까? 한국 사회가 혁신의 갈라파고스가 되지 않으려면, 예견된 문제 상황 자체를 부정하고 임기응변적 대처로 문제를 회피하기보다는, 문제를 가능한 한 정확히 예측하고 전환시대와 정직하게 대면하려는 의지를 갖고서, 개인 삶과 산업의 대전환을 섬세하게 돕는 사회시스템과 교육시스템을 디자인하는 일이 필요합니다.

교육의 미래, 컬처 엔지니어링

2. 리스크 테이킹

· · · · ·

처음에는 망하는 게 정상이다

실패를 용인하고 도전을 응원하는,
특히 결과에 너그럽고 과정을 존중하는 문화를 만드는 일이 정말 중요하다고 생각해요.
결과 중심적 사고가 팽배해 있는 사회에서는 가능하지가 않죠.
이건 단지 어떤 행정제도를 통해 해결될 수 있는 게 아니라 사회적 분위기,
사회적 시선 같은 게 중요하거든요.

함돈균 — 이번 장에서는 리스크 테이킹이라는 주제로 대화를 해볼까 합니다. 혁신을 감행한다는 것 자체가 사실 리스크를 자발적으로 감수하겠다는 뜻인데요. 한국 사회는 특이하게도 사회 역동성이 상당히 뛰어난 사회이면서도 각론으로 들어가보면 극심한 리스크 회피 사회처럼 보입니다. 새로운 시도가 별로 없고, 새로운 시도를 하는 사람들을 냉소적으로 보는 사회 분위기가 만연해 있죠. 노소, 계층, 개인·기업·공기관 할 것 없이 리스크를 회피하려는 태도가 압도적이고요. 도전적 태도가 극히 억압되어 있고 두려움에 사로잡힌 사회 같아요. 컬처 엔지니어링이라는 차원에서 짚고 넘어가야 할 문제인 것 같습니다. 선생님들의 경험 사례들을 중심으로 얘기해볼까요.

나성섭 — 한국 사회의 리스크 회피 컬처가 어떤지 짐작하게 하는 예를 제가 경험한 기업 분위기로 얘기해보겠습니다. 결론부터 말씀드리면, 글로벌 맥락에서 한국 기업의 장기적 안목의 투자 및 시장 개발, 이에 수반되는 리스크 수용 의욕에 저는 개인적으로 큰 의구심을 가지고 있습니다. 정부나 공공기관의 리스크 회피 성향은 잘 알고 있지만, 정말 크게 걱정되는 것은 한국의 민간 조직에서조차 그런 경향이 나타나고 있다는 사실입니다. 민간 조직이 세계 무대에 가려면 선투자를 해야 합니다. 글로벌 시장의 흐름을 알아야 되고, 시장 분석과 이에 맞는 프로젝트 개발에 시간을 갖고 노력해야 하는데 거기에 투자하는 게 별로 없어요. 이러한 시간과 노력을 그저 '리스크'로만 보죠.

첫 번째 예로, 인도 구자라트^{Gujarat}주 태양광 사업에 대해 얘기해볼까 합니다. 2011년, 지금 인도 수상인 나렌드라 모디^{Narendra Modi}가 구자라트주 총리일 때 글로벌 투자 포럼을 개최했어요. 모디는 포럼을 통해 구자라트에 있는 사막지대를 태양광 단지로 개발하기 위한 투자를 유치하고자 했어요. 무려 500메가와트나 되는 태양광 단지를 사막에 설립하는 것입니다. 그때 굉장히 많은 투자자들이 왔죠. 일본에서는 대기업의 회장도 오고, 캐나다와 호주, 스페인 등지에서도 왔습니다. 그 당시에는 스페인이 태양광 쪽으로는 앞서 있는 나라였습니다.

그런데 저도 한국에 도움이 되고 싶어서 한국에서는 누가 왔는지 보니까 모 기업에서 대리 직급의 직원이 왔더라고요. 대리라고 해서 나쁘다는 것은 아니고, 그 사람이 현장에서 사업을 결정할 힘이 없다는 사실이 문제죠. 당시 구자라트 태양광 사업은 인도 정부 보조금이 높아서 노다지 상황이었는데, 그것을 알고 전 세계에서 몰려온 거예요. 그런데 일본에서는 미쓰비시의 회장이 날아왔습니다. 그 회장은 아마 이쪽 사람들과 그 전부터 커뮤니케이션이 있었겠죠. 한국에서 온 분은 태양광에 대한 지식은 많았지만 그전에 커뮤니케이션이 없었던 것으로 보입니다. 사업 목적이 아니고 정보 수집 차 출장 온 거죠. 이 상황을 보면서 안타까웠죠. 글로벌 맥락에서 이런 신시장이 열릴 때 한국이 방관자 역할로 닭 쫓던 개 지붕 쳐다보는 그런 상황이라는 것이요. 이런 상황이 발생하는 것은 한국 기업들은 글로벌 맥락에서 필요한 시장을 개척할 의향이 없고, 그런 차원에서 리스크를 지려고 하지 않기 때문입니다. 그때 만일 한국이 참여했으면 태양광 프로젝트 경험도 습득하고 이익도 상당했을 텐데요. 중국도 막 초기 단계여서 기술력이 그렇게 앞서지는 않았고요. 지금 현재 태양광 하면 중국이 되었죠.

두 번째 예는 배터리 사업인데, 2015년경 아시아개발은행에서 경전기자동차 사업을 했어요. 그런데 경전기자동차에 들어가는 배터리가 원통형 리튬 배터리였어요. 보통 들어가는 배터리와 달라요. 한국에서 이런 배터리를 만들 수 있는 역량을 지닌 대표적인 두 대기업이 A사와 B사인데, 이 사업에 B사가 참여하려 한다는 것을 알게 된 A사가 자신들은 참여하지 않겠다고 하더군요. 왜 그러냐고 물으니까, "회장님께서 B사를 항상 이기라고 했다"라는 거예요. 그래서 참여하지 않겠다고요. 그 뜻이 뭐냐면, B사와 경쟁하는 구도에서 A사가 질 수도 있으니까, 경쟁에서 패배할 리스크 자체를 지지 않겠다는 거예요. 사실 회장의 뜻은 상대 기업을 이길 정도로 열심히 하라는 것일 텐데, 직원들은 아예 경쟁 리스크를 없애는 쪽으로 가는 거예요. 공기관이 리스크를 택하지 않으려고 하는 것은 납득할 수 있지만, 민간 회사는 생존을 위해 리스크를 걸고 경쟁과 혁신을 해야 하는데, 한국의 기업 문화에는 암담한 면이 많습니다.

김길홍 ― 4차 산업혁명이나 새로운 산업기술이 주도하는 사회에서는 우리가 모르는 길을 가기 때문에 이런 사회로의 진입 자체가 리스크 사회라고 봐야 합니다. 그러면 이 리스크를 어떻게 우리가 정의하고 대응할 것인가, 이게 쉽지 않은 문제이기는 한데요. 보통 사람들은 리스크를 피하겠죠. 리스크 회피는 인류의 생존 본능이니까요. 위험을 가급적이면 피하고, 그 위험을 미리 알아서 감소시키고, 그렇게 인류가 살아왔는데요. 그래서 제 생각은 오히려 이 사실을 정직하게 받아들이자는 겁니다. 위험을 회피하는 성향은 인간이기 때문에 있는 거죠. 그래서 개인의 위험 부담을 사회에서 어떻게 줄여주는가 하는 것이 중요해요. 실패를 통해서 경험을 얻고 배운다는 것을 훈장으로 생각하는 사회가 있는 반면에, 실패 한 번 하고 나면 "거봐, 역시나 안 되잖아. 괜히 해가지고 골치 아파졌어. 너는 역시 안 되는 놈이야" 하고 주홍 글씨가 새겨져서 영원히 재기가 불가능한 사회가 있어요.

예를 들면 테슬라 등 미국의 자동차 회사들이나 구글 등 IT 회사들이 자율주행차에 대한 시험 주행을 많이 하는데, 사실 그게 우리가 한 번도 안 가본 전혀 새로운 길이기 때문에 사고가 나는 건 어쩔 수가 없거든요. 테슬라가 저번에 자율주행차 테스트를 하다가 사고가 나서 사람도 죽고 그랬어요. 그

교육의 미래, 컬처 엔지니어링

러면 거기서 테슬라는 왜 문제가 생겼는지 분석하고, 다시는 문제가 안 생기도록 배우고, 새로운 시도를 해보는 그런 노력을 합니다. 혁신 기업이라는 게 어쩌면 최초의 실패를 가장 먼저 하기 위해 탄생한 기업이라고 보면 됩니다. 그런데 어떤 사회에서는 "사람 한 번 죽였으니까 금지해야지", 이렇게 해요. 그러면 테슬라 같은 회사는 탄생을 못 하는 거죠.

그래서 실패를 용인을 해줄 수 있는 사회시스템이 얼마나 돼 있는가 하는 게 중요한 것 같아요. 이거야말로 실패를 용인하는 컬처가 엔지니어링될 필요가 있는 일이죠. 돌이켜보면 저도 실제로 일을 해보면서 배우고, 여러 가지 실수나 실패를 통해서 배우고, 동료들이 어떻게 하는지를 보고 들으면서 배워왔다고 생각해요. 그래서 저는 국제기구인 아시아개발은행에서 사람을 뽑을 때 스펙이 아니라 남다른 도전을 해본 경험과 실패의 경력이 있는 사람을 우선적으로 채용했습니다. 사실 현장에서 훨씬 더 필요한 건 이력서의 스펙이 아니라 실제 현장에서 겪은 도전과 실패의 경험이거든요. 실패가 스펙입니다.

그래서 사회에서 리스크를 미리 예측도 해보고 최소한으로 줄이는 노력도 해보지만, 최선을 다해서 그 일을 했을 때는 결과가 잘됐느냐 못됐느냐보다는, 그 과정에서 어느 정도로 노력을 하고 어느 정도로 정당한 절차를 지키고 전문가적 상의를 했는지를 인정해야 해요. 이런 과정에 최선을 다했으면 결과는 실패든 성공이든 용인을 하고, 거기서 새롭게 배우고 다시 일어설 수 있는 그런 자극을 주는 컬처가 필요하다는 거죠.

혁신은 최초의 실패를 경험할 수 있는 권리

함돈균— 폴 김 선생님은 세계에서 혁신 기업 창업이 가장 많이 일어나고 있는 스탠퍼드대학교에서 최고기술경영자로서 산학 협력과 기술혁신 추동에 관한 중요한 역할을 하고 계신데요. 이 부분에 대해 해주실 얘기가 많을 것 같아요.

폴 김— 저는 리스크와 실패는 혁신 주기innovation cycle의 단순한 부분이 아니라 필수적인 영양소라는 말을 자주 해요. 그래서 혁신의 범위를 정할 때 어느 정도까지 관용을 가질 것인가를 정합니다. 스탠퍼드나 실리콘밸리 쪽에서는 "실패가 없으면 배움이 없다"라는 얘기를 항상 하거든요. 그래서 실패의 기회 자체를 갖지 않으려는 리스크 회피는 혁신에 있어 가장 나쁜 것으로 보고, 그다음으로는 똑같은 실패를 반복하는 것을 나쁜 것으로 봅니다. 그런데 '새로운 실패'를 하는 것에 대해서는 상당히 관용적입니다. 혁신의 필수 영양소이기 때문이죠. 그 대신에 실패를 통해서 모든 연구에 대해서도 그렇고 투자에서도 그렇고 이를 개선할 방법을 찾기 위해 최선을 다해 노력합니다.

흥미로운 것은 스탠퍼드에서는 1,000개 아이디어들의 해법이 모두 혁신적이라 생각돼도 그게 다 성공하지는 않는데, 전문가 입장에서는 실패할 게 보이면서도 많은 투자를 해요. 특허 비용이 엄청 드는데도 다 해줘요. 변호사도 대주고 다 해줘요. 그런데 99퍼센트가 망하거든요. 미국 유명 대학들의 성공 사례만 알려져 있지만 실제로는 사람 사는 곳은 비슷해서 흥하는 일

교육의 미래, 컬처 엔지니어링

보다 망하는 일이 새로운 사업에서는 압도적으로 많습니다. 그런데 그것을 전폭적으로 지원한다는 게 스탠퍼드의 힘이죠. 왜 그렇게 하는가, 어떻게 그렇게 할 수 있는가 하면, 99퍼센트의 망한 자금을 구글 같은 1퍼센트 혁신 기업의 출현이 모두 보상해주기 때문이죠. 그런 식으로 한 번 터져주면 수만 배의 효과를 세상에 나눠주고, 또 수천 개의 회사를 만들었는데 실패하더라도 구글 하나로 다 커버가 되는 거죠.

스탠퍼드에는 OTL^{Office of Technology Licensing}이라는 곳에서 모든 특허 업무를 해주고 있는데 비용이 엄청납니다. 그것을 감당할 수 있는 이유는 1퍼센트의 성공이 99퍼센트의 실패를 보상해줄 수 있기 때문이에요. 저는 그래서 70번 이상 실패할 각오가 없으면 창업하지 말라고 합니다. 창업은 원래 처음에는 망하는 게 정상이에요. 김길홍 선생님도 말씀하셨지만 실리콘밸리의 벤처 투자 역시 실패한 사람에게 이루어집니다. 실제로 여기에서는 어떤 여학생이 59번의 특허 실패를 하고서 60번째 시도에서 150억의 투자를 받은 일이 있어요.

나성섭— 투자 얘기를 하시니 저도 그 관점에서 한 사례를 얘기하죠. 2009년 무렵 아시아개발은행은 아시아 인프라스트럭처 펀드 설립을 계획하였습니다. 아시아 인프라스트럭처 펀드란 아시아의 도로, 항만, 전력, 급수 등 사회기반시설에 투자하는 펀드예요. 아시아는 인프라스트럭처 투자 수요는 많은 데 비해, 자금 공급이 부족해 파이낸싱 갭^{financing gap}이 굉장히 커요. 그런데 패러독스는 아시아에 저축은 많은데 그 저축된 자금이 아시아 인프라스트럭처에 투자되지 않는다는 거예요. 아시아의 자금이 월스트리트나

런던의 금융기관을 통해서 아시아로 들어와 투자되는 거예요. 그래서 아시아개발은행은 아시아에 있는 자금이 아시아의 인프라스트럭처로 직접 투자되게 하기 위한 방안으로 아시아 인프라스트럭처 펀드를 설립하고자 했죠.

이런 패러독스가 발생한 이유로는 첫째, 아시아 금융기관들의 프로젝트 파이낸싱 능력 부족, 둘째, 리스크 관리 메커니즘의 부재를 들 수 있어요. 인프라스트럭처는 장기적으로 투자하는 것이기 때문에 장기 투자를 할 수 있는 자금이 있어야 하는데, 장기 투자 리스크를 관리할 능력이 안 되니 자금 조달이 안 되는 것이죠. 또 인프라스트럭처를 개발하고 구조화^{structure}할 역량이 없어요.

아시아개발은행은 이런 문제를 해결하기 위한 한 방안으로 인프라스트럭처 펀드를 설립하고자 아시아 여러 국가들과 접촉했어요. 그때 접촉한 나라 중의 하나가 한국입니다. 한국은 유동성이 많으나 금융시장이 덜 발달해 투자처가 많지 않은 나라 중의 하나죠. 국민연금, 한국은행, 삼성생명, 수출입은행, 한국투자공사 등 많은 기관이 풍부한 유동성을 가지고 있고요. 그런데 결국 안 됐습니다. 특히 국민연금에서는 아시아개발은행 같은 트리플 A 신용도를 가진 국제금융기관이 설득해도 리스크에 관한 자체 투자 지침을 벗어나지 못하는 거예요. 문제는 투자 지침이나 비즈니스 절차가 글로벌 시장에 맞게 준비되어 있지 않고, 담당자도 이를 고치고자 하는 용기가 없는 거죠.

이게 10년 전 얘기입니다만, 한국은 지금도 똑같은 상황입니다. 유동자금은 풍부한데 생산성 있는 데로 가지 못해요. 그리고 단기자금과 장기자금이 있는데, 장기성 자금이면 장기적 관점에서 투자를 해야 됩니다. 또 글로벌 시장의 흐름을 읽어야 해요. 그러려면 국민연금이 글로벌 맥락에서 투자하는 안목과 용기가 있어야 하는데, 고작 한다는 것이 미국이나 영국의 빌딩 등 부동산에 투자하는 겁니다. 리스크를 안 지려고 하니 미래를 위한 생산성과 혁신을 창출하는 투자가 아니라 결국 부동산에 묶인다는 겁니다.

최근 10여 년간 인도는 인프라스트럭처에 많은 투자를 하고 있어요. 약 7년 전 인도에서 인프라스트럭처 민관협력사업PPP: Public Private Partnership을 담당하는 재경부 국장을 만났는데 자기가 엄청 바쁘다고 해요. 왜 바쁘냐고 물어보니까 미국, 캐나다, 호주의 연금 담당자들이 인도 인프라스트럭처 민관협력사업 프로젝트에 참여하기 위해서 매일 로비한다는 거예요. 국민연금의 투자와 크게 대조됩니다. 국민연금의 투자 방식은 더 큰 시장에 대한 도전 없이 조개껍데기에 숨어서 수성하는 방식 같다는 생각이 들어요. 선진 연기금 기관들의 20~30년 전 투자 패턴을 그냥 쫓아가는 거예요.

김길홍 — 리스크를 져야 할 시도를 감행할 때는 성공 확률이 낮지만 그 위험을 상쇄하고 남을 만큼 이익이 돌아오든지, 안 그러면 제도적으로 리스크를 완화하는 시스템이 있어야 합니다. 아시아개발은행에서 리스크를 완화해줌으로써 위험이 있는 프로젝트를 하게 된 얘기를 해드릴게요.

인도네시아는 지진대에 위치하기 때문에 지열발전소를 설립할 가능성이 많아서 정부나 기업, 국제금융기구들이 투자를 많이 하려고 하는데, 기본적으로 지열발전소 프로젝트는 눈으로 볼 수 없는 땅속을 대상으로 하기 때문에 실패할 확률도 많습니다. 지질조사 자료로는 위치가 대충 어딘지 나오지만, 실질적으로 정확한 위치를 찾아서 시추하는 것은 굉장히 힘들어요. 가능성은 있지만 될지 안 될지 모르는 상태에서 탐사나 초기 시추에 큰돈을 투자하지 않으려고 하니까 지열발전소가 안 지어지는 거예요. 말만 많은 거죠. 그래서 아시아개발은행은 지열발전소 투자회사의 초기 투자 비용을 분담해서 위험을 완화할 수 있는 방법을 찾아 이 프로젝트를 시도하게 됩니다. 여러 군데를 시추해본 결과 몇 군데에서 성공하면서 본격적인 지열발전소 프로젝트가 실행됐습니다. 이렇게 리스크가 있을 때는 개인이나 특정인에게 책임을 다 지라고 해서는 해결이 안 된다는 것을 알아야 합니다. 시스템적으로 리스크를 지고, 실패를 하더라도 용인이 되고, 안 그러면 위험 자체를 서로 나누고 완화해서 부담을 줄여주는 게 필요하다는 생각을 하게 됐죠.

함돈균 — 한국의 현대자동차가 최근에 엄청난 규모의 부동산을 매입했는데 그것도 이런 관점에서 이해할 수 있을까요? 투자가 아니라 그냥 땅을 산다는 것이 한국에서는 도전 없는 기업의 상황으로 이해되면서 비난도 많았거든요.

나성섭 — 저도 좀 의아했어요. '지금 왜 갑자기 저런 엄청난 부동산 투자를 할까?' 그 내막은 저도 잘 모르지만, 기업의 리스크 대응 행태와 밀접한 관계가 있는 것은 분명하죠. 기업이 그런 규모의 부동산을 살 때는 몇 가지 이유가 있겠지만, 기업 전체가 시장의 채산성을 장기적으로 따져보고 전망이

불투명한 상황에서 마지막 보루로 땅을 갖는 경우가 꽤 있거든요.

이러한 리스크 테이킹 행태는 여러 측면에서 살펴봐야 합니다. 하나는 기업이 고위험의 대규모 국가적 사업에 리스크 테이킹을 하는 것, 또 하나는 기업이 새로운 성장 동력을 얻기 위해서 혁신 사업에 대해 실리콘밸리처럼 위험을 감수하는 것이죠. 전자의 경우는 개발시대에 많은 경험이 있죠. 예를 들어 현대의 중동 진출 혹은 중공업 산업 진입 등이죠. 모두 정부의 전폭적 지원하에 기업이 리스크를 테이킹한 경우입니다. 그런데 후자의 경우 아쉽게도 우리에겐 현재 모델이 별로 없는 것으로 보여요.

리스크 테이킹의 경우 벤치마킹하는 모델의 다양화가 필요해요. 우리가 보통 모델로 삼는 게 실리콘밸리인데, 제 생각에는 좋은 모델이 네덜란드를 비롯한 유럽에도 많고, 이스라엘에도 많습니다. 제가 얘기하고 싶은 요점은 어떤 모델을 만들 때에 우리 처지하고 맞는 비슷한 상대를 벤치마킹해야 한다는 거예요. 우리는 실리콘밸리를 따라 하려고 하는데, 저는 조건도 수준도 규모도 너무 다르기 때문에 우리에게 맞는 벤치마킹 대상이 아니라고 봅니다.

싱가포르는 싱가포르에 맞는 사회 모델, 경제 모델, 혁신 모델, 교육 모델이 있습니다. 예를 들어 싱가포르 론치패드^{LaunchPad}는 싱가포르의 지역적 특성을 잘 반영해 스타트업의 국제 진출을 염두에 둔 프로그램입니다. 론치패드를 거쳐 간 스타트업 기업들의 75퍼센트 이상이 협소한 싱가포르 국내 시장이 아닌 아시아 국가에서 활동하고 있고, 성공 확률이 높은 것으로 알려져 있습니다. 네덜란드도 굉장히 진취적으로 사람들을 가르쳐요. 네덜란드만큼 개척 정신이 강한 나라도 드물어요. 리스크 테이킹이 대단히 창조적이고 도전적이죠. 한국이 창의성과 진취적 힘을 기르고 위험을 감행하는 힘을 기르는 이런 것도 벤치마킹하여 모델을 다변화했으면 좋겠어요.

글로벌 시각과 장기적 시야

김길홍 — 미래 자동차 산업 재편 문제는 지금 일어나고 있는 기술혁명 과정에서 가장 크게 근본적인 변화를 겪고 있는 산업 이슈라고 할 수 있습니다. 자동차가 현대 생활의 주요 도구다 보니 급변하는 자동차 산업은 사회 전반에 영향을 미치게 됩니다.

전 세계적으로 볼 때 기술혁명과 관련한 자동차 산업의 트렌드는 다음과 같이 요약됩니다. 하나는 전기차로 세대교체가 되면서 전통적인 내연엔진 기관 자동차들이 사라지고 자동차 산업 생태계가 완전히 바뀌어버리는 상황이고, 또 하나는 자율주행차나 커넥티드 카Connected car인데요, 이게 나타나면서 자동차와 IT가 섞여서, 어느 게 자동차 회사인지 어느 게 IT 회사인지를 모를 정도로 변화가 생기는 과정입니다. 그래서 교통에 모빌리티mobility 개념이 들어왔어요. 자동차를 그냥 만들어 파는 것보다는 사람들의 이동 수단을 어떻게 안전하고 효율적으로 제공할 것인가가 중요해졌죠. 이제는 공유 모빌리티shared mobility로 가고 있는데, 이게 전형적인 제조업 마인드로는 전혀 답이 안 나오는 것이거든요. 사업 접근 방식이 바뀌어야 하고 근본적인 변혁 과정에 투자도 엄청나게 들어가는 거예요. 사실 안타깝게도, '현대자동차가 이런 새로운 분야에 적시에 투자했으면 더 좋지 않았나', 이런 생각을 개인적으로는 해보고 있죠. 이것도 리스크 테이킹과 관련이 있습니다. 초기 투자 시기를 놓쳤다는 것은 시장 초기에 져야 할 리스크 테이킹이 안 되었던 거라고 볼 수 있으니까요.

나성섭 — 이 문제를 이해할 때, 한국 정부와 기업의 특이한 관계를 고려할 필요가 있습니다. 한국적 민관협력관계라고 할까요. 좌든 우든 어떤 성향의 정부가 들어와도 한국은 '정부가 기업을 도와야 된다'라는 생각을 갖고 있는 나라예요. 거의 컬처가 되었다고 할 수 있는 건데요. 시장에 대해서도 국가 주도적인 생각을 가지고 있잖아요. 그래서 정부가 기업을 도와주는데, 최근 기업은 정부의 도움을 당연시하고, 지원에 상응되는 사회적·경제적 책임을 지지 않으려는 경향이 많습니다. 그런가 하면 정부의 보호 아래 기업은 리스크를 회피하면서 단기 지대 추구를 최대화할 수 있는 기회나 시간을 벌고자 하는 경우가 많습니다.

이런 민관의 특수 관계하에서 정부의 잘못된 정책적 판단은, 장기적으로 기업뿐만 아니라 산업 전반에 부정적 영향을 줄 수 있습니다. 스마트폰과 자동차 산업에서 새로운 기술 도입이 몇 년 늦춰지는 잘못된 결정을 한 게 대표적이죠. 전기차로 가야 하는 상황에서 정부가 디젤차에다 보조금을 주기도 하고, 예전에 스마트폰으로 가야 하는 상황에서도 우리 기업은 피처폰에 안주하고 있다가 애플에 밀린 거죠. 즉, 산업이 빠르게 재편성되고 있는 급박한 상황에서 정부가 쳐준 보호막에 숨어버린 거예요. 기업들이 리스크를 감행하지 않고 기존의 기득권에 안주하는 그런 상황이죠. 민관이 공생 구조가 돼버려서 회사가 잘못되면 정부가 도와야 하고, 기업이 기득권에 안주해서 위험을 감행하지 않으려고 해도 정부가 이 안주를 지원하고 보호하는 이상한 상황이 된 거죠. 이런 보호막이 글로벌 산업의 재편성이라는 쓰나미를 막아줄 수 있을까요?

정부의 이런 보호 정책은 기본적으로는 깨져야 합니다. 우리 산업을 보면 시장의 진입자들이 기득권에 안주한 나머지, 리스크를 테이킹하지 않아서 최근 10년, 20년 사이에 새로 나온 산업이나 규모 있는 기업이 거의 없어요. 이 점에서 획기적인 산업 재편성이 이루어진 미국이나 중국과 큰 차이가 있죠. 새로 나온 산업은 게임 산업(넥슨, 넷마블 등), 인터넷 비즈니스 산업(카카오, 네이버 등), 엔터테인먼트 산업(BTS 등) 정도인데, 이 시장은 재벌 기업들이 자의 반 타의 반 진출하지 않은 분야예요. 인터넷 비즈니스는 e삼성이 경영 실패를 하면서, 게임이나 엔터테인먼트 산업은 기업 이미지에 대한 우려로 재벌들이 진출을 자제한 틈새에 새로운 도전자들이 등장한 거죠.

김길홍 — 지금 자동차 산업 재편은 한국에만 국한되는 게 아니라, 독일·한국·일본 등 전통적인 내연자동차 강국들이 같이 겪고 있는 어려움이고, 글로벌 시각에서 산업 문명 차원으로 폭넓게 봐야 하는 면이 있어요. 자동차 산업 생태계를 보면, 전통적인 내연자동차 산업으로 먹고사는 사람이나 기업들이 굉장히 많거든요. 그런데 전기자동차는 부품 자체가 전통 내연기관에 비해 10분의 1도 안 들고 전기 모터나 배터리 같은 새로운 부품 수요가 있어요. 먹고사는 사람이나 기업들의 이해관계가 완전히 바뀐다는 뜻입니다. 자율주행차 같은 경우는 전통적으로 자동차를 만드는 엔지니어보다는 IT 엔지니어가 많이 있어야 합니다. 그러면 노동의 유연성이 필요하죠. 기존 산업 종사자들을 새로운 일을 할 수 있는 사람으로 바꿔야 되고, 기존에 있는 사람들이 재교육을 받아 다른 일을 해야 되는 상황이 벌어지게 됩니다.

　그런데 지금 관료화된 대기업으로서는 그 결정을 할 수가 없어요. 그 결정 자체가 임직원 자기 목에 칼을 대는 결정이기 때문이죠. 구조를 바꾸면 그 일을 담당하는 책임자로서 자기 분야가 위태로워지니까요. 안 그러면 자기가 새로운 분야의 일을 해야 되는데, 자동차 만드는 엔지니어가 IT 엔지니어 일을 하기는 어렵죠. 노동시장의 유연성이 없는 게 우리나라에서 기업들이 새로운 산업으로 발 빠르게 움직이지 못하게 하는 요인이기도 합니다.

함돈균 ─ 리스크 문제를 선생님들은 기술혁명과 산업 변화의 차원에서 주로 얘기하셨는데, 시민사회의 입장에서 보면 노동의 유연화라는 게 개인 삶의 관점에서 굉장히 불안정한 사회로 가게 되는 것을 뜻하잖아요. 그렇다고 사회의 변화를 무작정 저지한다고 해결되는 문제도 아닙니다. 그래서 개인들 입장에서 보면, 리스크 자체를 회피하는 게 아니라 리스크를 어떻게 감당할 수 있는지에 대해 연구하고 준비하는 게 현실적이고, 그것을 가능하게 하는 것이 사회의 재교육시스템, 또는 사회의 리부팅시스템이라고도 할 수 있다고 봅니다. 장기적으로 보면 생산성이 점점 떨어지고 앞으로 가망이 없는 전통적 산업 체제의 경우, 노동조합도 직접적 고용 안정 투쟁으로 일관할 게 아니라, 자기 일과 산업의 생산적 전환을 가능하게 하는, 재교육시스템의 디자인을 요구하는 방향 전환도 동시에 해야 해요.

한국에서는 진보 진영이나 보수 진영이나 노동 문제를 이념 문제로 계속 들여다봤는데, 이렇게 해서는 문제가 안 풀리고 더 큰 문제를 야기하게 된다고 봐요. 아까 기술 문제를 정치 문제와 섞는 데에서 개발도상국 프로젝트의 어려움이 생기는 일이 많다고 경험을 얘기하셨는데, 지금 노동 문제야말로 이념 문제와 분리해서 미래에 대한 안목을 수용한 실용적 관점을 도입하고 합리적으로 준비를 할 때가 되었다고 봐요. 제 사무실이 청와대 앞에 있어서 매일 시위를 보는 데, 이게 무작정 스피커 들고 목소리 높이고 꽹과리 친다고 해결되는 문제가 아니라는 생각이 절실하게 드는 거예요. 노동 문제도 지성적 문제가 되어야 합니다.

리스크를 견디고 대처하는 교육시스템

폴 김 — 결국은 모든 게 다 교육인데, 어떤 주제도 결국은 교육으로 귀결될 수밖에 없어요. 이런 사회에서 리스크를 감행하는 것과 안 하는 것, 리스크를 회피하는 것과 리스크에 대처하는 것을 볼 수가 있는데, 리스크를 그냥 회피해버리는 것하고 대처를 하겠다는 생각하고는 완전히 다르거든요. 우리나라 같은 경우는 리스크를 회피하는 경우가 많은 거죠. 미국에서는 리스크를 대처하고, 그 대처를 자꾸 발전시켜나가는 거고요.

그런데 사회나 기업에서 리스크에 대해 취하는 태도는 결국 생각해보면 학교가 그에 대해 능동적인 태도를 가르쳤느냐 아니냐와 관련이 있습니다. 컬처도 학교에서 형성되는 게 많아요. 실리콘밸리에는 '1퍼센트 미만의 학교 Less than one percent school'가 있어요. 99퍼센트의 학생들은 일반적인 교육을 받지만, 1퍼센트 미만의 학생들을 대상으로 완전 리더십 네트워크가 되어 있고, 팀 프로젝트와 같은 것들을 시키는 학교들이에요. 그 학교들을 가만히 들여다보면 기업가 정신을 가르쳐요. 고등학생들에게 기업에서 인턴십하는 것을 적극 장려하고 수업을 학생들 스스로 디자인하게 해요.

대한민국에서는 상상을 못 해요. 고등학생들에게 "너희들이 가서 뭘 할건지 구상해가지고 와. 그러면 내가 그걸 승인해줄게. 그걸로 과제물을 제출하면 성적을 줄게." 한국에서는 상상할 수 없는 콘셉트인데, 대학교에서는 할 수 있을지 모르겠어요. 그런데 미국에서는 고등학생들에게 그런 것을 시켜요. 그래서 자기 수업 프로젝트에 대해서 한 학기 동안 무엇을 할지 미리 고등학생들이 생각을 해놓고 기업가 정신과 관련된 인턴십을 해요. 저도 제 밑에 고등학생들이 여러 명 있어요. 인공지능 관련된 리서치를 도와주고, 샘플을 만들어오고, 데이터 클리닝 같은 일들을 돕습니다. 그런 학생들이 졸업하고 리더가 되거든요. 그런 교육을 학교에서 시켜야 그 아이들이 나중에 조직에 가서도 리더십을 발휘하고 리스크 테이킹도 하는 거예요.

이 수업은 스스로 디자인하는 것부터 학생들이 망칠 수가 있거든요. 망하면 성적 못 받잖아요. 위험을 감행하는 것을 그때부터 배우는 거예요. 우리도 결정을 잘해야지, 할 수 있는 일의 경계를 잘 설정해야지, 신중해지고 자기 선택에 대한 책임감도 생기죠. 그렇기 때문에 실패에 대한 생각도 어렸을 때부터 하게 하고, 그런 교육시스템과 연계를 갖고 있는 1퍼센트 미만의 학교가 있어요. 한국은 그런 학교들이 없어요. 게다가 한국은 평등을 되게 중요시하는 사회라서 교육 수준을 평준화하려고 하죠. 평등과 평준화는 다른 건데도요. 대한민국에서는 특목고들 다 없애고 있잖아요. 저는 한국에 영재 학교들이 분명히 있어야 한다고 생각해요. 리더십 학교와 같은 학교 모델들을 많이 운영해야 된다고 생각하거든요. 다만 한국 상황에서 이런 학교들의 함정은 이 학교들이 진짜 리더십을 키우고 영재를 만드는 게 아니라는 거죠.

함돈균 — 사실 평등과 평준화는 다르죠. 엄밀히 말하면 평등은 권리의 문제고 평준화는 지성의 문제와 관련이 됩니다. 요즘 창의 교육에 관한 논의가 일반적인 이슈가 되어 있는데, 사실 창의 교육이라는 게 다른 능력과 관점을 지닌 존재들을 키우는 거잖아요. 그건 개개인의 능력, 관심, 성격 등 다양성에 대한 존중이기도 하고요. 민주화된 한국 사회에서 아이러니하게도 이게 학교 평준화 논리와 뒤섞이는 경우가 많은 것 같아요. 입시에 대한 시민들의 요구도 "주관식 못 믿는다, 모두 똑같이 일제 고사로 봐서 입학시켜라", 이런 목소리가 힘을 갖죠. 불신 사회의 비극이고 여기에는 계층 불평등이 심화되는 한국 상황이 반영되어 있지만, 평준화 교육의 논리는 사실 군중 교육 논리예요.

저는 엘리트주의는 반대하지만 교육의 중요 목표 중 하나는 엘리트를 키우는 일이라고 생각해왔습니다. 교육이 엘리트를 키우는 목표를 삭제한다면, 그건 교육의 이상 자체를 삭제하는 일 아닐까요? 교육에서는 지성과 개성의 평준화가 아니라 다양화와 업그레이드가 필요한 거고, 다만 그 업그레이드된 지점이 세상의 공공성에도 기여하는 인재를 키울 수 있는 방향을 모색하는 게 현명합니다. 제가 지금 새로운 학교 모델을 만드는 중인데, 그 학교에서 평균적 교육을 하고 평범한 사람을 만들려고 시작하는 게 아니거든요. 제가 학교를 만들면 이런 방식으로 실질과 실천성을 겸비한 최고의 인재를 만들겠다는 거예요. 한 교육 전문가가 이 학교 모델을 듣고서는 "대안 교육이 아니라 최고의 엘리트 교육을 하시려는 거군요", 그러더라고요.

선생님들은 기업이나 정부, 인프라스트럭처 프로젝트 등의 단위에서 리스크 테이킹 문제를 얘기하셨는데, 사실 이렇게 보면 이 문제는 개인에게도 있어요. 리스크를 진다는 건 개인이 자기 일과 자기 삶, 자기 선택에 책임을 진다는 의미인데요. 한국 사회에서 지금 눈에 띄는 현상은 모든 결과를 남 탓, 사회 탓, 정부 탓으로 돌리는 거예요. 실패하면 자기 책임은 별로 없다고 생각하는 것 같아요. 교육 문제로 보면 이건 더 극심하죠. 학생, 부모, 젊은이 할 것 없이 남들이 모두 가는 길, 뚜렷하게 보이는 경제적 안정성, 이런 게 아니면 인생에 다른 선택이 없는 것처럼 사고하고 극단적인 보신주의를 선택하는 경향이 너무 만연해 있는 게 한국 분위기예요. 이런 상황에 구조적인 이유가 있는 것은 사실이지만, 한국 정도 수준의 경제 상황이나 사회 수준을 가진 나라에서 사람들이 이렇게 리스크에 졸아 있는 건 국가 수준에서 볼 때 정상적이지는 않다는 게 제 생각입니다.

삶과 사회에는 어떤 방식으로든 주체들의 자유와 선택의 영역이 있고 그게 새로운 시간을 열어내는 건데요. 그렇다고 우리가 전쟁이나 기아 상황도 아니잖아요. 그런데 이런 분위기에서는 지적들 하신 것처럼 실패를 용인하고 도전을 응원하는, 특히 결과에 너그럽고 과정을 존중하는 문화를 만드는 일이 정말 중요하다고 생각해요. 결과 중심적 사고가 팽배해 있는 사회에서는 가능하지가 않죠. 이건 단지 어떤 행정제도를 통해 해결될 수 있는 게 아니라 사회적 분위기, 사회적 시선 같은 게 중요하거든요. 그런 점에서 역시 결과 중심적 문화를 만드는 데에 한국의 대학 입시 중심 교육시스템이 얼마나 나쁜 영향을 미치고 있는지, 교육의 혁신이라는 과제가 이 부분에서도 다시 한 번 절실하게 다가옵니다. 대학 외의 선택을 하는 다양한 삶의 가능성을 모두 극단적인 리스크, 인생의 실패처럼 낙인찍는 괴상한 컬처가 실제 이상의 두려움을 개인과 사회에 양산하는 원천 같은 거니까요.

김길홍 — 학교교육이 중요하다는 것에 전적으로 동감해요. 그런데 교육을 학교에서만 할 게 아니라 사회 전반에서 보여주는 게 학생들에게 미치는 영향이 굉장히 크거든요. 사회에서는 리스크를 지지 않으면서 학생들보고는 "리스크를 져라", 모순적인 얘기잖아요. 지금 우리나라 사회를 보면 아직도 부모가 자식에게 자신들이 어릴 때 들은 말 그대로 "안전한 게 제일 좋아. 너무 모나지 말아", 그렇게 가르칩니다. 그러니까 지금 학생들에게 꿈을 물어보면 "내가 세상을 바꾸겠다"라는 게 아니라 짜여진 세상에 들어가서 안전하게 사는 공무원, 대기업 직원이고요. 부모들은 "중간만 가라, 안전하게 가라", 이렇게 가르치고요.

사실 지금 우리 사회에서는 도전을 해서 성공한 롤 모델들이 나와야 돼요. 실리콘밸리에서는 실패 사례들이 굉장히 많지만 확실히 성공한 롤 모델들도 많거든요. 그래서 실패를 여러 번 했더라도 한 번 성공해서 세상을 바꾼 사람이 있다는 것을 보여주는 게 필요해요. 이런 1퍼센트의 롤 모델들이 힘들지만 하나씩 만들어지면 학생들이나 부모들에게 설득력이 커지고, 사회가 그렇게 간다고요. 그래서 우리나라 사회도 지금 중요한 게, 말만 할 게 아니고 시스템도 만들어야 되지만, 롤 모델을 이 사회에서 만들어내야 되고, 도전하는 케이스들을 사회가 공적 자산으로 여기고 시도가 성공할 수 있게 도와주어야 해요. 롤 모델을 국가의 자산으로 생각하고 권장하며 훌륭한 길이라고 아껴주고 영웅으로 존중해줘야 학생들도 그렇게 살아간다고요.

당신의 이력서에는 실패한 스펙이 있습니까?

아직 가보지 않은 시대를 산다는 것은 사회 구성원 모두 실험자가 될 수 있다는 뜻입니다. 사회에도, 개인의 선택에도 수많은 갈림길이 존재한다는 생각의 유연성을 통해, 다양한 선택과 용기 있는 도전을 응원하는 관용적 문화가 필요합니다. 결과만 중요시하는 것이 아니라, 새로운 시도를 권장하고, 공정하고 창조적이며 성실한 과정을 중시하고, 그 과정상의 실패를 용인하며, 그 실패를 딛고 배워서 한 걸음 더 나아가게 하는 문화를 형성해야 합니다. 실패가 부끄러운 일이나 낙오자라는 낙인으로 인식되는 게 아니라, 오히려 실패의 경험이 중요한 스펙이 되는 문화가 필요합니다. 당신의 이력서에는 실패한 스펙이 몇 개나 있습니까?

3. 도시 경쟁력

• • • • • •

플랫폼 도시의 발전 동력은 무엇인가?

경쟁력 있는 도시에는 유능한 정부가 있고, 재능 있는 인재가 모이고,
그게 네트워크로 응집되고 확장되죠.
예전의 도시가 국가나 사회에서 부분적 단위로서
기능적 역할을 담당하던 것과는 양상이 전혀 달라요.
국가 경계를 넘어서 도시 네트워크가 형성되고 있어요.

함돈균 ─ '도시'라는 주제는 현대성의 핵심 주제고 사회 인프라에서 너무 당연한 요소처럼 들려서 독자들에게는 새삼스러울 수도 있는데요. 지금 나눌 얘기들은 새로운 기술 사회로 진입하고 사회 변화가 급격하게 진행되는 현 상황에서 전통적으로 도시화를 이해하는 것과는 다른 차원의 도시화, 특히 사회혁신과 관련하여 '도시 경쟁력'을 어떻게 확보할 수 있는지에 대한 얘기를 나누려는 것입니다. 그런데 세 선생님은 사회혁신을 직접 추동하는 디자이너들이신 데에 반해, 저는 도시를 인문적 관점에서 이해하고 도시화의 이면에 드리운 그늘에 대한 비판적 성찰을 주로 해온 사람이기 때문에, 접근 관점에 차이가 날 수도 있겠어요. 제게는 공부할 지점이 많아서 흥미로운 대화가 될 것 같습니다.

김길홍 — 현장에서 도시를 실제로 디자인하고 개발을 실행하는 사람, 교육 공학자, 인문학자가 함께 이렇게 허심탄회한 대화를 나눌 수 있는 기회가 드물기는 하지만, 도시를 제대로 이해하기 위해서는 서로 다른 성찰적 시선들이 교류되고 조화되어야 합니다.

지금 글로벌 단위의 기술 변화가 야기하는 산업 재편은 필연적으로 그 산업을 기반으로 할 수밖에 없는 도시를 재편하고 있습니다. 도시별 규모나 집중성, 신생과 쇠퇴, 글로벌 도시 영향력 등 모든 게 급변하고 있습니다. 특히 주목할 것은 아시아의 도시화입니다. 아시아 지역에서는 도시화가 유사 이래 선례가 없을 정도로 굉장히 급속하게 대규모로 진행되고 있습니다. 중앙정부나 지방정부, 사회가 제대로 준비되지 않은 상태에서 도시로 많은 사람들이 빠른 속도로 이동해 오는 도시화가 이루어지고 있기 때문에, 전통적인 개발 방식으로는 도시화에 따른 문제들을 해결하기 힘들고 아시아에 맞는 새로운 접근 방식이 절실한 시점입니다. 또 한편으로는 국가 경계를 넘어서 도시 간 경쟁이 치열해지고 도시 생태계가 종래의 대량생산체제 산업화 단계와는 다른 방식으로 재편되고 있습니다. 이미 도시화가 이루어졌던 곳 중에서도 어느 도시는 더 성장을 하고 어느 도시는 소멸을 하면서, 도시 경쟁력이 있는 도시는 더 커지고 집적도가 높아지는 반면, 어느 도시는 급격하게 쇠퇴해갑니다. 그래서 도시화의 양상이 각기 차별적입니다.

함돈균 — 도시화 상황에 따라 도시가 지닌 영향력이나 지배력의 양상도 크게 달라지고 있다는 말씀이시죠?

김길홍 — 그렇죠. 계층 간 양극화만 있는 게 아니라 도시화에도 부익부 빈익빈 양극화 현상이 나타나고 있어요. 경쟁력 있는 도시는 집적을 통해 더 팽창해나가고, 변화된 상황에 제대로 대처하지 못한 도시는 서서히 규모가 축소되며 영향력도 작아지죠. 경쟁력 있는 도시에는 유능한 정부가 있고, 재능 있는 인재가 모이고, 그게 네트워크로 응집되고 확장되죠. 예전의 도시가 국가나 사회에서 부분적 단위로서 기능적 역할을 담당하던 것과는 양상이 전혀 달라요. 국가 경계를 넘어서 도시 네트워크가 형성되고 있어요.

함돈균 — 전통적 도시가 특정한 산업 영역으로 단일하게 특화된다든가, 몇 가지 기능을 수행하면서 국가 전체 관점에서는 중앙정부의 보조적 역할을 수행했다면, 현재 도시화는 집적이 더 큰 집적을 이루고, 네트워크를 연결해서 확장성을 만들어내고, 그래서 다양성도 확장되고, 이것이 더 막강한 영향력을 발생시킨다는 말씀이군요. 글로벌 상황을 생각하면 이 영향력은 그 도시가 속한 나라에만 영향을 미치는 것이 아니라 국제적인 헤게모니를 갖게 되고요. 이건 제가 보기에는 디지털 시대의 플랫폼처럼, 그러니까 기업 아마존처럼 도시가 팽창하고 활동하게 되는 상황인데요.

김길홍 — 정확히 파악하셨습니다. 이제 도시는 국가 단위에서 부분적 역할을 수행하는 게 아니라 도시라는 공간을 바탕으로 모든 게 이루어지는 플랫폼처럼 존재하게 될 것입니다. 이 관점을 이해하는 것이 지금 문명의 변화, 사회혁신, 국가 경쟁력을 어떤 방향에서 키울 것인가 하는 문제에 매우 중요한 관점을 제공한다고 생각해요.

종래에 도시 디자인을 하거나 도시를 키울 때에는 대량생산체제에 맞는 대형 인프라, 대형 시설, 이런 게 중요했어요. 저도 사실 개발도상국에서 도시를 디자인할 때, 과거에는 이런 인프라스트럭처를 중심에 놓았죠. 그러나 지금은 도시에도 그런 하드웨어 인프라보다는 최고의 글로벌 인재들, 그것도 전통의 대량생산체제 방식에 익숙한 인재들이 아니고, 새로운 기술 사회에 필요한 고급 인재들, 소프트웨어를 만들어낼 수 있는 새로운 유형의 인재들을 유치하는 게 중요한 상황입니다. 하드웨어적 인프라가 아니라, 콘텐츠를 생산할 수 있는 사람이 도시 경쟁력의 수많은 요소들을 만들고 네트워킹해서 모아내기 때문이죠.

도시는 이제 하드웨어 인프라의 집적이 아니라 인재 자체가 집적의 핵심 요소가 됩니다. 도시에 그런 인재가 들어오면 그 인재를 잡기 위해 투자가 들어오고, 그 투자가 일자리를 만들어서 선순환구조를 만들어요. 과거에는 공장이나 산업 인프라에 투자해서 먼저 건물을 짓고, 그다음에 일할 사람들을 그 공간으로 모으고, 그다음에 일자리가 생기는 식이었는데, 이제는 순서가 바뀌었다는 것을 알아야 합니다. 이 순서의 뒤바뀜을 인식하는 게 아주 중요해요. 그렇지 않으면 한국은 글로벌 인재를 유치하고 기업을 키우고 일자리를 만들고 삶의 질을 높이는 데 돈을 쓰는 게 아니라, 과거 저개발 단계에서나 필요한 하드웨어나 토건으로 삽질을 하는 데 낭비하게 되죠. 경제도 그렇게 해서는 새로운 시대의 생산성을 갖지 못하고요.

인재가 도시의 플랫폼이다

함돈균 ─ 사람 자체가 가장 중요한 인프라네요. 시작점이 사람에게 있으니까요. 공장이나 기업이 사람을 고용하는 게 아니라, 사람이 아이디어를 통해 도시의 다양한 사회경제생태계를 만드는 허브가 되는 것이고요.

김길홍 ─ 그렇습니다. 그렇게 바뀌는 사례가 최근에 미국에서는 굉장히 극명하게 드러나고 있습니다. 세계에서 자산 가치 1위로 등록된 글로벌 기업 아마존이 2017년 연말에 지금 시애틀에 있는 아마존 본사로서는 증가하는 업무를 수행하기 힘들기 때문에 제2의 본사를 시애틀이 아닌 다른 도시에 설립하겠다고 선언하고 미국 전 도시를 공개입찰, 공개경쟁을 시켰어요. 수백 개의 도시들이 경쟁적으로 아마존의 제2본사를 유치하겠다고 입찰서를 냅니다. "우리 도시는 세금도 깎아주겠다, 보조금도 주겠다, 땅도 주겠다, 인재도 우리가 확보를 해주겠다", 이러면서 굉장히 달콤한 패키지들을 주는 거예요. 일반적인 예상은 그런 패키지가 크고 인센티브가 좋은 데를 아마존이 찾아가리라는 것이었죠.

그런데 1년이 지나서 아마존에서 발표를 했는데, 아마존의 제2본사 위치가 예상을 깨고 워싱턴 D.C.와 뉴욕으로 선정됐어요. 전문가들도 의외의 선택에 처음에는 많이 놀랐어요. 워싱턴과 뉴욕은 미국에서 가장 땅값이 비싼 곳이라 그 정도 규모 부지를 만들려면 부동산 비용이 천문학적이거든요. 그런데 발표가 나오고 난 다음에 분석을 해보니까 그게 굉장히 의미 있는 선택이었다고 다들 생각하고 있어요. 왜냐하면 아마존이 그동안 굉장히 힘들어했던 문제가 고급 인재 확보였는데 그 고급 인재를 확보하는 데에 가장 유리한 곳이 바로 뉴욕과 워싱턴 D.C.였다는 거죠. 예를 들어 IT 전문가 수를 비교해본다면, 미국 통계에서 IT 전문가가 제일 많은 곳이 뉴욕이고, 두 번째가 워싱턴 D.C., 세 번째가 LA입니다. 그러다 보니 아마존의 판단은 유능한 인재가 몰려 있는 곳에서 판을 까는 게 제일 유리하다는 것이죠. 바꿔 말해 뉴욕이나 워싱턴 D.C.는 고급 인재들의 집적으로 도시 경쟁력을 여전히 가지고 있고, 그들의 존재 자체가 도시의 투자 유치 경쟁력입니다. 아마존이 그 발표를 한 바로 다음에 또 놀라운 뉴스가 떴죠. 구글이 사세 확장을 위해서 상당한 규모의 증설을 하는데 그 거점을 뉴욕으로 잡은 거예요. 구글도 고급 인재가 많은 뉴욕을 택한 거죠. 지금 국가 경쟁력은 경쟁력 있는 도시를 얼마나 보유하고 있느냐와 매우 밀접한 관련을 맺는데 이 경쟁력을 주도하는 가장 중요한 요소가 사실상 고급 인재 유치입니다.

앞으로는 이러한 경쟁력 있는 도시들이 더 확장될 것이고요. 그렇게 도시의 역할이 커지면서 중앙정부의 국가권력과 지방정부의 도시행정 사이의 관계를 어떻게 설정할 것인가 하는 문제가 심각하게 제기될 것입니다. 지금처럼 많은 책임은 도시에게 떠맡기면서 자원이나 정책 결정 기능은 중앙정부가 거의 다 가지고 있는 관계를 재정립하자는 요구가 4차 산업혁명 시대에 강력하게 나타날 것이고요.

함돈균 ─ 이 상황을 이렇게 해석해볼 수도 있겠습니다. 선생님은 아마존과 구글의 사례에서 그들이 뉴욕이나 워싱턴 D.C.를 택한 것이 고급 인재, 특히 IT 전문가들이 가장 많은 도시이기 때문이라고 말씀하셨는데요. 지금 아마존이나 구글은 IT를 매개로 하지만 실은 단지 IT 기업이 아니잖습니까? 그들은 세상의 모든 상품에 대한 유통, 검색, 사회서비스, 전기자동차, 심지어는 일론 머스크^{Elon R. Musk}가 창설한 스페이스X와 더불어 우주를 산업 개발 영역으로 보고 이를 주도하고 있는 민간기업들이잖습니까? 이 도시들의 경쟁력에서 인재의 성격을 얘기할 때, 특히 뉴욕의 경우는 세계 최고의 다양성 인재 생태계라는 것도 매우 큰 영향을 준 것 같습니다. 융합 도시라고나 해야 할까요? 인재의 성격도 하드웨어적인, 그러니까 단순히 엔지니어가 아니라 '디자이너'이고요.

나성섭 ― 저는 인재 확보를 위한 노력이 선진국가들만의 어젠다가 아니란 것을 주목하고자 합니다. 좋은 예가 많지만, 유엔 해비탯^{UN Habitat}의 2018년 세계도시경쟁력보고서에서 경제 부분 경쟁력 5위를 한 중국 선전^{深圳}의 사례를 들어보죠. 한국인들 중에는 지금 중국이 얼마나 변했는지 모르는 이들이 많은데요. 선전을 공부해보시면 변화를 실감하실 거예요.

김길홍 선생님 말씀대로 도시 경쟁력이 예전처럼 물리적인 인프라로 결정되는 때는 지났어요. 요즘은 정말 인재에 초점이 맞춰져 있어요. 인구 30만의 어촌에 불과했던 선전시는 1980년 경제특구로 지정된 후 비약적 성장을 거듭해 이젠 아시아의 실리콘밸리로 부상했죠. 1980년대 초창기 선전은 저가 2차 산업 제품을 생산하여 이를 홍콩을 통해 우회 수출하는 도시였어요. 선전은 1990년대에 들어오며 비록 주문자 상표부착 생산^{OEM} 중심이긴 하지만 값싼 노동력, 화교 자본, 외국 기업과의 합작 등을 통해 세계의 거대 제조업 생산 공장으로 성장합니다. 이때 선전의 기업들은 저가 노동집약적 제조업을 통한 성장의 한계를 느끼며, 기술집약적 산업으로의 전환을 꾀하죠.

　기술집약적 하이테크 산업으로 전환하기 위해 가장 필요한 것은 인재 확보입니다. 선전시 당국은 선전 기업들에 최고의 인재를 공급하기 위한 방안으로 대학 타운을 만들었어요. 특이하게도 중앙정부가 아니라, 지방정부인 선전시가 재정을 전액 부담했어요. 중국 최고의 대학인 베이징대학교, 칭화대학교, 하얼빈공업대학교 대학원 분교를 대학 타운에 유치합니다. 그런데 베이징대와 칭화대는 세계적으로 잘 알려진 대학이라서 많은 이들이 알고 있을 텐데 하얼빈공대는 아마 관심이 있는 분들 빼고는 잘 모르실 거예요. 이 학교는 자체 개발한 로켓으로 인공위성을 여덟 번이나 쏘아 올린 학교예요. 발사만 한 게 아니라 원천 기술을 개발했다는 말이죠. 한국에서는 국가의 힘으로도 발사체를 자체 개발하지 못했는데 저쪽에서는 대학 하나가 그것들을 할 정도란 말이죠.

　대학 타운을 방문했는데 시설 규모가 어마어마해요. 대학 타운에 있는 모든 시설, 빌딩, 땅, 강, 체육관, 도서관, 기숙사, 이 모든 것을 선전시에서 무료로 건설해서 제공했어요. 기숙사, 도서관, 체육 시설 등의 공용 시설을 세 개 학교가 함께 사용해서 자연스럽게 교류와 협력의 시너지가 날 수 있게 했어요. 또한 텐센트(인터넷), BYD(전기차), DJI(드론), BGI(유전자분석), SuperD(3D), Ubtech(로봇) 등 첨단 기업들과의 산학협력이 선전시 정부의 지원으로 활발하게 이루어지고 있어요. 선전이 바닷가에 위치하다 보니, 지역 특색을 활용한 해양개발을 위해 칭화대학교 선전분교에 많은 투자를 해서 이 분야의 기술력과 규모가 세계에서 세 번째라고 합니다.

함돈균 — 역시 인재 유치와 도시 경쟁력의 관계를 생각하게 하는 사례네요.

나성섭 — 싱가포르 사례도 주목할 만합니다. 싱가포르는 도시가 그대로 국가인 도시국가죠. 도시국가로서 싱가포르는 국가 생존 전략으로 '재능 있는 인재를 육성'하는 것을 국가의 최우선 정책으로 정하고 이를 일관적으로 추진해왔어요. 1, 2년 추진한 게 아니고 10년, 20년 장기간에 걸쳐 인재를 육성하는 노력을 꾸준히 해왔습니다. 인재 육성을 통해 국가의 성장 동력이 되는 신산업을 창출하려는 것이죠.

1980~1990년대에 이미 아시아의 무역, 물류, 금융서비스의 중심지로 부상한 싱가포르는 아시아 경제위기 후 2000년대 초반 지속적 성장을 위한 새로운 추동력을 찾기 위한 고민을 했어요. 싱가포르가 아시아 최고의 도시로 발전은 했지만 이를 지속할 수 있는지는 의문이었죠. 지속적 성장을 위해선 끊임없이 새로운 성장 산업을 찾아야 하죠. 그때 검토를 해보니까 싱가포르에 아시아의 허브 공항인 창이공항이 있음에도 불구하고 비행기를 정비·수리하는 MRO 산업이 미약한 거예요. 이에 싱가포르항공이 세계적인 항공사이고 아시아 허브인 창이공항도 있으니 도시의 장점을 살린 MRO 산업을 육성하자는 발상을 합니다. 창이공항에 취항하는 비행사가 얼마나 많습니

까? 아시아의 항공사 중 거의 50퍼센트가 싱가포르에 거점을 두고 있어요.

　MRO 산업은 항공기의 정비^{Maintenance}, 수리^{Repair}, 분해조립^{Overhaul}을 하는 산업으로, 개조^{Conversion} 시장도 포함하는 추세입니다. MRO는 항공기의 안전 운항과 직결되기 때문에 안전성을 보장하기 위해 항공기 제작사나 부품 제조사로부터 엄격한 품질 인증을 받아야 해요. 이렇다 보니 이 산업은 단순히 정비·수리 공장을 짓는다고 내 마음대로 서비스를 할 수 있는 것이 아니라, 항공기 정비·수리 품질 인증을 가진 회사만 할 수 있는, 진입 장벽이 높은 산업입니다. 그러나 높은 진입 장벽만 극복하면, 싱가포르에 필요한 양질의 일자리를 창출할 수 있는 노동집약적 고부가가치 성장 산업인 것이죠.

　당시 싱가포르가 택한 전략은 MRO 인력을 선제적으로 키우는 것이었어요. 이런 인재를 키우기 위해 싱가포르는, 싱가포르국립대학교와 난양공과대학교의 항공공학과에 고급 엔지니어 양성을 목적으로, 그리고 난양, 리퍼블릭, 테마섹 등 3년제 폴리텍 대학에 전문 기술인을 양성하기 위해 MRO 랩^{lab}을 설치하는 등 큰 투자를 합니다. 싱가포르 기술학교$^{Institute\ of\ Technical\ Education}$라는 2년제 직업고등학교에도 MRO 프로그램을 개설하여 인력을 육성합니다. 이렇게 인재를 육성한 후, 세계적인 MRO 업체를 유치하기 위해 제안을 합니다. 이 제안에 이들 기업들은 싱가포르에 MRO 기능 인력이 있는지 여부를 제일 먼저 질문했다고 해요. 이에 백문이불여일견이라고 싱가포르는 이들 기업들을 초대하여 MRO 인재 육성 프로그램을 보여주었는데, 롤스로이스, 프랫앤휘트니, 루프트한자 등 세계적 기업들의 싱가포르 MRO 시장 투자 결정에 싱가포르의 인재 육성 프로그램이 결정적 역할을 했다고 합니다.

　이러한 인재 육성을 통해 싱가포르는 2019년 기준 세계 상용 MRO 시장의 10퍼센트인 9조 원 규모의 서비스를 제공하는 도시로 부상했어요. 현재 130여 개 기업이 2만 1,000명을 직접 고용하고 있고요. 거의 무無에서 출발해 20년 만에 이렇게 성장한 거예요. 중요한 것은 시장 점유율뿐만 아니라 양질의 일자리를 제공하는 노동집약적 고부가 산업이라는 점입니다. 싱가포르는 오버홀overhaul을 할 뿐 아니라 아니라 필요한 부품도 어떤 경우에는 자체적으로 만들고 있습니다. 싱가포르 MRO는 단순한 정비·보수 수준이 아니라 고도 기술이 요구되는 합금을 이용한 대형 항공기용 프로펠러와 터보팬도 만드는 수준이죠. 그게 비행 산업에서는 굉장한 고급 기술에 해당되는 건데 그것을 이 도시의 학교와 협력기관을 통해서 만들어요. 싱가포르 사례는 인재를 키워 도시의 미래를 개척했다는 점에서 중요한 정책적 시사점을 줍니다.

　싱가포르의 MRO 산업 육성 전략이 대단하다는 생각이 드는 게 MRO 산업에 커다란 변혁이 올 것을 잘 예측하고 시도한 미래 전략이었다는 겁니다. 당장의 일자리를 만들기 위한 공장 짓기 같은 게 아니라 미래를 내다본 전략인 거죠. 과거에는 MRO 산업에 기계공학이 필요했어요. 그런데 지금은 기계mechanics와 전자electronics가 합쳐져요. 왜냐하면 비행기에 컴퓨터를 통해 제어되는 자동장치가 엄청 많이 들어가게 되었으니까요. 그런데 기존 MRO 산업 종사자들 대다수가 기계공학 훈련을 받은 이들이거든요. 이를 미리 예측하고 싱가포르는 융합적 메카트로닉스mechatronics로 훈련된 인재들을 키운다는 거죠. 가보니까 2년제 직업고등학교 학생들이 코딩을 하고, 3년제 전문대학이 우리 대학보다 기술 연구력이 높은 곳도 있어요. 한국도 MRO 산업을 키우려고 하지만 잘 안 되고 있죠. 한국에서 상업 MRO 사업을 하는 곳이 대한항공, 아시아나항공 정도인데 서비스 수준은 그리 높지 않죠.

아시아에서 비행기가 제일 많이 뜨는 곳이 중국과 인도인데, 중국과 인도가 싱가포르에 가서 비행기 수리를 합니다. 그러면 기회 요인을 가진 중국과 인도는 왜 못 하고 있을까요? 인천공항도 이런 관점에서 앞으로 엄청난 잠재력을 가지고 있다고 볼 수 있죠. 싱가포르의 경우는 자신의 위치에 대한 냉정한 성찰, 장기적 비전, 기존의 한계에 대한 자각, 미래에 대한 선제적 투자, 이런 것들이 모두 합쳐졌기 때문에 가능했죠. 한국도 이렇게 했더라면 싱가포르처럼 젊은이들에게 양질의 일자리를 제공하는 MRO 산업을 키울 수 있지 않았을까요?

도시 경쟁력의 핵심은 사회 생태계

함돈균 — 저도 아시아 도시가 이 정도로 역동적으로 변하고 있는지 잘 몰랐네요. 산업 상황을 중심으로 계속 말씀해주시니 실감이 납니다. 저는 도시 경쟁력의 요소가 산업적 요소로 다 환원된다고 생각하지는 않고, 또 지금 세상에서 얘기하는 산업·시장 중심적 관점에서의 도시 경쟁력을 재고하고 좀 더 종합적으로 볼 필요가 있다는 생각을 하는 사람입니다. 하지만 이런 사례들이 설령 산업의 관점에서조차 무엇보다도 장기적 관점을 가지고 사회에 기초 체력을 만드는 방식으로 진행되고 있다는 점에서는 눈이 확 뜨이네요. 폴 김 선생님은 어떻게 생각하시는지요? 우리가 지금 대화하고 있는 현장이 실리콘밸리에서 멀지 않은데요. 여기야말로 세계 거의 모든 국가들이 너도나도 벤치마킹하려는 21세기 도시 경쟁력의 사례가 아닌가요?

폴 김 — 그렇죠. 구글, 아마존, 선전, 싱가포르의 사례 모두 도시 경쟁력과 인재 유치와의 관계를 보여주는데요, 실리콘밸리는 그런 의미에서 원조가 되는 사례죠. 많은 나라에서 실리콘밸리를 벤치마킹하려고 하지만 절대로 안 되는 이유가 뭐냐 하면, 실리콘밸리에는 스탠퍼드대학교가 있는데, 다른 지역에는 이런 학교가 없다는 거예요. 스탠퍼드는 하버드와 MIT의 장점을 합쳐놓은 학교라고들 보통 얘기하는데요. 이런 학교는 그 자체가 엄청난 인재 생태계거든요. 게다가 여기에는 이를 지원해줄 수 있는 파워풀한 펀딩이 있지 않습니까. 벤처 펀딩에서도 다양한 종류의 벤처들이 있고, 벤처 기관들만의 특징, 철학, 성격들이 다 다릅니다. 조기 반환을 원한다든지, 인내력이 더 있어서 장기간을 본다든지, 아니면 큰 비전과 가치를 요구하는 곳이라든지, 좀 더 확실한 투자를 하고 싶다든지, 여러 가지 투자 기관들이 그 생태계 안에 있는데, 이 다양성 자체가 또한 실리콘밸리 지역에서 혁신 생태계 응집성을 크게 높여서 도시의 경쟁력을 강화합니다. 여러 조건을 보건대 안 될 수가 없는 곳이 실리콘밸리라는 곳이죠.

그래서 다른 도시에서 이런 것을 보고 스탠퍼드 같은 중심 대학을 도시에 일단 세우려고 하는 경우가 많이 있어요. 예를 들어 한국에서는 대전에 카이스트를 세웠고, 카타르 같은 부자 나라에서도 그런 시도를 하고, 오만에서도 과학기술대학교Science and Technology University를 수도 무스카트 근처에 세우고, 사우디아라비아 역시 학교가 중요하다는 것을 알고 대학에 상당한 투자를 했고, 저도 그 일을 돕고 있습니다. 그런데 다른 곳들을 분석해보면 실리콘밸리에 비해서 도시 생태계 응집성이 상당히 떨어져요. 거기에는 실리콘밸리와 같은 산업체 커뮤니티가 부재하고 벤처 캐피털의 다양한 기관들이 있지 않기 때문에 혁신이 일어나기가 상당히 힘든데, 이런 상황을 무시하고 일단 비슷한 것을 시도하는 거죠. 한국의 송도 신도시에도 외국 학교를 유치하지만, 도시 생태계 응집성은 상당히 떨어져요. 학교 하나로 되는 게 아니라 다양하고 밀도 높은 사회 생태계가 형성되어 있어야 한다는 거죠.

그런데 여기에서 주목해야 할 것이 이런 도시 개발이 젠트리피케이션을 일으킨다는 사실이에요. 실리콘밸리에서도 일어나고 있는 일이 젠트리피케이션이고 한국도 그런 경험을 도시에서 하고 있잖아요. 고도의 숙련 직종 관련 산업이 새로 들어오면, 그 전에 일하고 있던 중간 직종의 사람들은 어떻게 하냐는 얘기죠. 그 도시의 고도 산업화가 거주자들을 몰락시키고, 지가 상승이 그들을 쫓아냅니다. 그렇게 되면 딴 데 가서 자리를 잡아야 되는데, 인공지능 시대가 도래하면서 이 직종 또는 계층의 사람들은 갈 데가 없어지고 있어요. 아마 이게 새로운 도시 상황에서 상당한 사회불안 요소가 될 겁니다. 오히려 아예 저임금 노동자들은 여전히 필요가 있을 것으로 보이지만 중간계급 직종들은 사라지고 상당한 위협을 받을 겁니다.

그래서 도시 개발을 한다고 할 때는 '도시 진화의 초점을 어디에 맞출 것인지' 하는 핵심 진화에 대한 생각을 해야 되는데 이런 생각을 잘 하지 않는 것 같아요. 대부분의 도시들은 첨단 기술 직종들을 유치해 투자를 유도하는 문제에만 관심이 많은데, 젠트리피케이션이라든지 중간 직종의 몰락이라든지 젠더 이슈라든지 이 상황이 파생할 수 있는 문제적 이슈에 대해서 생각해보고, 어떻게 함께 진화할 수 있는가에 대해 연구해야 합니다. 그래서 도시화정책에서는 가치 지향이나 행정제도 실행 권한을 지닌 단체장 또는 정당이 누가, 어디가 되는가도 상당히 중요한 것 같아요. 경제적 이익만 바라볼 게 아니라 이처럼 핵심 진화를 생각할 수 있는 도시계획 모델이어야 한다는 거죠.

함돈균 ― 참 중요한 말씀입니다. 사실 지금 새로운 기술 사회로의 이동에서 굉장히 어려운 지점이 바로 양립하기 어려운 다양한 모순적 상황의 출현입니다. 경제구조 차원에서 비롯되기도 하고, 가치관 차이에 따라 빚어지기도 하고, 사회 상황이 지구적 단위에서 연동되다 보니 발생하는 문제이기도 합니다. 사회에 새로운 세력이 등장할 때는 그 전에 그 자리에서 활동하던 이들이 폭력적으로 거세되는 일이 많다는 말씀이죠. 젠트리피케이션에 대해 덧붙여서 제 관점을 말씀드리면, 이게 특정 직업군이나 중간계급의 몰락을 넘어서 세대적 몰락을 촉진하는 측면이 있다는 점에서 저는 매우 심각한 문제라고 봅니다. 이건 사회 불평등 문제와는 별도로 도시 경쟁력 차원에서 볼 때에도 심각해요. 생산 활동에 종사하는 노동인구의 세대적 성격으로 봐도 그렇고, 문화적 활기나 다양성의 생태계를 구축한다는 측면에서도 그렇고, 도시의 지속 가능성 측면에서도 그렇고, 살아 있는 도시는 젊은 세대가 주축이 되어 거주하고 활동하는 도시라야 합니다.

두 선생님께서는 기업 유치나 시장 창출이라는 측면에서 주로 도시 경쟁력을 이야기하셨지만, 도시의 빛깔을 만드는 방식은 다양해서 이 빛깔이 지닌 독특성에 따라 도시의 이미지도 달라지고 경쟁력도 달라지는데, 젊은 세대가 만들어내는 문화적 활기는 그 자체로 도시의 활력이고 생생한 빛깔을 만듭니다. 그러나 한국의 지금 상황을 보면 시장이 활성화되는 지역에서는 지가가 오르고 어김없이 젠트리피케이션이 발생하는데, 젊은 세대는 경제력이 탄탄하지 못하기 때문에 우선적으로 도시로부터 쫓겨나는 대상이 되는 경우가 많습니다. 그래서 도시를 경제적 측면, 기업이나 시장의 창출이라는 측면에서만 보면 도시가 지닌 복합성을 놓치기도 쉽고, 도시 경쟁력의 장기적 시야를 어떤 면에서는 또 거세하는 일인지도 모릅니다.

그리고 저는 근본적으로는 제 아무리 경제력이 높은 도시라도 지가가 폭등하여 특정한 직업군들이나 경제력을 지닌 이들만 살 수 있는 도시가 좋은 도시인지에 대해서는 의문을 가지고 있습니다. 사회 생태계를 훨씬 더 폭넓은 관점에서 이해하고 공존이라는 가치를 생각해보면, '이런 도시들은 보이지 않는 어떤 도시 공동화를 수반하는 대가로 유지되고 있는 게 아닌가' 하는 생각이 들어요. 지금 미국에서는 구글 같은 글로벌 기업을 유치하려고 주 정부나 도시행정가들이 서로 구애를 하지만, 그 지역에서도 모두가 이를 전적으로 환영하는지에 대해서는 의구심이 있습니다. 왜냐하면 이러한 기업들이 들어오는 지역은 예외 없이 상상할 수 없는 땅값 폭등을 경험하고 있어요. 스탠퍼드대학교 교수들도 임대료를 지불하기 버거울 정도로 땅값이 비싼 곳이 또 이 지역 아닙니까? 원래부터 집을 갖고 있던 이들을 제외하면 중산계급 이하 시민들이 거주하기가 사실상 너무 어려운 곳이 팰로앨토Palo Alto잖습니까? 저는 문학을 전공했기 때문에 정책적으로 목소리를 내지 못해서 마치 없는 것처럼 치부되는 도시의 이면들이 사실 얼마나 날카로운 비명을 지르고 있는지에 대해 상대적으로 많은 시간 귀 기울여 온 사람이라서 이런 부분도 많이 생각해보게 됩니다.

김길홍 — 실리콘밸리의 높은 임대료 수준은 저도 실감했죠. 지속 가능한 도시개발이 되기 위해서는 서민이나 젊은 층의 주택 문제 해결이 중요한 과제로 떠오르고 있습니다.

함돈균 — 도시의 경제력이 특정한 계층에만 집중되고 그 부의 과실을 공동체 성원들이 나눌 수도 없고 오히려 그 때문에 고통받는 상황이 발생한다면, 소위 도시 경쟁력이라는 것을 삶의 총체적 차원에서 좀 다른 각도로 볼 필요가 있다고 생각합니다. 아마 한국에서도 이런 문제가 앞으로 많이 불거지지 않을까 생각이 들어요. 현대사회에 경제적 요인들, 특히 시장과 기업이 너무 큰 영향을 미치는 것은 사실이지만, 우리가 경제 중심적 관점으로만 사고하면 자칫 경제가 사회를 구성하는 거의 모든 요소인 것처럼 사고 자체를 환원적으로 할 우려도 있습니다. 사회는 시장으로 모두 환원되지 않습니다. 도시 역시 마찬가지입니다. 그런데 제가 보기에 지금 특히 어려운 점은 경제적 요인들이 글로벌 상황이나 필요에 의해 구조적으로 강제되는 것에 반해, 문제 상황은 지극히 지역적 차원에서 발생하고 고통도 그 도시의 원주민들의 몫이 된다는 겁니다. 원인의 추상성에 비해 효과는 지극히 국지적이고 직접적이죠.

예컨대 저는 한국의 제주도에서 지금 일어나는 일을 이런 시각에서 보고 있어요. 제주도는 본래부터 관광 중심 도시였지만 지금은 특히 글로벌 도시로서의 위상과 경쟁력을 갖기 위해 지역 정부가 온갖 노력을 하고 있죠. 그런데 여기에서 지역 정부의 정책과 원주민들 사이에 큰 갈등이 빚어지고 있습니다. 국제적인 규모의 제주공항을 만드는 일을 둘러싸고 벌어지는 극심한 사회적 갈등이 이러한 예입니다. 시 정부가 보는 시각에서는 제주가 글로벌 시장이 충분히 될 수 있는 도시입니다. 그래서 이미 공항이 있지만 이걸 '포화' 상태로 보고 확장할 필요가 있다고 봅니다. 글로벌 규모의 공항이 들어서면 관광객, 특히 외국인들이 훨씬 더 많이 찾아오고 이들이 다 제주라는 '시장'의 소비자들이 된다는 거예요. 좀 더 노골적으로 표현하면 제주 지역 정부 관료나 단체장들에게는 제주가 거대한 글로벌 면세점처럼 보이는 거죠.

그런데 '이게 정말 장기적인 차원에서 제주의 도시 경쟁력을 높이는 것인가?', '도시 경쟁력을 추구하는 최종 목표가 무엇인가?', '도시 경쟁력의 가치를 어디에 두어야 하는가?'라는 인문적인 차원의 질문을 던지게 되면 이런 방식의 도시 경쟁력 추구에 심각한 의문부호가 붙는다는 거죠. 제주가 이미 포용할 수 있는 관광객 한도를 넘어섰다고 생각하는 원주민들이 많아요. 생태적 관점에서 보면 공항을 만들 때 필요한 대규모 부지로 인해 그 도시의 자연환경이 얼마나 파괴될 것이며, 관광객 수요를 양적으로 확대하는 정책으로 더 많이 몰려들 잠재적 관광객들로 또 얼마나 이 지역이 몸살을 앓게 될 것이냐는 거죠.

저는 작년에 하와이에 출장 다녀올 기회가 있었는데요. 수도 호놀룰루가 있는 오아후섬에 있다가 빅아일랜드섬으로 가게 될 때, 상당히 신선한 충격을 받았습니다. 너무 인공적으로 도시화가 진척된 오아후에 큰 매력을 못 느끼던 제게 빅아일랜드는 하와이라는 말에 걸맞은 아름다운 도시환경을 보전하고 있어서 큰 감명을 주었는데요. 그렇게 유명한 관광지에 크지 않은 공항이 하나 있고, 해안선을 따라가는 주요 도로는 놀랍게도 아직도 1차선이고요. 섬을 가로지르는 주요 도로도 극히 제한적으로만 닦아놓아서 인공적 요소를 최소화했더라고요. 그리고 그로 인해 발생하는 상당한 불편을 감수하는 사회적 톨레랑스를 컬처로 형성해놓았더라고요. 미국인들이 도로를 못 만들어서 21세기에 1차선 주도로로 다니고 있겠습니까? 저는 이렇게 불편을 자진해서 감수하는 정책이나 감수성이야말로 미래에는 더 중요해질 '컬처 엔지니어링'이라고 생각하고, 이게 하와이의 진정한 도시 경쟁력을 유지하게 할 핵심으로 보입니다.

그에 비하면 제주는 너무 규모가 큰 도로를 자연을 마구 밀어내고서 계속 만들고 있고, 주요 해안도로 부근 땅들은 몇 년 새 민간인들이 다 점유해서

홍대 같은 도심의 카페 천국이 되고 있으며, 뜬금없는 콘텐츠의 이상한 '박물관'들이 산간 지역에까지 계속 난립하며 지어지고 있습니다. 이런 일을 지역 정부가 계속 허용하는 까닭이 도저히 이해가 되지 않는데, 이게 다 관광 시장으로 자기 지역을 환원해서 이해하기 때문이죠. 전 이게 과연 제주의 도시 경쟁력, 그것도 지속 가능한 글로벌 경쟁력이 될지 정말 의아할 뿐만 아니라, 인간이 도시 경쟁력이라는 이름으로 이렇게 자연을 학대하면서 도시를 마구잡이로 확장해가는 것이 과연 정당한 일인지 회의하게 됩니다.

그래서 도시를 디자인하는 역할과 권한을 가진 이들이 이런 지점들을 염두에 두고 공생을 가능하게 하는 사회적 생태계나 자연까지를 하나의 권리 주체로 생각하는 컬처를 어떻게 만들 수 있을지 심사숙고해야 할 거라고 봐요. 사실상 '글로벌'이라는 용어 자체가 경제 중심주의적 시각을 강력하게 담고 있을 뿐만 아니라 지극히 인간 중심주의적 관점을 깔고 있는데요. 이제는 '지구'라는 차원에서 도시라는 이름의 인공 구조 자체에 대해 새로운 관계성을 정립하는 질문을 해보지 않으면 안 될 거라고 보고요.

폴 김 — 그렇죠. 그런 지점들을 쉽게 해결하기는 어렵지만 도시 발전 과정에서 정책적으로도 반드시 고려되어야 할 겁니다.

함돈균 — 제가 말씀을 듣다 보니 질문이 하나 생겼어요. 한국에서는 노무현 정부가 중앙정부의 세종시 이전을 추진한 이후에 지방분권이 부쩍 이슈가 되고 있는데요. 도시 경쟁력이라고 하는 문제를 생각해보니 여기에 아이러니한 복합성이 있는 것 같아서요. 지방분권이나 지방자치의 취지는 지역으로 권력을 분산하면서 지역의 자립성과 각자의 차별적 경쟁력을 키우기 위한 일이죠. 그런데 세종시처럼 서울에 있는 중앙정부 공무원들을 지방으로 인위적으로 옮긴다 해도 그 지역의 사회적 생태계나 응집성이 아주 약하다 보니, 실제로 공무원들은 다시 서울로 오가며 일을 보면서 시간을 낭비하고, 세종시 같은 곳은 무언가 고립된 지역처럼 느껴지고요. 반면 서울 같은 경우는 한국에서 국제경쟁력이 있는 극히 희소한 도시 중 하나인데, 이러한 행정 분산으로 서울의 응집성이 오히려 떨어지는 측면이 있는 건 아닌가 하는 질문이죠. 도시 개발이 주 분야 중 하나였던 김길홍 선생님 견해를 들어보고 싶네요.

김길홍 — 좋은 질문입니다. 지방분권은 물론 매우 중요하죠. 아까 제가 잠시 말씀드렸지만 중앙정부 권력과 지방정부 권력 간의 밸런스를 찾는 문제, 그러니까 합리적인 차원에서 지역이 좀 더 자율적으로 결정을 하고 책임을 지면서 역량을 강화하는 것은 좋은 거죠. 그런데 지금 서울처럼 높은 응집성을 지님으로써 도시 경쟁력을 지닌 도시에서 중요한 도시 기능의 일부를 강제적으로 분할해서 다른 지역으로 분배하는 식으로 나아가는 경우는 자칫하면 두 도시를 하향 평준화하는 위험이 있고요. 그렇게 하면 글로벌 경쟁시대에 자칫 두 도시가 다 효율성도 경쟁력도 갖지 못하고 쇠퇴하는 경우가 생길 수 있어요. 국가라는 울타리를 넘어서 일어나고 있는 도시 간 경쟁, 인재 경쟁, 산업 경쟁을 생각해야 합니다.

예를 들어 지금 현실적으로 바라보면 한국이 첨단산업, 쉽게 말하면 구글이나 테슬라나 아마존 같은 기업을 유치하려고 하면 그 사람들이 어떤 도시에 거점을 잡으려고 하겠어요? 인재가 많고 정보 교류가 쉽고 행정적 요인도 편한 데가 어디겠어요? 현재로서는 서울이라고요. 해외 인재를 유치해도 그 사람들이 살게 하려면 생활공간도 그렇고, 여가 활동도 윤택해야 하고, 문화생활, 학교, 병원, 언어, 이 모든 것이 갖추어져서 그 사람들이 만족할 수 있는 여건이 되어야 하는데, 글로벌한 시각에서 보면 솔직히 지금 한국에서 이 조건을 갖춘 도시가 별로 없어요. 그나마 가능한 곳이 서울이에요. 그러면 서울이 가진 기존 장점을 좀 더 활용하는 전략을 취하는 게 필요하고요. 다른 도시를 키우는 일은, 서울에서는 꼭 필요하지 않지만 그 지역에서는 조건상 유리한 그런 일들을 찾는 전략을 택하면 각 도시의 색깔들이 다양성과 독립성을 갖게 될 겁니다. 도시를 키우는 일도 자연스럽게 이루어져야 좋다는 거죠. 안 그러면 그나마 잘 성장하던 도시의 경쟁력을 잡아먹는 일이 생길 수가 있으니까요.

　그리고 한국은 사실 지리적으로 규모가 작은 나라예요. KTX로 나라의 많은 지역이 짧은 시간에 연결될 수 있어요. 그렇기 때문에 이미 잘되는 큰 도시인 서울이나 광역시 규모의 도시들의 본래 강점을 잘 살리고 성장시키면 국제적으로 경쟁력 있는 도시를 만들 수 있고, 주변의 다른 도시들이 연결되어 파생적인 힘을 나누어 가지면서 상생할 수 있어요. 예컨대 대기업이 세계적인 경쟁력을 가지고 시장을 키우면 중소기업도 같이 크는 모델이 바람직한 거잖아요. 도시 문제는 사람들이 실제 살고, 배우고, 교류하고, 일하고, 즐기는 공간을 만들어가는 문제입니다. 그렇기 때문에 행정적 강제보다는 자연스러운 생태계를 만들고 도시를 서로 연계하고 상호 의존하게 해서 동시에 발전하는 균형 발전 모델을 찾는 게 좋지 않은가 생각해봅니다.

컬처 엔지니어링을 위한 세 번째 질문
내가 왜 굳이 서울로 가야 하나요?

어느 글로벌 인재가 자신이 굳이 서울로 갈 이유가 있는지 질문했습니다. 도시 경쟁력이 그 도시가 속해 있는 사회와 국가의 경쟁력 전체에 큰 영향을 미치는 시대가되었습니다. 이때 도시 경쟁력은 과거와 같이 물리적 인프라스트럭처에 의해 결정되는 게 아니라 얼마나 뛰어난 인재들이 그 도시에 모이는가로 결정됩니다. 기업과공장을 도시에 유치함으로써 인재가 모이는 게 아니라, 인재를 도시에 모이게 함으로써 기업과 공장과 문화가 만들어집니다. 따라서 미래의 도시 전략은 인재들이 모여서 잘 살 수 있는 복합적 도시 생태계를 디자인하는 방향으로 수정되어야 합니다.살 만한 환경을 복합적으로 지니게 하는 응집력을 도시가 갖게 하는 것이 중요합니다. 결국 도시를 사람 중심으로 디자인해야 하며, 반드시 글로벌한 환경을 고려해야만 합니다. 또 인재를 키우는 데에는 오랜 시간이 걸리기 때문에 우리가 직접 사람을 키운다는 생각에 갇히지 말고, 전 세계의 다양한 인재들을 모으고 살 만한 환경을 제공하여, 이 사회를 위해 그들을 잘 활용하는 방법을 생각해야 합니다. 이 관점에서 서울은 지금 글로벌 인재가 살고 싶은 매력을 느낄 만한 도시일까요?

4. 인재 전쟁

· · · · · ·

기술혁명 시대, 인재가 갖추어야 할 무기는?

학벌 높고 자격증 많이 갖고 있는 평범한 인재는 굉장히 많은데
사회의 미래를 끌고 갈 진짜 창조적 인재는 많이 키우지도 못하고 있고,
혹시 있다고 하더라도 활용을 못 하고 있다고 봐야죠.
지금 현재 그런 상황이라면 교육제도를 점검하고 대수술을 해야 되는 거죠.

함돈균— 도시 경쟁력 이야기를 하면서 '휴먼 캐피털human capital'에 대한 이야기를 많이 나누었어요. 사실 인문학을 전공한 제 입장에서 보면 사람을 '자본'으로 표현하는 시각이 노골적인 면이 있어서 불편한 면이 없지 않다는 말씀을 우선 밝히고서 이야기를 시작하겠습니다. 그렇지만 우리가 얘기하고 있는 전제가 사회라는 바탕을 이루는 여러 요소들에 대한 관점을 살핀다는 것이고, 특히 아시아개발은행에서 경제개발에 헌신해오신 두 선생님을 모신 대화이니 얘기를 그 관점에서 더 들어보고 싶습니다. 독자의 입장에서 보면 옛날부터 전통적으로 인재는 중요하다고 그랬는데 왜 지금 새삼 '인재'를 강조하느냐고 물을 수도 있는데요. 역시 사례연구처럼 지금 변화하는 시대에 세계적으로 진행되는 사례를 중심으로 얘기해주시면 좋겠습니다.

폴 김 ― 지금 중동 지역의 사우디아라비아 같은 곳에서도 새로운 대학교 설립을 통해서 미래 인재를 키우는 데에 사회혁신의 초점을 두고 있어요. 일류 대학을 짓는 게 우선 필요하다고 생각하는 거죠. 그런데 유감스럽게도 제가 봤을 때는 어렵다고 봅니다. 문제는 사회혁신을 추동할 수 있는 응집력 있는 생태계 장치가 없다는 거예요. 간단히만 생각해도 우선은 고등학생들이 졸업을 하고 대학을 가야 될 거 아니에요. 최고의 고등학생들이 최고의 대학을 들어가야 말이 되는데 그럴 수 있는 인재 풀이 그런 사회에는 없다는 거예요. 일류 대학은 우선 좋은 고등학생들이 들어가야 가능성이 있습니다. 솔직히 말하면 글로벌 대학이 되려면 준비된 영재 풀이 있어야 해요. 그런 학생들이 있어야 외국인들도 유학을 거기로 가서 글로벌 대학이 됩니다. 기본 공식입니다, 이게. 그렇기 때문에 그런 장치가 없는 도시에서는 대학이 절대 성공할 수가 없다는 거예요. 또 설령 대학이 생긴다고 해도 응집력 있는 사회 생태계가 없기 때문에 파생 효과가 크지 않습니다.

그리고 앞서 조금 얘기하다 말았지만, 인재들을 모으고 성장시킬 수 있는 커뮤니티의 혁신 생태계 요건 중에는, 요즘 같은 경우 대학에서 학생들이 창업을 많이 할 수 있는 여건이 갖추어져야 한다는 것도 있습니다. 스탠퍼드 학생들은 상당히 창업에 관심이 많아요. 그래서 대학교 다니다가 창업하고 안 돌아오는 학생들도 꽤 됩니다. 저도 그런 학생들을 많이 봤어요. 저한테 와서 창업을 하겠다고 하고 결국에는 안 돌아왔어요. 그 학생들이 회사 부사장도 되고 이런 경우를 많이 봤어요. 대학 졸업이 별로 중요하지 않기 때문에 그런 경우도 물론 많이 봤고요. 그래서 그와 같은 시도를 통해서

교육의 미래, 컬처 엔지니어링

젊은 학생들이 창업을 많이 시작한다면, 그건 한국에서 보면 중소기업 같은 게 생기는 거죠. 그런 중소기업 풀이 없는 생태계에서는 대기업의 성장이 있을 수가 또 없습니다. 왜냐하면 그런 중소기업들이 특정한 해법을 개발하고 창업을 통해서 성장해나가려고 할 때, 대기업이 그 회사를 자기 회사 밑으로 집어넣으려는 M&A가 상당히 많이 일어나니까요. 구글도 그렇고 삼성도 요즘에는 그런 시도를 많이 하는 것 같아요.

그래서 그런 다양성 있는 창업 풀이 많은 사회 생태계에서는 대기업도 지속 성장을 할 수 있기 때문에 도시계획을 한다고 했을 때에는 전체적인 생태계를 갖출 수 있도록 상당히 많은 노력을 해야 하는데, 이런 환경을 어떻게 조성할 것인가가 우리가 지금 얘기하고 있는 컬처 엔지니어링일 것입니다. 학생들이 잘할 수 있고, 쉽게 할 수 있는 커뮤니티가 형성되도록 도시계획 안에 그런 것들이 들어가 있어야 그런 풀이 생길 수 있습니다.

휴먼 캐피털(인적 자본)

나성섭 — 사실 함 선생님이 지적하신 대로 '인적 자본' 이슈는 아주 중요합니다. 오랫동안 인간은 생산을 위한 도구인 '노동자'로만 인식되었어요. 그런데 1960년대 초반 미국 시카고대학교의 시어도어 슐츠Theodore Schultz와 게리 베커Gary Becker 등이 노동과 인적 자본을 구분합니다. 인적 자본이란 노동자 개인이 보유한 능력, 숙련도skill, 지식을 아우르는 개념으로 노동의 질적 수준을 말하죠. 같은 노동이라도 교육 훈련을 받은, 즉 인적 자본이 축적된 노동자의 생산성이 더 높다는 것을 의미합니다. 그런데 인적 자본과 경제성장은 밀접한 관계가 있어요. 뉴욕대학교의 폴 로머Paul Romer 교수는 1980년대와 1990년대 경제학에서 큰 활약을 하다가 최근에 노벨상을 받았어요. 이분의 신성장 이론에 따르면 경제성장은 인적 자본, 내생적 기술 진보, 제도 등에 의해 결정되는데, 인적 자본이 기술적 혁신을 추동한다는 점에서 인적 자본의 축적이 경제성장에 결정적 영향을 미친다고 볼 수 있어요. 제도도 중요하지만 제도는 정치·사회·문화의 산물이기 때문에 단기적으로는 주어진 것으로 봐야 합니다.

결국 경제에서 생산성을 획기적으로 개선하기 위해서는 중요한 두 가지 과제를 수행해야 합니다. 하나는 새로운 지식knowledge을 생성하고 축적하는 것, 다른 하나는 기술의 진보예요. 이 두 개를 모두 이끌 수 있는 힘이 '인적 자본'입니다. 인적 자본이란 단순한 노동의 축적이 아니라 새로운 지식을 만드는, 기술 혁신을 위한 질적 노동을 의미합니다. 이 개념 형성에 큰 영향을 준 게 폴 로머 교수예요. 그분은 기술의 혁신을 리드할 수 있는 존재를 단순 노동자가 아니라 '인적 자본', '인재'로 봐요. 노동을 완전히 새롭게 정의한 거죠. 이전에는 바깥에서 곡괭이로 몇 시간을 일했는지로 노동량을 계산했거든요. 그런데 지금은 컴퓨터로 일하면서 머리를 써서 1시간에 수백만 달러를 창조할 수 있는 사람이 있는가 하면, 어떤 사람은 몇백 원만 벌기도 하죠. 그 차이는 부가가치 창출이에요. 창출된 부가가치는 새로운 지식을 창출하는 자와 혁신을 이끄는 자의 몫입니다.

이 관점에서 보면 실리콘밸리는, 이런 부가가치의 창출을 리드할 수 있는 사람들이 모여 있는 도시입니다. 실리콘밸리, 싱가포르, 한국 예와 같이 인적 자본은 경제 발전에 정말로 중요한 거예요. 인적 자본의 중요성을 반도체의 경우를 예로 들어 설명하죠.

1960년대 텍사스 인스트루먼트와 함께 반도체 업체의 선두 주자였던 모토로라는 우리가 회의하는 이곳 캘리포니아와 가까운 애리조나에서 반도체를 생산했어요. 반도체 가격 경쟁이 치열해지면서 모토로라는 1960~1970년대 홍콩, 타이완, 말레이시아 등에서 조립, 포장, 테스팅을 시작했어요. 그러다가 모토로라는 타이완에 1980년대부터 웨이퍼 가공을, 2000년대에는 일부 설계 생산까지 위탁하기 시작했습니다. 이게 지금 타이완의 파운드리와 팹리스 반도체 산업이 세계적으로 발전한 계기죠.

필리핀에도 그때 들어갔는데, 필리핀은 아직까지도 조립을 주로 하고 있어요. 조립은 저숙련 노동자가 필요하지만 파운드리는 중간 수준의 기술 능력이 필요해요. 2000년대 들어서 타이완이 일부 설계를 위탁받기 시작했다고 말씀드렸죠. 반도체에는 설계가 굉장히 중요해요. 부가가치도 높고요. 한국이 반도체 강국이라고 하지만 실상은 디자인이 약합니다. 이 상황을 관찰해보면 정말 재미난 거예요. 필리핀은 1980년대에 반도체 기업이 들어왔지만 2000년대까지 20~30년간 계속 조립만 하는 데 반해, 타이완은 단순 조립에서 파운드리와 설계로 고도화됩니다. 중국도 1980년대에 주로 조립을 하다가 파운드리로 발전했습니다.

이 두 나라의 차이는 왜 발생했을까요? 인적 자본의 유무가 결정적인 역할을 했습니다. 타이완은 반도체 산업을 국가 중점 사업으로 육성할 목적으로 타이완산업기술연구소 산하에 전자연구서비스기관ERSO을 1970년대 중반에 설립해 반도체에 집중 지원을 합니다. 뛰어난 인재를 모아서 반도체 연구를 한 거죠. 모토로라 본사에서 보니까 반도체 엔지니어들이 타이완에 있는 거예요. 그래서 파운드리 생산을 위탁해요. 그러고 보니까 더 잘하거든요. 그래서 "그러면 설계까지 해봐", 이렇게 된 겁니다. 이후 1985년 모토로라의 CPU 사업부 사장 겸 최고운영책임자였던 모리스 창Morris Chang이라는 걸출한 인물이 타이완산업기술연구소 원장으로 부임해서 1987년 TSMC라는 파운드리 회사를 설립하면서 타이완의 반도체 산업은 크게 발전합니다. 현재 타이완이 반도체 파운드리 시장에서 세계 1위입니다.

타이완은 해외 반도체 기업이 국내에 진출하여 위탁 생산을 한 기회를 활용해 반도체 강국으로 성공한 좋은 예입니다. 필리핀과 타이완을 비교하면 인적 자원이 준비된 나라가 발전한다는 것을 알 수 있죠. 세계적으로 인적 자본이 존재하지 않는 나라가 저개발 빈곤 국가에서 중진국이나 선진국으로 올라간 사례는 없습니다. 필리핀은 인적 자본이 없기 때문에 산업고도화에 실패한 것입니다. 한국도 1965년 미국 반도체 업체의 조립 라인에서 시작했어요. 이후 페어차일드, 모토로라 등이 활발히 진출했죠. 그러나 한국은 조립 라인을 벗어났죠. 한국의 경우도 민관의 집중적 투자와 반도체 부분에 대한 인적 자원의 양성이 반도체 강국으로 부상하는 데 결정적 역할을 했습니다.

김길홍 ― 아까 "왜 인재가 새삼 강조되느냐", 물으셨는데요. 세상이 요구하는 인재 스타일이 달라졌기 때문이죠. 제조업이나 대량생산이 필요한 영역에서 한국의 인재들은 글로벌 수준에서도 거의 톱이라고 봅니다. 반도체든 자동차든 설사 초일류 엔지니어링까지는 못 가더라도 거의 톱인 게 사실이에요. 그런데 지금 우리는 사회의 미래 이야기를 하고 있잖습니까? 4차 산업혁명 시대에 전혀 생각지도 못했던 새로운 서비스가 나오고, 융합이 되고, IT나 디지털에서는 인공지능이 등장하고 있잖아요. 산업적 차원에서도 그렇고 그 산업에 기반한 사회 전체의 필요에서도 그렇고 요구하는 인재가 전혀 다르잖아요.

폴 김 선생님께서 항상 주장하는 씩씩한 인재를 키워야 되는데, 여기에서 제가 강조하고 싶은 게 특히 한국을 본다면 개척 정신입니다. '뭔가 새로운 것을 내가 꿈을 가지고 만들어보겠다. 이미 만들어진 세상에 적응하는 게 아니라 내가 하고 싶은 분야에서, 또는 그런 분야를 개척해서 세상을 좋은 방향으로 변화시켜 보겠다', 이런 마음이 상대적으로 너무 약해 보입니다. 리스크도 크지만 멋진 야망이랄까요, 이런 게 있는 인재들을 지금 한국이 못 키워내고 있다고 봅니다. 꿈이 없고 그냥 안전하게 살아갈 수 있는 생존에 급급한 사람만 많아요. 학벌 높고 자격증 많이 갖고 있는 평범한 인재는 굉장히 많은데 사회의 미래를 끌고 갈 진짜 창조적 인재는 많이 키우지도 못하고 있고, 혹시 있다고 하더라도 활용을 못 하고 있다고 봐야죠. 지금 현재 그런 상황이라면 교육제도를 점검하고 대수술을 해야 되는 거죠.

그리고 저는 그런 사람을 키우는 데에 시간이 걸리고 어렵기 때문에, 어떤 면에서는 해외 인재나 외국 전문가도 필요하다면 적극적으로 활용하는 정책이 요구되지 않나 싶어요. 글로벌 시대에는 국적을 가릴 것 없이 자기 사회의 발전을 위해 인재를 개방적으로 등용해야 하는 거거든요. 그래서 조금 민감한 이슈이지만 한국에서 인재 문제는 이민정책과 함께 국가 발전 전략으로 생각해야 될 때가 오지 않았나 봅니다.

저는 그래서 오히려 한국이 유능한 해외 인재들을 유치한 과거 좋은 사례도 살펴볼 필요가 있다고 봅니다. 1960년대 말 한국의 경제 규모가 성장하는 과정에서 경제개발계획을 세우고 이를 잘 수행해야 하는데, 이를 효율적으로 수립하고 실행할 수 있는 인력이 국내에 부족했습니다. 그런데 그때 정부에서 미국에 유학해서 공부한 소장 경제학자들에게 그 당시 우리로서는 보통 사람들이 생각하기도 힘든 수준의 엄청난 인센티브를 줘서, 집도 주고 월급도 주고 하면서 국내에 유치를 했습니다. 그런 분들이 자기 나라를 위해서 나름대로 기여해보겠다고 한국에 돌아왔고 한국의 1970~1990년대 경제개발에 상당한 기여를 했어요.

또 박정희 대통령이 통치 방식이나 민주화 등에 대해 낮은 평가를 받는 부분도 있지만, 인재 유치 같은 부분에서는 평가할 부분도 있다고 봅니다. 예를 들면 한국이 베트남전쟁에 미군 동맹군으로 참여해서 한국 젊은이들의 희생이 크니까, 그때 미국 대통령이 박정희 대통령에게 "고맙다"라면서, "특별히 개인적으로 원하는 게 있으면 들어줄 테니까 이야기해보라"라고 했던 적이 있다고 해요. 사실 미국 대통령은 개발도상국 대통령에게 개인적 도움을 주겠다고 말하면 경험상 진짜 개인적인 것을 얘기할 줄 알았는데, 한국 대통령이 "당신이 도와줄 게 있다"라며 말한 게, "우리가 과학 인재를

교육의 미래, 컬처 엔지니어링

유치해서 과학기술을 만들게 해달라"라고 요구한 거죠. 그때 미국에서 깜짝 놀랐다고 해요. 한국에 나라의 장래를 장기적으로 보는 지도자가 있다면서요. 그래서 미국 대통령이 자금도 지원하고 미국에서 공부해서 중요한 위치에 있는 재미 과학자들도 한국에 올 수 있도록 해주었어요. 그분들이 돌아와서 한국의 키스트KIST, 한국과학기술연구원 설립에 중요한 역할을 하고 과학 인재들을 키웠고, 그렇게 큰 사람들이 반도체라든지 자동차, 특히 제조업 분야를 이끄는 리더가 되는 데 굉장한 기여를 했단 말이죠.

그래서 우리도 과거에 이렇게 해외 인재들을 오픈 마인드로 개방을 해서 받아들인 좋은 사례가 있으니까 국내에서 안타깝게 많이 못 키운 그런 유형의 인재들이 필요하다면, 이제는 한국 국적이 아니더라도 대우를 잘해줘서, 그 사람들 한 명이 와서 일자리 10개, 100개, 1,000개를 만들고 사회를 좋게 발전시키는 데에 기여하면 그게 애국이고 좋은 일이 아니겠나 싶어요. 서로가 윈윈하는 방식으로 인재를 키우고 유치하고 활용하는 방안을 생각해보면 좋겠네요.

공장을 짓는 게 아니라 인재를 유치해야 한다

폴 김— 인재에 대해서 제가 이야기를 추가하자면 이 시대에 특히 중요해진 것이 STEM Science, Technology, Engineering and Mathematics 분야 인재죠. STEM 분야 직업은 점점 늘어나고 있고 미국에서도 이게 큰 이슈가 되고 있어요. 미국에서는 이 분야에서 일할 미국 내 인재가 없다고 해서 비자를 주면서 외국 인재들을 엄청나게 모셔 오고 있어요. 사실 미국의 아이들도 그렇게 과학, 기술, 수학을 좋아하지 않아요. 그런데 인도나 중국 학생들이 수학을 아주 잘하거든요. 그러니까 상당히 좋은 대우를 해주면서 인재를 유치하고 있죠. 특히 인공지능 시대가 도래하면서 인공지능에 관련된 연구에 대해서는 구글이나 애플 같은 대기업에서 다들 엄청난 인재 전쟁이 벌어지고 있어요. 2018년에 이런 기업들에서는 AI 박사 학위 소지자 초봉이 70만 달러를 넘어섰다는 거죠. 그만큼 AI에 대한 박사 학위 소지자가 너무 없는 거예요. 그러다 보니까 몸값이 엄청나게 폭등하고 있죠.

기업에서만 그런 것이 아니라 스탠퍼드대학교에서도 인재 학생들을 데리고 와야 될 거 아니에요. 그래야 학교가 글로벌 대학교로 계속 남아 있을 수 있으니까요. 그러다 보니까 스탠퍼드 재학생 80퍼센트는 어떤 형태로든지 장학금을 받고 있어요. 학생들이 돈이 없어서 스탠퍼드에 못 들어오는 게 아니라 인재라는 것만 확인된다면 어떻게 해서든 학생들이든 교수들이든 모시겠다고 하는 거죠. 그래서 지금 인재 전쟁이 활발하게 일어나고 있고, 특히 스탠퍼드하고 경쟁을 하고 있는 하버드가 인재 경쟁에서 맞수가 되고 있어요. 인재 영입의 중요성을 너무나도 잘 인식하고 있기 때문에 어떻게 하면 인재를 학교로 데려올 수 있을까 하는 고민과 노력을 대학에서조차 엄청나게 하고 있어요.

함돈균 ─ 이런 관점에서 한국 대학은 그럼 어떻게 보십니까?

폴 김— 제가 보기에는 한국 같은 경우에는 대학교 개혁이 너무나도 필요한 시대예요. 솔직히 말씀드리면 지금 상태로는 한국 대학들은 그다지 비전이 보이지 않습니다. 한국 대학은 인재 유치라는 차원에서 교수나 학생들 선발이나 안타깝게 보이는 면이 많죠. 게다가 이런 변화의 시기에는 총장이 아주 중요한 역할을 하는데요. 여기에도 한국 대학은 전망이 현재로서는 어두워 보입니다. 왜냐하면 지금 변화를 추동하려면 융통성 있고 창조적 시각을 지닌, 특히 변형적 생각을 할 수 있는 융합형 총장이 필요한데 한국 대학은 특히 이 점에 매우 취약하죠. 한 분야에 뛰어난 학자 총장은 있지만 전체를 잘 아우를 수 있는 총장은 거의 없다고 보입니다. 사고방식도 관료적이라 개방성이 많이 부족한 것 같고요.

그리고 대학교에서 좋은 인재를 영입하려면 한국은 초중고에서부터 반드시 개선이 필요합니다. 정말로 아주 절실하게 STEM 교육의 개선이 우선 필요하다고 보여요. 지금 입시 위주로 객관식 정답 찾기 하는 방식으로는 절대로 STEM 인재가 생겨날 수 없고, 이런 교육 체제하에서 학생들이 STEM을 좋아하게 될 수도 없어요. 죄다 외우고 정답 찾기에만 매달리는 교육이잖아요. STEM에서 교육과정 개선을 위해서는 주어진 보기에서 정답 찾는 그런 짓을 우선 개선해야 합니다. '왜'라는 질문을 스스로 할 수 있는 그런 교육과정으로 개선되어야 해요. 능동적인 지적 질문이 하나도 없는 시험용 수업은 별 도움이 되지 않습니다. 우리 대화에서 싱가포르 얘기가 나왔지만, 제가 볼 때에는 싱가포르 교육도 그렇게 좋지는 않습니다. 그들의 교육 또한 정답 찾기를 하고 있는데요. 다만 너무나 빨리 정답을 잘 찾기는 하죠. 하지만 그들 역시 질문을 발명하는 수업은 아니에요.

저는 미국 교육 체제에 있지만 정말 모델로 삼아야 될 나라 중 하나는 핀란드라고 생각합니다. 핀란드는 팀워크 중심의 교육, 공공선에 대한 교육을 초등학교 때부터 강조하거든요. 그래서 그런지 몰라도 핀란드에서는 인터넷의 근간을 이루는 리눅스 시스템이 나왔잖아요. 리눅스는 기술의 공유를 표방하는 오픈 소스인데, 그 발명자 리누스 토르발스Linus Torvalds가 핀란드 출신이잖아요. 그다음 시퀄 데이터베이스 같은 오픈 소스 시스템들을 무료로 나눠줄 정도의 개방된 마음을 가진 사람들이 많이 나오는 데가 핀란드예요. 공공선을 상당히 생각하는 프로젝트인데 제가 자주 얘기하는 씩씩한 지적 능력을 갖춘 학생을 만들 수 있는 교육이 절실히 필요한 시대입니다.

나성섭— 싱가포르도 OECD의 국제학업성취도평가PISA: Programme for International Student Assessment 테스트 1등으로 교육에 열심이고 비교적 잘하는 나라지만, 저도 우리가 벤치마킹을 삼을 때 핀란드를 주목해야 한다는 점에 동의합니다. 또 하나의 좋은 사례가 네덜란드입니다. 네덜란드는 인구는 몇백만에 불과하지만, 국제 무대에 많은 네덜란드 사람들이 능력을 인정받고 있죠. 영어 등 커뮤니케이션 능력이 뛰어나고 진취적인 데다 새로운 기술을 자기 걸로 잘 만듭니다. 네덜란드의 학교교육이 이런 글로벌 인재를 만듭니다. 세계의 상권을 지배했던 나라의 사람들이라서 그런지 세계를 무대로 한 기업가 교육 프로그램이 고등학교 때부터 굉장히 발전돼 있어요.

네덜란드의 경우에서 보듯 인적 자본을 얘기할 때 한국만을 위한 한국 국

교육의 미래, 컬처 엔지니어링

적의 인재만 육성하겠다는 편협된 생각을 버려야 돼요. 인재 육성을 글로벌 관점에서 생각해야 됩니다. 미국 보세요. 도널드 트럼프가 집권하면서 좀 변화가 있지만, 전 세계의 최고 인재를 영입해서 활용하잖아요. 글로벌 시대에는 국적을 불문하고 인재를 확보해야 합니다. 국적을 떠나 최고의 인재를 확보하여 그 인재의 지혜와 마인드를 사회 발전을 위해 활용해야 합니다. 이런 점에서 이민과 교육 정책에서 외국인을 수용할 수 있는 컬처와 정책을 만들어나가는 것이 사회혁신의 시작입니다. 특히 다양한 배경의 인재들이 모이면 다양한 사고와 학제 간의 이종교배와 협력을 통해 융합이 자연스럽게 이루어지고, 거기에서 새로운 혁신이 태어납니다.

덧붙이면 저는 싱가포르도 인재 전쟁에 대해 수준 높은 문제의식을 지닌 나라라고 생각해요. 싱가포르는 2014년 국가 어젠다로 스킬스 퓨처Skill's Future라는 프로그램을 시작했는데 한국말로 하면 미래 인재 로드맵이에요. 스킬스 퓨처의 목적은 모든 국민을 어느 시기 어느 곳에 있든 간에 평생 교육의 주체로 만들겠다는 겁니다. 25세 이상의 모든 싱가포르 국민에게 500싱가포르달러에 해당되는 '스킬스 퓨처 크레디트'를 지원하여 정부가 승인한 직업훈련 기관에서 온·오프라인 훈련을 받는 데 쓸 수 있도록 하는 일종의 바우처 제도입니다. 모든 국민이 자기 주도로 학습을 하여 자기의 역량을 최대로 고양할 수 있도록 유인하는 거예요. 이를 통해 새로운 지식과 직능을 배우고, 직업 전환도 할 수 있어요. 예를 들어 내가 엔지니어였는데 스킬스 퓨처를 통해서 건축가가 될 수 있어요. 그것을 정부가 도와줘요. 게다가 어떤 시기에든 할 수 있다는 거죠.

주목할 점은 이 스킬스 퓨처는 국가 최상위 정책이라는 말이죠. 보통 인력개발 정책이나 교육정책은 국가 산업개발 정책을 지원하는 지원 정책입니다. 산업을 지원하기 위해서 인재를 키운다는 발상에서죠. 그런데 싱가포르는 그게 아니에요. 앞서 제가 모토로라 사례와 싱가포르의 **MRO** 사례에서 말씀드린 바와 같이 인재 주도형 산업개발 정책을 해야 한다는 거예요. 인재 우선, 즉 인재가 있으면 그다음은 뭐든지 가능하다는 거죠. 다시 말해 인재를 키우면 그 인재가 새로운 혁신을 통해 새로운 산업을 개척합니다.

기술혁명 시대에는 인문적 관점이 더 중요해진다

함돈균 — 인재 전쟁이라는 게 뭔지, 특히 새로운 기술혁명 사회로 진입하면서 어떤 분야의 인재가 필요한지 실감이 나는 얘기였습니다. 특히 우리가 못 키운 인재를 외국에서 국적 없이 대우를 해주고 데려와야 한다는 말씀에 많은 부분에서 동의합니다. 그런데 저는 이 지점에서야말로 컬처 엔지니어링이 필요하다고 생각해요. 이게 왜 안 되는가 하면 한국 문화에서는 아직도 제대로 극복하지 못한 특수주의 문화가 있기 때문이거든요. 이 특수주의에는 마치 섬나라가 지닌 폐쇄성처럼 국수주의적인 감각이 강력해서, 나라별로 사람을 차별해서 바라보고요. 특히 경제 중심주의가 이 특수주의에 다시 개입해서 외국인들의 소속 국가의 경제력을 따져보고 그 사람을 판단하죠. 대학은 너도나도 글로벌 대학을 외치지만 한국 유명 대학에서 인도나

방글라데시나 아프리카 어떤 나라의 인재가 총장이 되는 일을 과연 상상할
수 있을까요?

여기에 더 근본적으로는 아주 깊숙이 뿌리박힌 폐쇄적 동질주의 문화가
작용하고 있다고 봅니다. 해외 인재는커녕 국내에서조차 사람을 영입할 때
비슷한 종류의 연결성을 따져요. 혈연, 지연, 동문, 젠더, 피부색, 이게 아
니면 나이나 세대라도 비슷해야 하고요. 능력과 별 상관이 없는 온갖 사회
적 동질성의 척도를 동원하죠. 다른 곳도 아니고 아직도 대학 내에서 남녀
의 정교수 비율이 엄청나게 차이가 나는 것을 보십시오. 게다가 같은 대학
출신들끼리의 동문회처럼 조직되어 있는 게 한국 대학이죠. 인재 영입의 가
장 기본인 교수 임용에서 한국의 대학들이 갖고 있는 컬처를 보면 농경사회
문화를 보는 것 같습니다. 공기관에서도 마찬가지죠. 기관장이나 단체장이
나 어떤 중요한 공적 역할을 맡는 위치에서 학연과 지연이 아직도 엄청난 영
향을 미치고 있고, 이런 자리에 오른 외국인이 있다는 얘기는 아직 단 한 명
도 들어보지 못한 것 같습니다.

나성섭 ― 말씀을 듣다 보니, 동일성을 추구하는 한국 문화가 사회 변화에
큰 걸림돌이라는 건 예전부터 인식되고 있었지만, 지금도 이런 경향이 여전
히 저변에 깔려 있는 게 세계화 시대에서 더 도드라지게 문제 요인으로 작용
하고 있다는 생각이 드네요.

함돈균 ― 네. 젊은 세대에서는 어느 정도 변화가 있다고 보이지만 중요한

것은 사회의 중추를 담당하고 힘을 가진 세대와 부류에서는 그렇지 않다는 거죠. 이전 폴 킴 선생님과의 대담집에서도 얘기했지만, 아무리 21세기 기술혁명 시대의 인재라고 해도 기본적으로 갖추어져야 하고 점검해야 하는 에토스는 여전히 있다고 생각합니다. 공동체에 기여하려는 공적 사명감이랄까, 공존을 도모하는 기본적 품성이랄까, 생명에 대한 감수성이랄까, 시티즌십 같은 거 말이죠.

우리가 공적 자원을 투입해 교육을 통해 어떤 인재를 길러낸다고 할 때 이런 감수성도 없고 어떤 보편적 가치 지향의 태도도 거세된 무감각한 교육이라면, 그 인재를 다시 우리 시대가 목도하는 수많은 비정한 기능인이나 자기밖에 모르는 전문가로 만드는 것일 텐데요. 이를 위해서는 '인재'라는 것을 종합적인 안목에서 이해할 필요가 있다고 봐요. 가령 지금 기술 시대에 직접 필요한 인재 영역을 STEM이라고 하셨는데요. 지금 중요한 것은 기술이 엔지니어링 차원에 머물면 안 되고 더 큰 삶의 비전, 사회 비전, 생명의 가치를 고려하면서 어떤 방향성을 지니고 '디자인'되어야 하는 거거든요.

AI 시대에 들어와 저는 예전에 삼성에서 광고했던 이른바 '휴먼 테크$^{human\ tech}$' 나아가 지구적 관점을 지닌 '가이아 테크$^{gaia\ tech}$'라고나 할까요. 이런 개념이 더 절실하게 요구되고 성찰되어야 한다고 봅니다. 기계가 자율적 인지능력을 갖게 된 세계에서 기술 인재가 좁은 의미의 기술 영역에만 국한된 사고를 하면 그 의도와는 무관하게 그 인재는 오히려 인류에 아주 큰 재앙을 가져올 수 있다고 생각해요. 인재^{人才}가 인재^{人災}가 되는 거죠. 저는 이 시대의 인재에 관해서 생각할 때 이 성찰적 지점에 관한 질문을 집요하고 심각하게 하는 게 매우 중요하다는 말씀을 강조하고 싶습니다.

또 새로운 기술 사회의 출현은 기술이 현실에 적용되고 제도나 정책으로 구현되는 순간과 동시에 대단히 복잡하고 격렬하며 풀기 어려운 사회문제, 예컨대 사회갈등이라든가 환경 문제 등등의 파생적 이슈를 아주 날카롭게 야기하게 될 겁니다. 이건 패러다임의 전환이고 신구 체제의 충돌이며 아주 강력하게 공동체 구성원들의 삶에 영향을 미치는 문제가 됩니다. 그래서 신기술의 현실 적용이 필수적으로 새로운 사회적 이슈를 낳기 때문에 기술 이슈는 그 자체가 정치사회적 이슈라는 생각을 함께 해야 합니다. 이런 문제를 최소화하거나 최대한 해결할 수 있는 인문·사회·과학적 안목을 지닌 인재의 양성이 동시에 필요하다는 뜻이기도 합니다. 새로운 기술 영역의 인재들과 인문적 종합성을 지닌 인재들이 기술의 사회 적용 단계 이전에 원천적으로 협업하는 교육시스템을 설계하는 것도 아주 중요한 과제입니다.

다시 말해서 기술 시대는 기술 영역의 인재들만 요구하는 게 아니라 기술의 현실 적용과 기술의 가치 지향적 방향성을 잡아줄 수 있는 인문적 안목을 지닌 인재들을 동시에 필요로 한다는 종합적 시각을 지닐 필요가 있습니다. 그런데 어떤 경우든 이런 성격의 인재가 지금 별로 없어 보이고, 세계적으로도 그렇지만 특히 한국의 현재 교육시스템에서라면 길러내기가 사실상 극히 어려워 보이는 게 사실입니다. 사람들은 이공계의 몰락을 얘기하지만, 실은 한국 대학의 인문학 상황은 훨씬 더 비관적으로 보입니다. 인문학이 전통적으로 해왔던 사회 비전 제안이나 암시, 문화와 사회에 대한 성찰적 해석 기능도 극히 약해졌거니와, 사회 변화를 추동할 만한 실천적 관심이나 영감도, 통합적 시각이나 미래 예측의 힘도, 그 어느 것 하나 만족시키지 못하는 침체를 겪고 있는 것으로 보이거든요.

이런 문제의식하에서 지금이라도 장기적 전망 아래 다른 과정과 방식의 인재 양성 시스템이 개발되어야 할 것으로 보입니다. 한편, 저는 여기에 더해서 잘 기획된 사회 전반의 컬처 엔지니어링이 과감하고도 대대적으로 시도되어야 할 때라고도 봅니다. 이런 사회에서는 이런 상태가 저절로 변하길 바라는 게 어렵기 때문에, 지금과는 다른 케이스들, 그것도 파격적이고 성공적인 케이스들을 계속 만들어나가고, 특히 정부나 기업, 대학 등에서 신선한 인재 영입과 육성 사례를 지속적으로 보여줄 필요가 있습니다. 그를 위한 장치를 설계해야 한다고 보는 거죠.

컬처 엔지니어링을 위한 네 번째 질문
시인인 디자이너, 철학자인 개발자

스마트폰에 수많은 기능들이 종합되는 것처럼, 새로운 기술혁명 시대에는 하나의 전문 영역으로 완성될 수 있는 기술시스템이 거의 없습니다. 여러 부문의 엔지니어링이 조합되어 한 구조를 이루고, 그 구조는 상위 단계에서 개념적으로 디자인되어야 하며, 이 디자인은 시각적 산물을 넘어 여러 경험을 종합하는 융합적 수용력과 다각도의 관점을 포용해야 합니다. 산업디자인 영역에 시인의 독특한 시각과 첨예한 감성이 개입되어야 하며, 엔지니어링은 철학자의 개념적 사고와 윤리적 성찰을 결합해야 합니다. 바꿔 말해서 협업 능력과 아이디어의 원활한 공유를 증진하는 일이 산업 영역에서 필수적인 덕목이 되고 있으며, 엔지니어와 디자이너에게도 관점 전환적이며 반성적 질문을 던질 수 있게 하는 인문적 훈련이 필요합니다.

5. 다양성

· · · · · · ·

다른 생각은 어떻게 경쟁력이 되는가?

제주에서는 예멘 사람들을 상대로 저항감을 표시했지만,
아마 그 상황에서 더 당황하고 상처를 받은 건
이 땅에 이미 정착해서 살고 있는 외국계 시민들이었을 겁니다.
'아무리 여기에서 성실하게 살고, 애를 낳고,
이 나라에서 의무를 다해도 나는 이 땅의 국민이 될 수 없구나.
이곳은 내 정착지가 될 수 없구나', 이렇게 참 불편한 생각이 들었을 게 아닙니까?

함돈균 — 자연스럽게 이야기를 다양성 이슈로 넘겨볼까 합니다. 어떻게 보면 '컬처'라는 것 자체가 다양성 이슈를 포함하는 건데요. 여기에 '엔지니어링', 즉 어떤 디자인적 관점에서 적극적으로 접근할 필요가 있다는 거, 더구나 이것이 새로운 기술 시대에 더 중요하다고 얘기하는 이유가 있을까요?

김길홍 — 예전에는 '다양성' 하면 문화적 이슈나 인권 이슈 같은 관점에서 많이 얘기되었죠. 그런데 지금 4차 산업혁명이 앞선 산업혁명하고 다른 점이, 기술혁명이 일어나는 분야가 너무나 폭이 넓어요. 한 분야로 해결되는 게 아니라 각 분야의 새로운 아이디어들을 꿰서 빅 데이터나 인공지능이 되는 거거든요. 요즘 애플이나 아마존이나 구글 같은 데에서 나오는 인공지능 스피커만 하더라도 인지과학부터 음성인식 분야까지, 단순한 디지털 코딩으로 되는 게 아니라 여러 분야가 협업을 해야 가능해요. 쉽게 말해 이공계와 인문계가 협력을 해야 한다고요. 그건 한 사람의 천재가 첨단 테크놀로지를 다 공부할 수도, 구현할 수도 없을 정도로 복잡하고 융합적이라는 뜻이고요. 다양한 인재들이 모인 집단, 팀플레이의 효율성 극대화가 기술에서도 핵심적인 가치가 되었다는 거예요. 그래서 지금은 어떻게 집단지성을 극대화할 수 있는가 하는 협력에 관한 훈련, 커뮤니케이션 스킬이 굉장히 중요한 사회가 되어가고 있는 거죠. 학교교육이 산업 체제의 변화에 모든 것을 맞출 수도 없고 그래서도 안 되지만, 어쨌든 이건 학교교육에서도 이제는 외면할 수 없는 가치이고, 생각해보면 그 자체로도 의미가 있는 방향으로 보입니다.

그런데 지금 한국 문화는, 이건 아시아 문화의 특징이기도 한데, 자기와 다른 것을 불편해하고 좋게 여기지 않는 경향이 있어요. 아시아 사람, 특히 한국인하고 미국인의 성향 차이를 일반적으로 드러내는 좋은 예가 있어요. 예를 들어 내가 빨간색 차를 사서 친구한테 보여줬어요. 그런데 친구가 좋다고 하더니, 이후에 만나보니까 그 친구가 똑같은 차를 사서 몰고 온 거예요. 그런 경우에 동양, 특히 한국인들은 "너하고 나하고 생각이 똑같네. 그러니 우리 잘됐네. 역시 너하고 마음이 통하네", 그러면서 굉장히 좋아합니다. 더 나아가서 "그럼 우리 빨간 차 타는 클럽 만들까?" 하면서 동조 세력을 더 만들어요. 자기와 타인이 같은 생각을 하는 데에서 안심을 느끼고, '아 역시 내 결정이 옳았구나', 이런 방식으로 사고의 프로세스가 돌아요.

반면에 미국 문화를 보면 그런 경우 정반대예요. "나는 네가 다른 개성을 가질 줄 알았는데 내 것을 그대로 카피하는 것밖에 할 수 없니?", 이러면서 이 상황에 대해 언짢아합니다. 여기서 문화의 우열을 말하려는 건 아니고, 대체로 그런 성향이 있다는 겁니다. 말하자면 한국 문화는 끼리끼리가 뭉쳐 '우리'가 되는 것을 좋아하고, 그러다 보니 자기와 비슷하지 않은 사람이나 그룹을 보면 '뭔가 이상한 사람', '가까이하고 싶지 않은 사람', 이렇게 판단 하는 문화를 만드는데요. 다양성이 중요해지는 미래 사회를 준비하기 위해 서는 이건 좀 개선되어야 하는 문화가 아닌가 생각합니다.

폴 킴— 저도 그런 사례를 미국에서 많이 봤습니다.

나도 싱가포르 사람이다

김길홍— 아시아에서도 다양성을 존중하는 문화를 만드는 데 나름대로 성 공한 사례가 저는 싱가포르라고 보는데, 싱가포르도 원래는 말레이시아에 서 독립할 때 거의 대다수가 중국계 말레이시아인이었어요. 인종적인 문제 도 있어서 독립을 한 거나 마찬가지인데요. 그 당시에 리콴유李光耀 총리가 들 어와서 가장 신경 쓴 게 다양성입니다. 그래서 싱가포르는 다양성 컬처를 만들기 위해 아주 의식적이고 다각도로 엔지니어링했다고 할 수 있을 정도 예요. 국가가 가장 중심으로 삼는 기본 정신이거든요. 작은 도시국가인 싱 가포르의 조건을 볼 때 서로 다른 인종들이 공존해야만 자기 사회가 지속 가능하다고 판단한 거죠. 다양성 컬처를 위해 어떻게 사회를 엔지니어링했는지 예를 들어보죠.

싱가포르가 아주 성공적이라고 자평하는 게 주택정책입니다. 공공 주택을 저렴한 가격에 싱가포르 사람들에게 분배하는 사회정책을 갖고 있어요. 물론 민간 아파트들은 싱가포르에서도 가격이 비싸지만, 공공 아파트는 사람 살기에도 쾌적하고 국가에서 적당한 가격으로 분배합니다. 그런데 아파트를 분배할 때 인종의 다양성을 아주 배려해요. 인도계, 중국계, 서양인, 서로 다른 사람들 비율을 적절하게 섞어서 정책적·법률적으로 혼합하는데, 그게 50년 정도 지나면서 지금의 싱가포르가 자연스러운 다인종 국가가 된 이유예요. 그냥 둔 게 아니라 계획과 장기적 비전을 가지고 인위적으로 사회문화를 엔지니어링한 거죠. 그래서 공공 아파트에서 엘리베이터를 타면 자기하고 똑같은 피부 색깔을 가진 사람이 별로 없을 정도로 다양한 인종을 만나요. 그러니 어릴 때부터 다양성을 수용하는 감성이 너무 자연스러운 거예요.

그러다 보니까 중국계가 아닌 사람들도 '싱가포르는 내 나라'라고 생각해요. 이방인 의식이 별로 없어요. 왜냐하면 내가 최선을 다하면 나도 이 나라에서 똑같이 대우받거든요. 임금 차별도 없고, 문화적 배타성도 없고요. '나도 싱가포르 국민이다', 이런 생각이 자연스럽고요. 그래서 다양한 인종 사람들의 다양한 아이디어가 좀 더 폭넓게 이 나라에 대한 애국심으로 발휘되죠. 적어도 '다른 인종이기 때문에 차별받는다'라는 감정적인 사회갈등은 안 생긴단 말이에요. 그게 굉장히 중요한 거예요. 그래서 지금은 아시아에서 싱가포르를 가면 누구든지 '내가 차별받는다'라는 생각은 전혀 안 합니다.

이런 문화의 형성이 국가 경제에도 엄청난 영향을 미쳐요. 현재 외국계 일류 기업들이 아시아에 진출할 때 교두보로 삼는 지역 1순위가 싱가포르예요. 중국이나 일본이나 한국이 아니라고요. 사실 싱가포르의 물가는 비쌉니다. 그런데 아무리 물가가 비싸도 그 정도로 다양성을 존중하는 문화라면 외국 사람이라도 일하기가 편하고 직원들도 그쪽으로 발령 나는 것에 심리적 저항감이 없거든요. 외국 회사 직원들이 '싱가포르라면 나도 가볼 만하다', 이런 생각이 드는 거죠.

게다가 교육 문제를 생각해볼까요. 자식을 가진 부모들은 '다른 나라로 이주하면 거기서 내 아이를 잘 키울 수 있을까? 내 아이가 거기에서 차별받지 않고 자랄 수 있을까? 잘 공부할 수 있을까?' 이런 생각을 우선 하거든요. 싱가포르의 경우에는 적어도 그런 부분에서 큰 걱정을 하지 않습니다. 이런 문화가 보이지 않게 사회와 국가 발전에 기여하는 잠재력이 대단하다는 것을 알아야 합니다. 글로벌 시대에 이런 문화의 형성은 선택이 아니라 필수죠. 다양성 문화의 형성은 사회디자인, 컬처 엔지니어링의 핵심입니다.

함돈균 — 싱가포르의 사례는 너무 와닿는 얘기네요. 아이 교육을 얘기하셨는데, 지금 한국의 농촌 지역에 가면 출산율 저하, 학생 수 급감의 여파와 겹쳐서 한 학급에 부모 중 적어도 한 명이 외국인인 아이가 구성하는 학생 수 비율이 절반 이상인 곳이 적지 않습니다. 소위 다문화는 멀리 있는 나라나 글로벌 기업 얘기가 아니라 그냥 한국 현실이에요. 그런데 한국 사회는 이 문제를 굉장히 추상적이고 이중적으로 다루는 것 같아요. 사회의 자기기만 같은 거라고 볼 수 있는데요. 학교 짝꿍이나 이웃이 다문화인인 상황인데도, 사회 교과서 얘기처럼, 마치 내 일이 아닌 것처럼 취급하고 못 본 척하고 무시한다고나 할까요.

2018년에 예멘에서 난민들이 제주에 갑자기 들어온 때가 있었죠. 마치 순백의 나라에 그걸 오염시키는 다른 색깔의 바이러스가 침입한 것처럼 한바탕 난리가 났어요. 정신분석적으로 보면 한국인들의 이 반응이 매우 히스테리컬하다고나 할까요, 그렇게 보였는데요. 이때 상당수 한국인들이 '난민'이라는 이슈만큼이나 실은 '이슬람'이라는 이슈를 문제 삼았어요. 그리고 이슬람이라는 종교 자체를 적대적으로 이해하더라고요. 다른 종교, 다른 문화권의 '차이' 자체를 문제 삼고, 그 차이 자체를 마치 범죄자 집단처럼 취급했죠. 여기에는 물론 미국 중심으로 세상에 뿌려지는 이데올로기 조작 같은 게 큰 영향을 끼친 거고, 국내에서는 배타적 개신교 교회들의 왜곡된 부추김도 큰 요인이 되었죠.

그런데 제가 왜 이걸 히스테리컬하다고 보는가 하면, 히스테리라는 게 본래 타자와의 동일시, 공감의 부재에서 야기되는 신경증이거든요. '차이'가 무의식에서 아주 큰 것으로 인지되고 부각되는 심리적 저항감이죠. 그런데 생각해보면 한국에서 이미 농촌만 가도 이슬람 문화권에서 이주해 와 살고 있는 아이들, 이웃들, 노동자들이 얼마나 많아요. 제주에서는 예멘 사람들을 상대로 저항감을 표시했지만, 아마 그 상황에서 더 당황하고 상처를 받은 건 이 땅에 이미 정착해서 살고 있는 외국계 시민들이었을 겁니다. '아무리 여기에서 성실하게 살고, 애를 낳고, 이 나라에서 의무를 다해도 나는 이

땅의 국민이 될 수 없구나. 이곳은 내 정착지가 될 수 없구나', 이렇게 참 불편한 생각이 들었을 게 아닙니까? 더구나 한국 사회는 노동의 분할이라고 할까요, 직업적 계층 분화가 이미 상당히 이루어져서 이주 노동자들의 노동 없이 굴러갈 수도 없는 나라면서 말이죠. 이 땅에 와서 그들이 이웃으로 함께 살고 있다는 게 감사한 일이잖아요.

한편 잠시 짚고 넘어갈 점으로 역사적인 문제가 겹쳐서 쉽지는 않은 일이고 말씀드리기 조심스러운 일이기도 한데요. 최근에는 민주화된 정부가 들어선 이후 역사 전쟁, 친일 적폐 청산 담론 같은 게 다시 사회적 이슈로 등장하면서 민족주의적인 카테고리가 회귀하는 것도 좀 걸립니다. 과거가 발목을 잡는 건데, 실은 철학적으로 볼 때에도 '민족'이라는 역사적이고 문화적이며 감정적 동질성으로 묶인 뜨거운 카테고리가, 지금 다양성 시대와 부합하는 개념이 아니라는 건 확실하거든요.

김길홍 — 그러니까 말이죠. 여러 말씀이 백번 동감이 되는 얘기입니다. 한국 사회가 다양성 문제를 중요하게 보고 이를 수용할 수 있는 컬처를 만들지 못하면, 큰 가능성이 있는 사회 자원을 잘 활용하지 못하게 될 겁니다. 사회적 낭비죠. 그러면서 앞으로 잠재적인 사회문제도 키워나가고 있는 거고요. 그러니까 지금 다양성 문제, 다문화 문제는 장기적으로 볼 때 한국 사회의 발전이나 국가 경쟁력 차원에서 굉장히 심각하게 생각해야 하는 문제입니다.

폴 김 — 스탠퍼드대학교의 경우 역시 다양성 가치를 최고의 가치로 생각합니다. 너무나 이를 중요하게 생각하기 때문에, 지금 한국 문화에서 보면 왜 이렇게 다양성의 가치를 중시하는지 이해가 안 가는 면이 있을 정도일 겁니다. 특히 함 선생님이 지적하셨던 한국의 지금 대학 문화에서 보면 너무나 비교가 되기 때문에 부끄러움을 느껴야 할 정도예요. 그런데 이 이유를 이해하지 못하면 새로운 기술 사회에서의 국가 경쟁력도 그렇고, 교육의 바람직한 변화도 그렇고, 가치적 차원에서의 좋은 사회로의 도약까지 이제는 모든 면에서 불가능하게 되어 있어요.

스탠퍼드에서는 학생들을 선발할 때나 교수진이나 교직원들을 뽑을 때도 다양성 문제를 기본 원칙으로 항상 생각하고 있고, 이를 구현하기 위해 직무 자체가 다양성을 위해 생각하는 것인 관리자가 있어요. 다양성과 관련하여 여러 종류의 차별이 절대 없도록, 모든 인종, 종교, 지역, 젠더, 학교, 계층, 취향 등등이 평등하게 공존할 수 있도록 그 일만 집중하는 관리자들도 학교에 있습니다. 예를 들어서 학교 웹 사이트만 봐도 그냥 사진이 올라가는 게 아니에요. 사진 한 장 한 장 대단히 신경을 써서 다양성이 표출되고 있는지 아닌지를 확인하면서 올려요. 대부분의 사진들을 보면 섞여 있는 인종, 젠더 사진들이라는 것을 알 수 있어요. 물론 다 그럴 수는 없겠지만 이 문제를 중심에 놓고 많은 부분에서 실천하려고 항상 고민하고 노력한다는 거죠. 우리 주제로 얘기하면 정말 컬처 엔지니어링을 실천하는 대학이 있는 겁니다.

플랫폼 경제의 핵심, 다양성과 협력적 지성

나성섭— 정말 중요한 얘기입니다. 한국처럼 단일민족을 강조하는 문화에서 다양성에 대해서 정말 심각하게 생각을 해봐야 하는 시점이에요. 중국이나 일본도 그렇고 특히 동아시아 문화가 전반적으로 다양성에 인색해요. 중국은 여러 종족이 사는데도 문화로는 늘 한족을 정통으로 강조하고 다른 인종은 전통적으로 오랑캐라고 했단 말이에요. 그런데 여기에서의 참고 사례가 몽골족의 원나라예요. 역사적으로 칭기즈칸이 왜 그렇게 강력했는가 하면, 원은 주변 부족을 복속시키면서도 자기들의 가치와 시스템을 강요하지 않았어요. 로마도 그랬다는 거예요. 미국은 왜 최고의 국가가 됐는가 하면, 미국도 다양성을 존중하고 국가 가치로 통합하는 데에 가장 앞선 나라이기 때문입니다. 물론 미국이 외부적으로도 그러한가 하는 면은 논란이 있을 수 있습니다만.

역사적으로 보면 다인종 사회에서 다양성이 갈등 요인으로 발생할 수도 있지만, 많은 경우는 이게 포지티브섬 게임^{positive-sum game}이 될 수 있다는 것을 알 수 있습니다. 소위 인더스트리 4.0^{Industry 4.0}이라고 불리는 새로운 기술 사회에서는 다양성이 더 긍정적으로 작용하게 되는데요. 갈등을 관리할 수 있는 진화된 커뮤니케이션 수단이 많이 생겼기 때문이죠. 다양한 아이디어를 가지고 시너지 효과를 발휘할 수 있는 가능성이 굉장히 높아진 거죠. 더군다나 인더스트리 4.0의 핵심은 협력해서 일하는 효율적이고 창조적인 집단 지성의 출현과 필요성이거든요.

함돈균 ― 집단지성을 이제는 협력지성이라고 표현하는 게 현실 방향성에서 볼 때 더 정확한 거 같아요.

나성섭 ― 4차 산업혁명 시대의 핵심 모델로 등장하는 게 공유 경제죠. 플랫폼 경제Platform Economy인데 협력지성을 통한 경제 모델입니다. 즉, 다양성을 공존시키는 플랫폼이 바로 공유 경제라는 거죠.

함돈균 ― 곁다리로 말씀드리면 레드 콤플렉스가 있는 한국에서 콤플렉스에 사로잡힌 부류의 사람들은 '공유'라는 말만 나오면 놀라서 이걸 또 이념 문제로 몰아요. 그런데 공유 경제라는 게 말씀대로 실은 다양성 플랫폼이고 협력경제 모델이죠.

나성섭 ― 자연을 보면 생명체의 근친교배가 결국은 문제를 만든다는 것을 배우잖아요. 조직의 관점에서 보면 다양성은 유연하고 능동적인 조직을 만들어요. 글로벌 기업 알리바바의 강점을 얘기를 할 때 흔히들 조직의 유연성을 듭니다. '왜 알리바바가 나아가는가', '조직 특성이 무엇인가', 이걸 제가 알리바바에 물어본 적이 있어요. 그리고 '마윈馬雲이 부재하면 알리바바의 미래는 어떻게 될 것인가'도 물었죠.

그랬더니 대답이, 알리바바는 실제로는 수많은 작은 조직들의 집합체라는 거예요. 이들 작은 팀 조직들이 서로 내적으로 경쟁하는 체제라고 합니다. 마윈은 그냥 대표라는 거예요. 그래서 알리바바 사람들은 1년에 그를 한 번도 못 본대요. 하도 돌아다녀서 회사에 있는 경우가 별로 없대요. 만난 적이 없지만 마윈은 무수한 작고 다양한 조직에 비전을 제시하고, 미래를 선도하는 카리스카적 존재랍니다.

요새 기업에서 화두로 삼고 유행하는 용어로 애자일Agile 조직이라는 게 있죠. '유연하고 신속하다', 이런 뜻인데 애자일 조직의 핵심은 다양성 확보에 있습니다. 한 사람의 힘, 하나의 생각에 의존하지 않는 거죠. 지금 플랫폼 경제에 들어와서 우리에게 필요한 조직이 애자일 조직이에요. 그러려면 다른 생각을 가진 팀들이 조직 내에서 경쟁하고 공존해야 해요. 알리바바처럼 A, B, C, D 팀이 똑같은 이슈지만 다른 생각으로 경쟁을 해서 새로운 것을 만드는 게 기업 혁신의 핵심입니다.

함돈균 ─ 공무원 조직은 말할 것도 없고 한국에서는 기업 문화에 오너 리스크owner risk가 핵심 변수가 되잖아요. 회사원들은 이걸 '전지적 회장님 시점'이라고 부르더라고요. 조직 내 여러 부서들에서 자체적으로 연구하고 실사한 신중한 판단들이 회장님 말씀 한마디에 완전히 다 무시되고 바뀌는 경우죠. 그게 때로는 효율적이고 강력한 힘을 가지고 있을 때도 있겠지만, 정말 리스크가 큰 경우를 최근에 목격하기도 하는데요. 예컨대 한국의 두 주요 항공사가 모두 오너 리스크에 휘청하면서 큰 위기에 몰리는 상황을 보았잖아요. 저는 개인적으로 어떤 공공기관과 일을 하면서 조직 전체가 아무런 자율성이나 판단 능력을 가지고 있지 못한 채, 오직 기관장의 말 한마디에만 의존해서 겨우 움직이는 조직도 본 적이 있습니다. 완전히 죽은 조직이죠.

이런 조직 문화도 사회 전체에 다양성을 존중하는 문화가 정착되어 있으면 그 분위기 때문에라도 이제는 존재하기가 어려울 텐데요.

나성섭 ― 네. 그런 관점에서 다양성 개념이 실은 국가적인 차원에서도 중요한 전략이 되어야 하고 기업도 다양성을 확보하기 위해 각고의 노력을 해야 합니다. 예전에 한국의 한 대기업이 회장의 지시로 전 세계에서 각 분야 최고의 S급 인재를 찾는 노력을 했습니다. 각 분야 최고의 인재들을 모셔 왔는데, 얼마 있다가 거의 다 나갔습니다. 왜일까요? 한국의 순혈주의 문화에서 버틸 수가 없는 거예요. 한국 기업이 말은 글로벌이지만, 실은 거의 모든 조직이 다 한국인 보스에 의해 지극히 '한국적'으로 돌아가죠. 아무리 높은 임금으로 대우를 해줘도 순혈주의 컬처를 견딜 수가 없어요. 아무리 직급이 높아도 보이지 않는 왕따와 유리천장이 있죠. 이런 조직 문화에서는 한국의 미래 전망이 없다고 봐야 합니다. 그런데 또 다양성은 시민 수준에서도 굉장히 중요해요. 전철 탔을 때 옆에 백인이 앉아 있으면 덜 해요. 전철에서 흑인 아저씨가 앉아 있는데, 한 엄마가 자기 아이보고 "검둥이 옆에 앉지 마", 이러는 거예요.

폴 김 ― 이런 것도 안 되는데 앞으로 남북이 교류하고 통일이 되면 어떻게 될지 모르겠어요. 북한에서 이주해 온 사람들이 남한에 와서도 고통을 겪고 있고, 심지어 새터민 자녀 학생들에게 "빨갱이가 왔다"라고 하는 어른들과 학생들도 있다는 것이죠. 저는 한국에서 이런 소식을 접할 때 너무나도 놀랐습니다.

덧붙이면 MIT 같은 데에서는 요즘 능력보다 다양성이 더 중요하다고 얘기할 정도예요. 그 정도로 다양성이 중요시되고 있어요. 왜 그런가 하면, 어떤 제품을 디자인할 때에도 지금은 다양성이 엄청나게 중요하거든요. 혁신적인 디자인은 다양한 디자인에서 나온다는 거죠. 어떤 공식을 통해서 예정대로 튀어나오는 것이 절대 아니라는 거예요. 엄청나게 많은 다양한 디자인을 봄으로써 그 안에서 최고의 것을 고른다는 얘기죠.

나성섭— 공유 경제에서는 팀 구성원의 다양성이 중요해요. 다양하게 구성된 팀은 일단 정보 소스가 완전히 달라요. 폭도 넓고, 관점도 다각도고요. 저는 업무를 진행하면서 가급적이면 팀을 다양한 구성원으로 구성해요. 그러면 참 좋은 게, 특정 나라 상황을 제가 다 알지 못하는데 팀원들에게 물어만 봐도 그 자리에서 대강 윤곽이 나오는 거예요. 또 제 업무는 아시아를 전체로 봐야 하기 때문에 각 나라 사람들이 다양하게 있으면 정말 편리해요. 여러 나라 사람들이 각자 자기 나라 얘기를 해주니까요. 그럴 때 정보량이 상당해요. 판단을 잘할 수 있는 소스가 풍부하죠. 또 여성이 보는 눈과 남성이 보는 시야가 많이 달라요. 문화별로도 다르고, 계급·계층별로도 달라요.

에이브러햄 매슬로^{Abraham Maslow}라는 심리학자의 연구에 따르면, 인간 욕구의 가장 마지막 단계는 자기실현을 위한 다양성 추구라고 합니다. 다양성은 인간다운 삶, 행복의 추구에서 어쩌면 가장 중요한 욕구인지도 모르겠어요. 미래에는 개인의 다양한 욕구에 대한 맞춤 서비스가 시장의 대세가 될 겁니다. 이런 시장 수요를 예측하기 위해 개인들의 욕구가 뭔지, 취향의 다양성이 어떻게 이루어져 있는지 연구가 필요합니다.

함돈균 — 다양성의 욕구가 개인이 행복한 삶을 추구하는 데에서 마지막 단계라는 말씀이 흥미롭네요. 그 얘기를 들으면서 사운드에 관한 어떤 강의가 문득 생각났는데요. 건물에 사운드를 디자인하는 전문가가 말하길, 인간이 힐링을 느끼는 소리들에 공통점이 있는데, 그건 그 사람이 속해 있는 사운드 환경이 다양한 수준의 음역대 소리들을 골고루 갖고 있는 것이라고 하더라고요. 작은 소리, 큰 소리들이 공존할 때 소리들 간의 상쇄도 일어나고, 들리지 않는 소리들도 귀에 파동으로 영향을 미친다고 합니다. 대체로 그런 소리는 자연 환경의 소리라고 하네요. 이것을, 다양한 소리들이 공존하는 환경을 사람이 만족스럽게 느끼고 행복해한다는 관점으로 해석해볼 수도 있지 않을까 싶네요.

나성섭 — 저는 그런 얘기는 처음 듣는데 연관이 있어 보이는 재미난 사례네요.

그리고 다양성 관련해서 정책적으로 덧붙일 얘기는 한국이 대학이나 정부에서 지역학 연구를 발전시켜야 한다는 겁니다. 한국은 지역학 연구를 너무 안 해요. 일본은 1960~1980년대의 종합상사가 경제 부흥의 주역이었죠. 일본 경제의 비밀 병기 중 하나가 종합상사였습니다. 종합상사가 뭐냐면, 실은 기업이 만든 지역학 연구소지요. 일본이 패전 후에 처음 시장을 개척해나갈 때 어떻게 팀을 구성했는지 아세요? 세 명으로 한 팀을 구성했는데 그중 한 명은 인류학 전공자였어요. 다른 지역의 문화를 파악하기 위한 거였죠. 그 나라에 맞는 맥락과 지역화된 서비스를 제공하기 위해 보통 3년에서 5년을 그곳에 머물면서 연구하고 그것을 보고서로 축적했죠. 그 나라 문화의 심층과 가치 체계에 대해 깊이 관찰하고 연구하는 거예요. 그냥 보기 좋은 물건을 만드는 게 아니라 문화의 심층 연구에 기반해서 현지 시장과 문화를 맥락화한 시장 서비스를 했습니다. 요즘 말로 하면 학제 간 융합, 협력적 지성을 통한 시장 개척을 한 거죠. 한국의 경우 시장 개척을 할 때 경제학·경영학 전공자를 보내죠. 장기적 시각 없이 당장 써먹을 것에만 집중한다는 말씀입니다.

이념적 다양성에 관한 정치적 톨레랑스

김길홍 ― 다양성에 관해 우리가 폭넓게 의견을 들었는데 한 가지 보태고 싶은 것은, 지금 특히 한국 사회에는 세대 간 다양성이 필요하다는 거예요. 우리 사회에서 윗세대의 경험과 젊은 세대의 열정이나 새로운 아이디어가 합쳐지면 굉장한 힘이 되는데요. 그래서 서로 다른 의견을 가질 수 있고, 서로 다른 의견을 서로 이해하는 그런 인식들이 퍼지면 좋지 않겠나 하는 생각이 들어요.

함돈균 — 저도 다양성 이슈에 관해 몇 가지 말씀을 드리고 이번 대화를 마무리하겠습니다. 깊게 나눠보고 싶은 얘기가 여러 개 있지만 꼭 환기했으면 하는 이슈를 말씀드리죠. 선생님들은 외국에 계시다 보니 주로 인종적 다양성, 기업, 글로벌 시각과 국가 경쟁력 관점에서 말씀하셨는데요. 한국에서 다양성 문제가 오랫동안 사회적 고통을 주고 있고, 지금도 가장 첨예한 문제이며, 사회 통합을 방해하고 있는 요인을 저는 한국이 여전히 이념적 다양성에 너그럽지 않은 사회체제라는 데에서 찾습니다. 분단 사회의 성립으로 인해 발생한 이 문제가 21세기가 되었다고 해소된 게 전혀 아닙니다.

한국에서는 모든 나라에서 그냥 '민주주의'라고 부르는 말을, 앞에 굳이 '자유'라는 명칭을 붙여서 '자유민주주의'라고 불러야 한다고 윽박지르는 사람들이 있습니다. 민주주의는 여러 사람들의 생각을 존중하면서 그 생각들의 다양성과 다수성을 바탕으로 존립하는 현대의 보편적 정치체제인데, '자유민주주의'를 강제하려고 하는 사람들은 '자유'의 의미를 본인들이 생각하는 이념, 특히 '시장 자유'라는 개념 안에서 임의로 갈무리 짓고서는 민주주의에 담긴 사회적 연대성이나 진보적 사고들을 가두려고 하죠. 이념의 다양성이 사고의 모든 가능성 안에서 포용적으로 실험되고, 시민들이 설득력 있는 사고와 정책들을 편견 없이 자유롭게 선택할 수 있는 자연스러운 경쟁 구도가 존재하는 문화가 필요하다고 생각합니다. 이념의 다양성이 억압된 상황을 모르쇠한 채 추구되는 다양성의 모토는 적어도 한국 사회의 경우에는 근본적이지 않고 사회 발전과 사회 통합에 근본적 영향을 미치기 어렵습니다.

한국의 경우 이 문제는 민주주의를 분단 사회의 질곡에 가둠으로써 이 분단 체제에서 계속 특수한 이익을 누리고 독점하려는 사회세력이 아직 건재한 현실과도 관련이 있습니다. 한국 사회가 진정한 의미에서 과거의 억압이나 앙시앵레짐으로부터 벗어나 자유롭고 창조적인 사고 경쟁이 가능한 미래로 나아갈 수 있는가 하는 데에 이 다양성 문제보다 더 중요하고 시급한 게 없다고 늘 생각해왔습니다.

폴 김 — 생각해보니 정말 중요한 지적이네요. 다양성 가치를 얘기할 때 우리는 대체로 문화적 다양성에 관해 얘기하지만, 정치적 다양성이야말로 현실의 정책과 구조에 직접적 영향을 미치는 부분인데 말이죠.

함돈균 — 다시 정신분석, 특히 정치사회적 관점을 정신분석에 투입시켜보면 다양성 문제에 관해서 저는 한국 사회에 개인이나 학교나 정부나 문화 안에서 전체적으로 공모하는 기만적 담론 구조가 있다고 봐요. 이건 마치 예술에 대한 중산계급의 접근 방식이 예술에 담긴 발본색원적인 문제의식은 거세한 채 예술을 하나의 취향이나 스타일로, 일종의 교양주의적인 태도로만 수용하는 것과 비슷한 건데요.

다양성에 관한 한국 사회의 논의들은 다양성 이슈가 진짜 건드려야 하는 그 사회의 가장 고통스러운 핵심 이슈는 모르는 척하고 마치 없는 것처럼 하면서, 그 변죽만을 울린다고 할까요. 정치적 이념의 다양성 같은 문제는 모르는 척하고, 취향이나 인종이나 뭐 이런 얘기를 주로 다루죠. 여기에서 다양성은 일종의 문화적인 차원으로 인식되기 때문에 간접적이고 덜 위험하죠. 지크문트 프로이트$^{Sigmund\ Freud}$는 꿈 연구를 하면서 무의식이 '진짜 생각'을 숨기기 위해 꿈을 꿀 때 덜 중요한 이미지들의 조합과 대체물로 실재를 속인다고 봤어요. 한국의 젊은 세대는 젠더 다양성 문제에 요즘 굉장히 민감하고, 젠더에 관한 문제의식을 인권 감수성의 기본 척도로 받아들여요. 동성애 담론도 많고요. 이건 물론 중요한 이슈죠. 저 역시 문학을 전공했기 때문에 이 지점을 오랫동안 성찰해온 사람 중 하나예요.

그렇지만 젊은 세대가 실제로 현실에서 가장 큰 질곡으로 존재해온 정치적 이념의 획일적 강요 같은 일에 대해서는 집요함이 없고, 요즘에는 이런 실질적 정치 사안에 대한 무관심을 쿨한 태도로 여겨요. 진짜로 도발적이고 모순적인 사회 심층을 건드리는 깊이 있는 성찰이나 스펙트럼이 부족하다고나 할까요. 물론 전쟁을 겪고 계획경제 시대를 겪어온 윗세대의 경우는 다양성에 관한 감수성이나 포용력이 훨씬 떨어지고요.

김길홍 ─ 일사불란함과 효율성으로 오늘의 한국을 만드는 데 기여해온 나이 든 세대에 다양성에 관한 큰 기대를 하는 건 솔직히 쉽지 않죠.

함돈균 ─ 그런데 저는 아까 김길홍 선생님께서 윗세대와 젊은 세대의 공존에 관해 얘기하셨는데 그 말씀이 우리 사회에서 상당히 중요하다고 공감했습니다. 그 문제를 어느 정도 해소할 수 있는 노력을 어떤 방식으로 기울일 수 있을지에 대해 나름 생각해본 적이 있습니다.

제가 6년 전쯤에 '시민행성'이라는 모임을 만들어서 지금까지 운영을 하고 있는데요. 이 조직을 처음 만들 때의 문제의식은 '계층, 지역, 세대 등 사회 갈등이 극심한 한국에서 사회적 다양성을 보장하면서도 사회 통합을 추구할 수 있는 문화 형성의 방향이 무엇인가' 하는 거였고요. 이 핵심이 저는 '시민성', '시티즌십' 교육과 문화라고 판단했습니다.

"그럼 '시민'이 뭐냐?", 이렇게 물을 수가 있는데요. 여러 관점에서 얘기할 수 있겠지만 저는 시민을 '국민'과는 다른 차원에서 우선 이해합니다. '시민'이 한 국가나 정부에 소속된 종속적 개념이라기보다는, 근대 시민사회가 성립될 때 토머스 홉스Thomas Hobbes 같은 사회철학자가 생각했던 것처럼 시민이 먼저 있고, 시민들이 각자 연합과 계약에 의해 모두의 존립을 가능하게 하는 사회디자인 모델로서 국가를 만들었다는 생각을 바탕으로 하고 있어요. '국가-정부'를 만든 시민들은 자유로운 생각을 할 수 있고, 그들은 그생각의 설득력을 높이는 방식으로 그 생각을 다듬어 현실에 내놓고, 국가라는 장에서는 시민들의 생각 모델들이 자유롭게 경쟁할 수 있고 선택될 수 있는 거죠. 이때 선택의 주체도 시민들입니다. 시민 위에 군림하는 추상화된 정부는 없어요. 여기에서는 '생각의 현실 구현 모델이 얼마나 설득력이 있고 지속 가능성이 있는가, 합리성과 매력을 가지고 있는가'가 문제가 되는 거지, 생각 자체를 원천적으로 국가나 정부가 봉쇄할 수는 없습니다. 근대의 계몽철학자들은 국가-정부가 시민의 자유 위에 군림하려고 할 경우 정부를 탄핵해야 한다고 얘기했어요.

아무튼 다시 얘기로 돌아오면 이런 모델의 전제하에서 시민은 권리를 가진 동시에 공동체에 최소한의 책임을 지는 존재인데요. 저는 한국 사회에서 윗세대가 스스로 사회적 책임감을 지는 주체가 되려는 노력이 중요하고, 이게 미래를 위해 윗세대가 지금 시점에서 사회적으로 자기 존엄성을 스스로 만들 수 있는 중요한 지점이라고 생각해요. 그 책임감의 형태는 윗세대가 변화한 시대에 따라 다음 세대가 표출하는 다양한 생각들, 다양한 정치사회적 제안들, 대체로 이것은 젊은 세대의 특성상 상대적으로 진보성을 띨 수밖에 없는데, 여기에 대해서 그 세대를 믿어주고 그 세대의 일보 진전을 도와주는 '선배 시민'으로서의 너그러움을 발휘하는 거라고 봅니다.

김길홍 — 선배 시민이라, 제가 생각해보지는 않았는데 참 좋은 단어네요. 저는 한국에 이제 귀국하게 되면 선배 시민으로서 다음 세대와 무언가를 함께 도모하면서 살 의향이 있습니다.

함돈균 — 감사합니다(웃음). 그런데 이제 표면적으로 언뜻 들으면 정반대처럼 들리는 얘기를 마지막으로 잠깐 덧붙이고 이 주제를 마무리하고 싶네요.

지금 저희는 국가 경쟁력이나 사회혁신이 다양성 문제와도 무척 관련이 있다는 얘기를 하고 있는데요. 한국이 요즘 국제시장에서 나름 선전하고 있는 게 대중문화 영역이에요. 특히 아시아 시장에서 상당한 헤게모니를 갖게 되었어요. 케이 뷰티라고 해서 한국에 방문하는 여성 외국인들은 한국산 화장품을 선물로 사가지고 가는 게 쇼핑 관례가 되었고요. 케이 팝이나 한국 드라마가 아시아 쪽에서는 굉장한 인기를 끌면서 파워를 갖게 되었잖아요. 제가 일전에 관계자에게서 연예 기획사 그룹인 SM 그룹 사옥에 방문하는 외국 방문객이 2018년에만 500만 명이 넘었다는 얘기를 듣고 깜짝 놀란 일이 있습니다.

　그런데 장기적 안목으로 보면 저는 한국의 대중문화가 유행이 너무 빠르고, 무언가 비슷비슷해서 획일적이라는 인상을 갖고 있습니다. 대중문화의 장르적 다양성 측면에서 보면 여기에서도 독점기업화된 시장구조가 형성되어서 이 영역의 무대가 독점시장화되고 있고요. 무엇보다도 대중문화의 생산 주체인 아티스트가 기업에 의존하지 않고 진짜 자기 생산성, 자기 창조성을 갖고 있는 건지 모르겠어요. 이게 장기적으로 볼 때 오히려 한국 문화의 다양성이나 기초 체력을 퇴화시키면서도 일시적으로 착시 현상을 만들고 있는 건 아닌지 하는 생각이 듭니다. 물론 단기적으로 대형 기획사 관점에서 보면 시장을 독점하고 있는 회사가 황금알을 낳는 거위겠지만 말이죠. 현대성^{modernity}이라는 것 자체가 자기가 낳은 자식을 자기가 잡아먹는 크로노스처럼 덧없는 유행 추수이기는 한데요. 그렇지만 이 유행에도 자기 사회에 뿌리내린 중력이랄까 장기적 관점에서 '이건 우리 거야'라는 느낌이 드는 게 있을 수 있을 텐데, 한국의 대중문화는 뭔가 뿌리 없이 휘발되는 느낌이 많아요. 저는 문화에서 표피적 다양성은 차라리 중심을 지닌 어떤 묵직한 것들의 형성보다 못하다는 생각이 듭니다. 이건 한 문학비평가의 인상비평 같은 얘기일지도요.

컬처 엔지니어링을 위한 다섯 번째 질문

방글라데시인이 서울대 총장이 될 수 있을까요?

자산 가치 세계 1, 2위를 다투는 글로벌 기업 구글의 최고경영자 선다 피차이[Sundar Pichai] 는 가난한 집안에서 태어난 인도인입니다. 2015년 그가 구글의 CEO로 지명되었을 때 40대 초반이었습니다. 2009년 미국 아이비리그의 다트머스대학교는 한국인 김 용 씨를 제17대 총장으로 임명했습니다. 한국에서 가장 자산 가치가 높은 삼성전자 에서 가난한 네팔인이 최고경영자로 임명되는 일이 일어날 수 있을까요? 국립대학 서울대학교에서 방글라데시인을 총장으로 임명하는 일이 일어날 수 있을까요? 한 국의 대학과 대기업은 다양성의 가치를 말로는 강조하지만 실제는 엄격한 순혈주의 로 운영되고 있습니다. 한국의 유명 대학들은 자기 학교 출신들로 대부분의 교수진 을 구성하고, 여자 교수의 비율은 아직도 상당히 낮으며, 대기업의 임원진은 여전히 자국민과 남성들 위주로 이루어져 있습니다. 고시를 중심으로 이루어지는 국가 관 료 조직이나 정당정치에서는 연공서열과 나이가 아직도 위계를 만드는 아주 중요한 요소입니다. 다양성과 능력 중심, 수평적 관계가 미래 사회의 핵심 가치라고 할 때, 한국 사회는 다음 단계로 나아갈 의지를 진정으로 갖고 있는 문화일까요?

교육의 미래, 컬처 엔지니어링

6. 사회적 신뢰

· · · · · ·

인공지능이 만들어낼 신뢰의 위기

사회적 불신과 모순의 총체적 상징이 한국에서는 교육시스템이잖아요.
사회의 일보 진전을 위해 우리가 애를 쓸 때 이 교육시스템의 전환이
최후의 핵심이라는 것을 사회 구성원들 모두 알아요.
하지만 국가 교육시스템을 사회 구성원들이 너무 불신하다 보니까
종기가 나서 물러 터지고 썩어 문드러지는 상황이 되어도
차라리 이 제도를 그냥 두라는 거예요.
수술하는 의사를 환자가 못 믿겠다는 거죠.

함돈균─ 이번에는 사회적 신뢰에 관해 얘기를 나눠보겠습니다. 1장에서 아시아개발은행에서 추진했던 국가 프로젝트와 관련해 경험 사례를 두 분이 말씀하시면서 모두 불신 사회가 초래하는 사회적 비용에 관해 지적해주시기는 했는데요. 이번 장에서는 좀 더 다양한 시각에서 지금 왜 새삼 사회적 신뢰인지, 나아가 미래 사회의 관점에서 어떤 의미가 있는지 얘기를 해봐도 좋겠습니다.

나성섭─ 우선 큰 틀에서 '신뢰성이 지금 이 시대에 왜 중요한가' 하는 얘기로 시작해야겠네요. 그전에도 물론 중요했지만 지금 더 중요하다는 얘기인데요. 지금 우리는 디지털 플랫폼 경제 시대로 가고 있거든요. 공유 플랫폼 경제 시대라는 말이죠. 공유 플랫폼 경제라는 게 뭐냐면, 한마디로 신뢰성

에 기반한 경제라고 할 수 있어요.

예를 들어봅시다. 내가 오늘 아마존에서 물건을 사면서 돈을 보냈어요. 그런데 거기에서 상품이 안 오면 거래가 끝나는 거죠. 나는 오직 신뢰에 근거해서 거래했지, 아마존의 사장을 아는 것도 아니고, 오프라인에 어디 매장이 있다거나 내가 그 매장을 가본 것도 아니거든요. 즉, 공유 경제에서는 신뢰가 핵심이라는 말이죠. 그리고 신뢰가 쌓여 있으면 시장 리스크가 완화되죠. 공유 경제가 잘될 수 있는 나라는 고신뢰 사회일 수밖에 없어요. 블록체인blockchain 같은 것도 결국 신뢰를 교환하는 사회디자인이거든요. 사회적 자본social capital을 증대할 수 있도록 사회디자인을 해야 합니다.

예전에는 민주주의 같은 사회제도가 발전하면 당연히 경제도 번영할 것이라는 생각을 했는데, 막상 제도 민주주의가 정착되어도 경제가 번영하지 않는 나라가 많다는 거예요. 아시아나 라틴 아메리카의 많은 국가도 그렇습니다. 필리핀 같은 나라의 민주주의 역사는 우리 한국보다 빠르지만 지금 경제적으로 어렵죠. 방글라데시, 네팔도 그래요. 그래서 이제 사람들이 깨달은 게 '민주주의가 어느 정도 진전되어도 경제 번영으로 그대로 연결되는 건 아니구나' 하는 거죠.

스탠퍼드대학교의 프랜시스 후쿠야마Francis Fukuyama 교수는 그래서 사회적 신뢰가 중요하다고 말하는데, 이런 신뢰는 종교적·역사적·문화적 배경에 기반합니다. 주의해야 할 것은 인적 자본이 많다고 고신뢰 사회가 되는 것이 아니라는 겁니다. 저신뢰 사회의 큰 특징은 개인적 연고, 혈연적 연고에 의한 사적 신뢰에 기반한다는 거예요. 사적인 연고가 아닌 공적인 관계에서는 신뢰가 낮은 사회죠. 그런데 안타깝게도 한국은 OECD 기준으로 신뢰 정도가 가장 낮은 나라 중 하나예요. 여기서 딜레마가 생기는 거예요.

저신뢰 사회의 단면을 보여주는 게 제 생각에는 천안함 사건과 세월호 사건입니다. 관련자들조차도 정부 발표를 믿지 않아요. 신뢰 사회에서 공권력의 신뢰는 정말 중요한데 한국은 지금 사법부까지 불신당하는 사회가 되었어요. 사회에서 권위와 신뢰의 마지막 보루가 무너졌다는 점에서 이건 매우 심각한 상황이고요. 여기에 더해 전직 대통령 두 명은 감옥에 갔죠. 이 얘기는 행정부, 사법부, 모든 공권력, 국가 운영시스템 전체가 불신당한다는 것을 의미합니다.

다음으로 노동쟁의를 보면 노사가 서로 믿지를 않아요. 또한 삼성 백혈병 문제, 가습기 살균제 사건 등을 보면 사회적 신뢰가 깨진 나라라고 볼 수 있죠. 한국은 이제 이런 수준으로 사회적 신뢰가 추락한 사회이기 때문에 어떤 정부가 무얼 하려고 해도 굉장히 큰 어려움에 봉착할 거 같습니다.

함돈균 ─ 공유 경제와 신뢰 사회는 동전의 양면 같은 거군요. 한국 정도 위상을 지닌 나라가 저신뢰 사회라는 사실이 안타깝네요. 특히 한국의 경우 국가 엘리트들이 사회적 신뢰를 추락시키는 데 큰 영향을 미치고 있다는 것이 더 공분을 자아내게 하는데요.

나성섭 ─ 이런 신뢰의 문제는 물론 미국에도 있어요. 트럼프의 등장도 화난 미국인, 특히 기존의 기득권을 침해당한 저임금 백인층이 굉장히 분노하고 있는 상황 때문이죠. 제도 정치에 대한 신뢰가 미국에서도 깨졌기 때문에 전문 정치인이 아닌 트럼프가 나온 거잖아요. 그런데 아이러니는 트럼프 자체가 사회적 신뢰성이 엄청 떨어지는 사람이라는 겁니다.

반대로는 네덜란드 사례가 있어요. 네덜란드는 굉장한 고신뢰 사회가 됨으로써 사회가 번영한 쪽이죠. 네덜란드가 옛날에 스페인에서 독립해서 생겼잖아요. 네덜란드인 선장 빌럼 바렌츠Willem Barentsz의 얘기는 이 나라가 어떻게 상업 국가로 성공했는가를 보여주는 좋은 사례죠. 북극으로 가는 무역로를 개척하기 위해 바렌츠 선장은 1596년 여름에 출항했으나 거대한 빙하에 갇히게 되었어요. 영하 40도 이하로 내려가는 혹한에서 선원들이 8개월을 버텼다고 합니다. 이 과정에서 선원 18명 중 6명이 죽었어요. 추위와 기아로 죽는데 화물의 옷가지나 식료품을 꺼내 생명을 부지해야 할 것 아니에요? 혹한과 기아로 선원들이 죽어가는데도 바렌츠 선장은 화물은 건드리지 못하게 했고, 선원들은 선장의 명령을 따랐다고 합니다. 그런데 고객 화물에 하나도 손을 대지 않고 선원들이 굶어 죽은 다음 해에 빙하가 갈라지고 나서 생존자들이 작은 배 두 척으로 빙하를 빠져나와서 50일 뒤에 러시아 상선에 발견됐어요. 이 사건은 네덜란드가 국제적으로 상거래에서 신뢰를 얻게 된 결정적인 계기가 되었죠. 네덜란드 사람들은 죽음이 닥쳐도 상거래의 신뢰를 지킨다는 인식이 퍼진 거죠. 이후 조선술의 발전이 맞물려 폭발적인 해상무역 주문이 들어왔다는 거예요. 제가 이런 얘기를 하는 것은 사회적 신뢰가 국가의 흥망성쇠를 좌우할 정도로 영향이 크다는 얘기를 하고 싶어서예요.

함돈균— 한국에서는 지금 어떤 현상이 일어나고 있는지 몇 가지 상황을 말씀드리죠. 새로운 기술혁명 시대로 간다는 게 결국은 고도 디지털 정보사회로의 혁신이 일어나는 거죠. 정보사회에서 제일 중요한 것은 결국 정보라고 하는 소스이고, 그것이 사회적 신뢰를 형성합니다. 그래서 이쪽 전문가들은 많은 정보 가운데 진짜 정보와 가짜 정보를 판단하고 선택할 수 있는 능력이 중요하다고 말해요. 어떤 책에서는 정보 생산 능력보다도 정보를 판단하고 편집하는 능력이 더 중요하다고까지 하더라고요. 한국의 경우는 이런 상황에 더하여 사회의 공적 신뢰가 떨어져 있다 보니까, 전통적으로 믿을 수 있는 정보 소스라고 여긴 정보 생산자 집단, 즉 언론사조차도 믿지 못하는 현상이 일반화되었죠. 특히 지난 10년간 권위주의적인 정부 아래서 언론의 공정한 공론장 기능이 거의 파괴되었다고 보는 게 일반적 시각일 만큼 문제가 있다 보니 이렇게 된 거예요.

중앙 언론사, 공중파 언론사까지 신뢰하지 않는 사회가 됐고, 그런 사회에서 나타나는 현상 중 하나가 공영방송이 아니라 개인 팟캐스트 같은 미디어를 통해서 공적 정보를 얻고 그것을 더 신뢰하는 거예요. 그래서 아주 유명해지고 어떤 언론사보다 강력한 언론 파워를 갖게 된 게 〈나는 꼼수다(나꼼수)〉 같은 팟캐스트지요. 그런데 이런 팟캐스트가 등장해 새로운 공론장 역할을 하게 된 것이 새로운 미디어 시대의 흐름이기도 하고 중요한 역할을 한 부분도 있지만, 의견과 사실과의 관계가 모호한 게 이런 방송의 특징이죠. 그래서 〈나꼼수〉의 대성공 이후 공중파도 보다 자유롭게 얘기할 수 있는 팟캐스트를 만들고, 정치적으로 반대 진영에 있는 이들도 이런 매체를 만들게 됩니다. 이런 미디어의 등장은 사회적 신뢰를 위한 보충물인 동시에 정보의 왜곡 위험성을 함께 갖고 있어요. 사회적 신뢰의 문제가 디지털 정보사회의 구조적 격변을 통해 아주 새로운 상황을 맞게 된 거죠. '가짜 뉴스'라고 불리는, 그야말로 사실 자체를 왜곡하는 뉴스가 상당히 많은 사람들에게 사실처럼 유통되는 상황이 바로 이런 사례의 부정적 예입니다.

한국 사회에서 공적 신뢰가 떨어지다 보니까 이런 미디어들을 통해 좋든 싫든 간에 자체적인 포퓰리즘 사회가 되어가고 있는 것 같아요. 게다가 사회적 불신과 모순의 총체적 상징이 한국에서는 교육시스템이잖아요. 사회의 일보 진전을 위해 우리가 애를 쓸 때 이 교육시스템의 전환이 최후의 핵심이라는 것을 사회 구성원들 모두 알아요. 하지만 국가 교육시스템을 사회 구성원들이 너무 불신하다 보니까 종기가 나서 물러 터지고 썩어 문드러지는 상황이 되어도 차라리 이 제도를 그냥 두라는 거예요. 수술하는 의사를 환자가 못 믿겠다는 거죠. 절대 불신. 사회적 신뢰의 추락이 너무나 크다 보니 뭔가 개선하려는 의지조차 발휘하기 어렵게 하는 상황이 되었어요. 사회 제도의 개선이 필요한 상황에서 모순이 심할수록 온갖 이해관계가 얽혀서 강력한 사회적 저항부터 발생합니다.

공유 경제는 사회적 신뢰 경제

나성섭 ─ 고신뢰 사회의 특징은 구성원들 간의 가치와 원칙의 공유입니다.

아까 네덜란드 사례에서도 가치와 원칙을 지켰잖아요. 1997년 IMF 경제위기 이후 한국 삼성의 톱 펀드매니저가 호주 금융회사인 맥쿼리로 이직했어요. 그 펀드매니저에게 호주 회사에서 한국 회사하고 다른 차이점을 느낀게 뭐냐고 물었더니, 하는 일은 다 비슷한데 큰 차이점은 한국에서는 규정에 적힌 것을 그대로 지키면 바보가 되는데, 호주 회사에선 규정에 있는 것을 안 지키면 안 된다는 거죠. 컬처가 반대인 거예요. 기업에는 컴플라이언스compliance라고, 지켜야 하는 원칙이 있어요. 예컨대 아시아개발은행은 '마약 사업을 하는 기구를 지원하지 말라', '무기 사업을 하는 기업을 지원하지 말라', '부정을 저지르지 말라', 이런 간단한 네거티브 원칙이 있죠. 한국은 규정에 명시되어 있는 그 간단한 네거티브 원칙을 그대로 지키면 불이익을 받는 문화가 있는 거죠. 원칙대로 하지 않으면서 다른 뒷거래들로 시장에서 성공하려는 문화가 있는 거예요. 이런 행위들이 관례로 굳어지면 사회나 기업에서 부정적 컬처가 형성되고 사회적 신뢰는 추락하죠.

김길홍 — 플랫폼 경제에서는 신뢰 룰이 굉장히 중요한데, 예를 들면 우리가 많이 사용하는 검색엔진 구글은 전 세계 사람들이 믿고 쓴다고요. 그 회사에 세계인들의 신뢰가 있는 거죠. 그런데 예를 들어 중국의 소프트웨어는 중국 사람들 수가 많으니 가입자가 많기는 하지만, 중국 밖의 다른 나라들은 잘 안 쓴다고요. 그러니까 실질적으로 중국인이 아닌 사람들은 중국이라는 나라의 사회적 신뢰를 높게 평가하지 않는 거고, 그 사회에 속한 기업도 안 믿는 거죠. 내 가입 정보가 어떻게 쓰일지도 모르는 거고, 내 위치라든지 모든 게 악용될 수도 있다는 생각을 하니까 사람들이 안 쓰는 거예요.

신뢰가 없으면 아예 작동할 수가 없는 게 4차 산업시대의 경제예요. 실물 오프라인 플랫폼이 아니기 때문에 모든 게 신뢰로만 가능해요. 그러면 '신뢰를 어떻게 쌓을 것인가', 이게 중요한 이슈가 되는 거고, 신뢰를 쌓는 디자인, 문화의 엔지니어링 장치가 도입되어야 하는 거예요. 그냥 되는 게 아니거든요. 가장 중요한 건 신뢰의 기본 원칙을 디자인하고 그것을 지키는 문화를 엔지니어링해야 한다는 거죠. 국내든 국제든 하지 말아야 되는 것은 안 한다는 인식을 확실히 심어줘야 해요. BMW, 폭스바겐의 배기가스 조작 사건은 신뢰를 추락시키는 소비자 기만으로 그 기업들에 천문학적인 손실을 발생시키지 않았습니까? 그들이 차를 잘 만든다고 인정받는다 해도 이런 신뢰 추락의 짐은 아주 오랫동안 그 기업들을 괴롭힐 겁니다.

함돈균 ― 기업의 실수나 오류도 신뢰 추락의 요인이 됩니까?

김길홍 ― 완벽한 것보다는 문제가 되겠죠. 그런데 실수 자체가 치명적인 경우는 많지 않아요. 어떤 기업에서 상품을 생산하다가 실수가 생기는 건 사람이 하는 일이니 있을 수가 있는 거죠. 신뢰는 거기에서 떨어지는 게 아니라 그 문제를 공정하게 해결하는 자세를 보여주지 못할 때 발생합니다. 리콜 자체가 신뢰를 추락시키는 게 아니라, 리콜을 지체하거나 안 하려고 할 때 추락해요. 그리고 혹시 상품에 대해 억울한 사람이 생겨서 클레임을 제기했을 때, 그것을 그 기업이 '잘 해결해준다', '성의가 있다', 이런 평가가 문제가 발생한 후에 생긴다면 도리어 신뢰를 형성하죠.

신뢰의 기본이 되는 게 저는 법치 정신rule of law이라고 봐요. 이게 민주주의의 기본이죠. 법에 대해 승복을 해야 하는데, 만일 법에 감정적으로 접근해서 인정하지 않게 되거나 예외가 생기게 되면 그때부터 사회질서가 없어지는 거죠. 그러면 신뢰가 다 깨지게 되는 건데요. 그게 제가 볼 때 아시아에서 중요한 거버넌스 이슈입니다. 정부든 민간기업이든 과연 원칙을 지키고 있는가, 투명하고 예측 가능하며 공정한 조치를 하고 있는가, 그리고 혹시 문제가 생겼을 때 정확한 정보를 공유하고 그것을 정확하게 소통해서 불만을 적시에 공정하게 해결해줄 수 있는가, 그런 문제를 우리가 생각해봐야 되겠습니다.

폴 김― 교육시스템에도 사회적 신뢰가 아주 결정적이죠. 핀란드 같은 경우에는 공교육에 대한 신뢰가 높거든요. 그 사회 구성원들이 우선 자기 교육시스템을 신뢰하고, 전 세계인들이 또 그들의 시스템을 크게 신뢰하기 때문에 서로 벤치마킹하려고 하죠. 그러다 보니까 부모들이 자기 아이의 교육을 그렇게 걱정하지 않아도 돼요. 교육시스템에 자신감이 있으니 부모들이 애들이 원하고 좋아하고 잘하는 것, 교육에서 본질적으로 정말 중요한 것, 해야 할 것을 바로 이런 시스템에서 실험할 수가 있는 거예요. 학교라는 공교육시스템에서요. 개인이 공적 시스템에서 아주 만족감을 가지고 자기 행복을 추구하는 일이 핀란드에서는 일어나고 있습니다.

그런데 한국은 어떤가요? 사회적 신뢰가 바닥이고, 특히 교육시스템에 대한 불신과 불만이 엄청난 사회에서는 교육을 행복 추구의 관점에서 전혀 생각하지도 못하고 받아들이지도 못하죠. 피땀 흘려서 노동하듯이 입시 공부를 해서 대학에 가야 한다고 생각하고 있죠. 지금 21세기에 공부를 고통스러운 노동으로 생각하고, 게다가 학교에서 모든 아이들에게 똑같은 방식의 노동을 시켜요. 인공지능 시대에 말이죠. 4차 산업혁명 시대에는 고통스러운 노동으로 공부해서 대학에 가는 게 아니라, 자기가 좋아하고 원하고 잘하는 것을 발견하는 교육이어야 되거든요. 그 교육을 통해서 자기가 갖고 있는 개인적인 특징, 특기를 마음껏 발휘함으로써 그 분야의 전문가가 되는 거거든요.

더 중요한 것은 교육에 대한 신뢰를 통해서 교육을 받은 아이들이 성장을 해서 사회에 나가야만, 아이들이 그 경험을 통해 사회를 원칙이 있는 사회, 사회적 신뢰가 있는 사회로 만들 수가 있어요. 사회에서 협력적 사고로 일을 잘하려면 우선 학교에서 그런 협력적 사고를 하고 교육적 경험이 있어야 할 거 아닙니까? 학교에서 협동 정신을 못 배우고, 남 짓밟고 올라가 저만 일등하면 끝이고, 대화를 통해 타인을 설득하고 신뢰를 바탕으로 친구를 대하는 훈련을 해본 경험이나 공감 능력이 없는데, 어떻게 어른이 되어서 사회적 신뢰를 구축하는 사람이 된단 말인가요? 이런 상황을 그대로 둔 채 사회적 신뢰를 얘기한다는 것은 앞뒤가 안 맞는 불가능한 일을 꿈꾸는 거예요.

사회적 신뢰를 이 나라가 중요하게 생각한다면 그 가치에 맞는 제도를 디자인해야 하고, 그 가치에 맞는 교육이 학교교육 과정에서 디자인되고 훈련되어야 하죠. 사회적 신뢰가 바닥인 나라에서 아무 노력도 없이, 아무 비전도 없이 당장 무언가를 하려고만 해서는 안 돼요. 장기적 안목을 갖고 신뢰의 씨를 뿌리고 교육을 통해 신뢰의 싹을 틔우고 키워나가려는 노력을 해야 할 거 아닙니까?

노력 없는 신뢰 사회는 불가능하다

함돈균 — 신뢰를 위한 노력을 해야 하고 당장 그게 없다면 미래를 위해 씨를 뿌려야 하는데요. 한국처럼 사회적 신뢰가 무너진 사회의 특징은 굉장히 아이러니하게도 노력 없는 보상이 또한 많다는 거예요. 노력에 기반해 사회적 신용이 쌓이는 게 아니라 우연, 비합리, 감정적 동요, 학연·혈연·지연 같은 사적 특수성 같은 게 상대적으로 많이 작용하죠. 반면 신뢰를 위해 구축해놓은 객관적 시스템이나 제도적 프로세스는 작동을 잘 못해요.

제가 그런 현상을 단적으로 보는 사례가 청와대 국민청원 제도예요. 이게 조선 시대 때 신문고를 모방한 건데, 이유야 나름 있겠지만 사실 이건 국가의 공적 시스템, 문제를 해결하기 위해 만들어놓은 제도적 프로세스를 무용지물로 만들고, 시민이 직접 최종권자와 연결되어 감정으로 호소하는 일이라는 점에서 좋은 제도라고 할 수 없다고 봐요. 일종의 포퓰리즘적 장치인데요. 놀라운 것은 여기에 엄청나게 많은 한국인들이 다양한 문제를 청원하고 동의 서명을 한다는 겁니다. 그중에는 법치국가의 기본적 틀을 부정하는 것도 있어요. 헌법에 기초해 마련된 국가 기본 제도 자체를 대통령의 행정

명령으로 폐지해달라는 청원도 있거든요. 국민이 국가제도 자체를 전면 불신한다는 것을 보여주죠. 이런 청원 통로에는 한 개인이 억울함을 호소하고 국가가 종종 문제를 다시 살피게 하는 효과도 있겠죠. 하지만 장기적으로는 지성적 힘과 합리적 절차의 중요성, 제도에 대한 신뢰를 약화시키고, 사회를 즉흥적이고 감정적인 방향으로 끌고 갈 수 있게 한다는 점에서, 불신 사회를 더 강화하는 좋지 않은 장치라고 저는 생각합니다.

폴 김 — 실리콘밸리를 생각하면 거기는 맹목적 신뢰는 절대 없어요. 누구도 맹목적인 신뢰를 주지 않아요. 그냥 믿는 일은 없다는 거죠. 개인이든 기업이든 신뢰를 쌓기 위해 노력을 해야 해요. 그러면 그에 대해서는 적절하게, 신뢰에 대한 사회적 신용이 측정되고 평가되고 보상됩니다. 좋은 학교를 나왔다는 사실은 그의 노력으로 계산되는 거지, '네가 나하고 같은 학교니까 일단 너를 우대한다', 이런 것은 생각하기 어려워요. 게다가 '너와 내가 같은 고향 출신이니 너를 우대한다', 이런 것은 정말 말도 안 되는 거죠. 미국의, 특히 실리콘밸리의 고용 과정은 상당히 다양한 종류의 복합적 경쟁 과정을 거칩니다. 인터뷰 과정도 상당히 체계화돼 있어서 이 사람이 진짜 재능을 갖고 있고, 정말로 창의적인 생각, 미래 예견력 등을 갖추고 있는가에 대한 검증이 상당히 철저하고, 이 분야에서 전문가로 활동할 수 있는지 없는지에 대한 검증 방법은 더 체계화돼 있어요. 그렇지만 그것을 통과하고 고용이 된 후에는 그의 전문성에 대한 신뢰가 상당히 높이 평가되었기 때문에 개인에 대한 조직의 신뢰가 대단히 높습니다.

스탠퍼드 같은 경우에도 일단 교직원으로 들어가기가 힘들지 들어간 다음부터는 학교가 그 사람을 엄청나게 신뢰하고, 그 사람의 분야에 대해서 믿고 온전히 맡기는 체제거든요. 그래서 스탠퍼드에서는 항상 "엔트러스트Entrust!"라고 말해요. '스탠퍼드는 당신을 믿는다'라는 거죠. 교수를 믿고서 권한을 많이 주기 때문에 만일 스탠퍼드에서 뭔가 나쁜 마음을 먹으면 사기 칠 수 있는 방법이 너무나 많고 쉬워요. 하지만 철저한 검증을 통해서 스탠퍼드 멤버가 됐고 전적인 신뢰를 주었잖아요. 결과적으로 보면 이미 신뢰도가 높은 개인을 선택했고 그 신뢰에 대한 보답도 있기 때문에 그런 부정적인 일은 거의 일어나지 않습니다. 믿음을 주는 조직에 대한 충성심이 생기는 거고 명예심도 높아졌기 때문이죠. 더 열심히 하죠.

기업도 똑같아요. 미국의 큰 기업들은 일단 개인을 맹목적으로 신뢰하는 대신 상당한 과정을 통해서 검증을 합니다. 그 후에는 전문성에 대한 신뢰를 상당히 축적하게 해서 그 사람에게 자기 분야에서 완벽하게 믿고 맡기는 일들을 충분히 해낼 수 있는 환경 조건을 제공합니다. 보수도 그렇고, 인재에 대한 대우를 미국은 정말 잘하죠. 그런 것들을 실리콘밸리 문화라고 볼 수 있어요. 또 아까 얘기한 공유 플랫폼과 같은 이런 혁신 기술이 신뢰를 보장하는 기술을 계속 만들고 있어요. 평가, 예측, 분석의 객관성과 타당성을 점점 높이는 기술의 진화 말이죠. 솔직히 말씀드리면 저는 이런 컬처를 한국도 노력하면 충분히 만들 수가 있는데, 못 하는 게 아니라 안 하는 거라고 생각하는 면도 있어요. 여러 가지 핑계와 회피 이유를 대면서요. 아마 이렇게 진짜 사회적 신뢰 시스템을 구축하면 손해 보게 될 것을 속으로 걱정하는 이들이 한국의 컬처에는 꽤 많다고 생각합니다.

나성섭 ─ 사회적 신뢰의 확보에는 폴 김 선생님이 말씀하신 것처럼 기술적인 진보를 통한 것도 있고, 컬처의 형성이나 사회적인 제도 변화를 통한 것도 있습니다. 신뢰의 축적을 위해서는 공정성 확보, 정보 공유, 평가가 중요합니다. 평가의 경우 기업이나 국가를 대상으로 하는 신용 평가 회사들이 미국에서 많이 발달한 것도 이유가 있죠. 또, 법이나 규정을 준수하고 이걸 지키는 게 중요한데, 규정이 너무 많으면 지키기가 어렵고 자율성을 침해하죠. 그래서 잘 디자인된 네거티브 리스트negative list가 필요하다는 얘길 드리고 싶어요. 즉, 원칙적으로 모두 허용하고 예외적으로 규제하는 거죠. 대신 규제 위반 시 징벌적 처벌을 강화하는 것도 방법입니다. 미국은 징벌적 처벌이 아주 강력하기 때문에 신뢰를 존중하는 컬처가 있죠.

인공지능 시대에는 신뢰의 위기가 따라온다

함돈균 ─ 한국이 저신뢰 사회라는 것을 보여주는 사례 중 하나가 교육시스템에 대한 불신인데, 이는 중등교육의 입시시스템만 그런 게 아니라 대학도 그래요. 폴 김 선생님께서 스탠퍼드의 교수 임용시스템을 말씀해주셨는데, 한국 대학에서는 대체 뭘 가지고 평가하는지 갸우뚱하는 경우가 많아요. 어떤 학교에서 교수 임용 공고가 나면 관련 분야 연구자들이 제일 먼저 하는 것이, 그 학과에 자기 출신 학교 교수가 있는가를 살피는 거예요. 대개는 누가 미리 내정되어 있다는 소문이 먼저 돌죠. 이미 임용시스템의 공정성에 관해 관련 구직자들의 신뢰가 별로 없다는 거예요. 실제로 채용 결과가 이 냉소를 뒷받침하는 유력한 근거가 되는 경우가 너무나 많거든요. 대학의 교수 채용시스템에 대한 신뢰 추락은 현재 한국 사회가 겪고 있는 신뢰 위기의 적나라한 표본이라는 생각이 들어요. 한국에서 대학이라는 사회적 시스템이 내적으로 상당히 쇠퇴하고 경쟁력이 사라지고 있다는 우려를 자아내는 유력한 증후입니다.

또 한국 사회에서 신뢰의 위기를 생각할 때 특별히 제가 주목하는 현상이 전문가의 권위 추락 현상입니다. 지금 한국의 전반적 분위기를 보면, 전문가를 믿지 않고 냉소합니다. 이게 인터넷 시대의 도래와 맞물려서 더 그래요. 저만 해도 청소년 시절부터 권위 있는 학자나 지식인의 얘기를 경청하고 신문이나 책에서 그들의 글을 읽으면서 극진한 존경의 태도를 지니며 컸거든요. 그런데 지금은 아무리 어떤 분야의 전문가나 권위자라고 해도 대중들이 자기 생각이랑 조금만 다르면 댓글을 수천 개씩 달아요. 당연히 그 사안에 대해서 그 전문가나 학자보다 뭘 더 잘 알거나 정확히 알고서 그러는 경우는 거의 없다고 봐야죠. 디지털 시대 대중의 특징은 즉흥성과 자기애가 강하다는 거죠. 간단히 자기를 표현하고 의견을 표출하고 전문가에게조차 쉽게 발언할 수 있는 통로들이 생겼으니까요. 그래서 제가 비평가지만 어떤 사안에 대해서 사람들이 일반적으로 가지고 있는 환상 같은 것을 깨는 비평을 하려고 할 때, 대중의 시선을 의식하고 스스로 생각을 통제하는 경우가 적지 않습니다.

새로운 기술 매체의 등장과 대중문화의 압도적 양상, 전문가의 몰락 현상
은 전반적으로 서로 맞물려서 지금 도래하고 있는 기술 시대에 사회적 신뢰
를 저해하는 새로운 요인이 될 수 있다고 생각합니다. 전문가가 설득력 있
는 사회적 해석을 하지 못하고, 신뢰할 만한 지식인이 점점 사라지는 현상
에도 이유가 있지만, 대중 독재라고 할 만한 압도적 '댓글'의 힘이 사회를 성
찰적 깊이가 없는 곳으로 가게도 하고, 이것이 다시 사회적 신뢰도를 더욱
더 떨어뜨리는 방향으로 이끌기도 하는 거죠.

폴 김— 그런 사회적 신뢰 추락 상황에는 기술 사회의 혁명적 변화도 분명
큰 영향을 미칠 겁니다. 그런데 제 생각에는 사회적 신뢰 형성에 관한 컬처
엔지니어링이라는 차원에서도 시스템의 디자인 방향을 생각해봐야 할 겁니
다. 예컨대 댓글을 무차별하게 다는 사람들도 그 댓글의 신뢰도를 표시하는
별표를 못 받으면, 무차별로 공격적 댓글을 달 수 없게끔 시스템이 디자인
돼야 하는 거죠. 그렇지 않으면 여론이 왜곡되고 그런 바보 같은 의견들의
조작에 의해 사회 방향이 바뀌게 되어 사회적 신뢰도 더 나빠질 테니까요.

다음으로 아까 얘기하던 것을 좀 더 얘기한다면, 지금 한국 교육시스템에
서 더더욱 심각한 문제는 교사들에 대한 신뢰가 없는 거예요. 교사의 위상
이 완전히 추락해서, 자기 애를 때렸다고 학생들 보는 앞에서 부모가 선생
따귀를 때리는 이런 일이 일어나고 있다는 말이에요. 아주 심각한 신뢰 위
기에 해당하는 말도 안 되는 사건들이 한국에서 비일비재하게 일어나고 있

어요. 아이들이 그런 교실에서 뭘 배우겠어요?

요즘에 카톡을 하잖아요. 그러면 선생님이 카톡도 함부로 할 수가 없어요. 페이스북도 자유롭게 할 수가 없어요. 왜냐하면 부모들이 SNS를 통해서 교사의 사생활을 보게 되고, 개인의 사생활 영역에까지 집요하게 침입하여 교사의 위상을 우습게 만드는 거죠.

게다가 이제는 인공지능이 도래했는데, 여기에도 엄청나게 심각한 문제가 도사리고 있어요. 인공지능으로 아이들이 배우는 시대가 와요. 1~2년만에 교사의 할 일이 완전히 바뀌고, 줄어드는 거란 말이에요. 앞으로는 인공지능이 학생이 물어보는 정보와 지식에 대해서 지치지 않고 반복해서 가르쳐줄 수 있는 시대가 되는 거죠. 모든 질문을 알아듣고, 대화를 하고, 교사는 모르는데 인공지능은 다 아는 거예요. 이렇게 되면 '스승은 도대체 뭐를 가르치느냐?' 이런 질문이 제기되고, 그렇게 됐을 때 스승의 위치는 더더욱 추락해서 거의 필요성이 의심되는 상황까지 가는 거고요.

함돈균— 그런 점이 또 생각지 못한 신뢰 위기네요.

폴 김— 그뿐만이 아닙니다. 함 선생님같이 철학적 사색을 하고 글을 쓰는 분들이 꼭 아셔야 하고 사회에 참여해야 하는 필요 상황이 생기고 있습니다. 인공지능 시대에 인간 자체에 대한 신뢰 추락으로 이어지는 가상적인 예를 하나만 들어볼게요. 이건 분명히 생기게 될 문제이기 때문이죠. 한국에서는 '기가지니'라고 하는 인공지능이 있죠. 미국에는 아마존의 '알렉사'

가 있고, 구글의 '구글 어시스턴트'가 있는데요. 제가 구글에 인공지능 자문을 하고 있어요. 그런데 이 기술이 상당히 놀라운 지점에 이미 이르렀습니다. 이제 아이들이 어릴 때 말을 배우기 시작하면서부터 인공지능을 인격적인 것으로 상대하는 시대가 되었어요. "알렉사 말해봐", "알렉사 노래해", 이렇게 애들이 말 떼기 시작하면서부터 인공지능과 얘기를 할 거란 말이에요. 그러면 애들이 "이거 해", "저거 해" 하면 인공지능은 뭐든지 절대 화를 내지 않고 친절하게 수행한다는 말이죠. 기계니까요. 모든 부분에서 친절하단 말이에요. 그런데 이게 바로 문제예요. 무슨 말씀인지 혹시 짐작하시겠어요?

사람은 감정이 있어서 이렇게 언제나 친절하지 못하다는 말이죠. 어릴 때부터 기계를 통해 인격적 관계를 맺은 아이들은 감각 프로세스도 그런 식으로 '코딩'될 것이고, 그러면서 실제 사람과의 관계에서도 기계적 반응을 요구하고 기대하게 될 겁니다. 그런데 사람은 그렇게 못 하니까 아이들은 사람과의 관계를 따분하게 생각하며 오히려 더 신경질적으로 느낄 것이고, 인간 자체에 대한 신뢰가 추락하게 될 거라는 가정도 가능하다는 거죠. 인공지능 기술 시대에는 사회적 신뢰의 문제에 관해서도 생각할 게 정말 많아요. 『사물의 철학』이라는 흥미로운 책을 쓴 함 선생님 같은 능동적 인문학자들이 사회적 신뢰 영역에 관해서도 깊이 생각하고 예측할 일이 많고, 이런 사회에서 할 일이 더 많다는 거죠. 그래서 정책을 만드는 사람들, 기업가들은 좋은 사회를 만들려고 한다면 더 사려가 깊어져야 하고, 더 광범위하고 더 창조적인 협업을 디자인해야 하는 매우 복잡하고 어려운 기술 시대가 도래했다는 말씀입니다.

혁신은 단순히 변화를 추종하는 게 아니라, 사회적 고통의 원인을 제거하고 더 나은 방향으로 진로를 수정하면서 사회의 차원과 수준을 업그레이드하는 일입니다. 혁신을 추동하는 힘 중에 사회 변화의 방향을 잡고 사회 구성원을 설득할 수 있는 리더십은 매우 중요한 요소입니다. 변화를 추구할 때 사회 구성원들의 저항이 따릅니다. 이 저항을 완화하고 혁신의 의미에 충분히 공감하게 하려면 사회 구성원들이 믿을 만한 리더가 필요합니다. 리더는 대의에 부합하는 삶의 실천을 통해 자기 꿈의 실현 방식과 과정을 당당하게 보여줄 수 있어야 합니다. 표리가 부동한 리더의 말은 사회 구성원들에게 설득력을 주지 못하며 사회적 신뢰도를 떨어뜨립니다. 한국에서 공교육 강화 등 교육혁신을 얘기하는 리더들 상당수가 그들이 강력하게 비판하는 특수목적고나 조기 유학 등을 통해 자식을 교육시키는 모습을 보여 표리부동한 리더십으로 비치면서 사회 구성원들에게 정책적 신뢰를 잃고 있습니다. 그러면서 사람들은 그 리더들에게 묻습니다. "그럼 당신 자식은 어떻게 가르치세요?"

7. 매뉴얼 없는 사회

. . . .

경험해보지 못한 시대가 오고 있다

지금 대한민국은 교육에 정부가 돈을 엄청 쏟아붓고 있는데,
그 내용은 '주어진 보기에서 답 찾기' 교육을 하는 거예요.
답 찾기 교육을 하는데, 답이 없는 상황은 어떻게 할 것인가에 대한
교육은 전혀 안 하고 있죠. 주어진 매뉴얼로 안 되는 사회가 왔는데,
왜 매뉴얼의 답을 강요하는 것을 지금도 계속하려고 하느냐는 거죠.

함돈균 ─ 요즘 글로벌 기업의 화두가 애자일이라는 얘기를 나성섭 선생님께서 해주셨는데요. 유연성·민첩성의 강조를 다른 측면으로 보면, 예측 불가능한 상황이나 가변성이 큰 사회로 가고 있다는 얘기겠죠. '지금 장기적으로 무슨 기획을 하더라도 삶의 가변성을 쫓아갈 수가 없다', 이런 얘기인데요. 한마디로 말해서 '답 없는 사회', 즉 예전처럼 고정된 매뉴얼이 통하지 않는 사회라는 말과 같다는 생각입니다. 이번 장에서는 '매뉴얼 없는 사회'에 대한 다양한 얘기를 나눠보겠습니다.

김길홍 ─ 저는 개발 쪽에서 주로 일을 했기 때문에 그 측면에서 보자면, 사회를 발전시키는 데 하드웨어 인프라가 굉장히 중요하지만, '하드웨어 인프라를 어떻게 사용하는가, 어떻게 디자인하는가' 하는 소프트웨어 인프라 차

원이 더 중요하다는 것을 점점 더 느끼고 있습니다.

제가 라오스를 처음 담당할 때니까 2000년 초쯤 되겠네요. 라오스 북쪽 지역에 후아판Houaphan 지방이 있어요. 그 지역의 중심 도시에 도로망이 안 돼 있으니까 라오스 정부에서 길을 좀 연결시켜달라고 해서 저희들 팀이 그 지역에 실태 조사를 하러 방문했습니다. 말은 도시라고 하지만 실상은 산골이죠. 마을 사람들의 거주 문제, 마을 사람들이 필요로 하는 것이 무엇인지, 도로가 연결됐을 때의 상황 등을 조사하면서 원주민 집들도 방문했습니다.

한 가정집을 방문했는데, 애가 다섯 명인가 있어요. 그런데 두 아이가 이상해요. 한 애는 한쪽 눈이 안 보였어요. 그래서 "얘는 왜 이렇게 눈에 상처를 입었느냐"라고 물으니까, 자신들이 그렇게 살아왔기 때문에 운명이라고 생각하는지 아주머니께서 담담하게 말씀하시더라고요. 어릴 때 놀다가 굴러떨어졌는데 나뭇가지에 눈이 찍혀서 상처를 입었답니다. 그때 보건소가 너무 멀어서 치료를 못 해주고 자연적으로 나을 거라 생각했는데, 이렇게 앞을 못 보게 됐다고 하는 거예요. 이야기를 듣는데 너무 가슴 아팠죠. 그 옆에는 조금 큰 아이가 한쪽 손이 몸에 붙어가지고서는 손이 못 자랐더라고요. 그쪽 손을 못 쓰는 거죠. 그래서 "얘는 왜 그렇게 됐느냐"라고 하니까, 아주머니가 길을 가다가 실수를 해서 이 아이를 떨어뜨렸다는 거예요. 그때 뼈가 이상하게 되었고 그냥 두면 나을 것이라고 생각했는데, 신경이 잘못됐는지 팔이 이렇게 못 자랐다고 하더라고요.

저는 그것을 보고 '만일 보건소에 갈 수 있는 길만 잘 닦여 있었더라면 이렇게는 안 될 수 있었던 거 아닌가' 하는 생각이 들었어요. 그래서 우리 팀에 "이런 일이 없도록 도로망은 있어야겠다"라고 얘기하고 타당성을 평가해서, 산골 도로를 놓아줬어요. 저는 그러고서 다른 지역을 맡고, 다른 일을 하다가 10년 뒤에 다시 라오스에 사무소장으로 부임을 하게 됐어요. 10년 동안 라오스가 많이 변했어요. 라오스의 다른 프로젝트를 하다가 그 지방을 다시 들를 기회가 있었어요. 우리가 만들어줬던 도로도 더 확장이 되고, 주민들의 생계가 주로 농업 위주인데 시장이 형성돼서 농산물도 팔 수 있고, 옷 입고 있는 것도 옛날보다 깨끗하고, 상당히 좋아졌더라고요. 그때 보니 이전에 저희가 만든 도로의 혜택을 그 동네가 상당히 보고 있더라고요. 굉장히 기분이 좋고 보람을 느꼈어요.

그런데 방문을 마치고 돌아오는 길에 보니까 갑자기 오토바이가 과속을 하고 지나가더라고요. 그때 들었던 생각이 '라오스에 길이 생기니까 오토바이도 늘고 차도 늘었구나', 이렇게 단순하게 생각을 하는 중이었는데 5분쯤 뒤에 갑자기 차가 섰어요. 무슨 일인지 보니까 앞에서 사고가 났다는 거예요. 그런데 보니까 저희 차를 추월해 가던 오토바이가 신호등 근처에서 앞서 가던 트럭을 박고 그 밑으로 깔리면서 오토바이에 탔던 운전자가 생명을 잃은 거예요. 제가 그 광경을 보니까 아까 들었던 보람은 사라지고, '우리가 보건소에 가깝게 가도록 도와주고 주민들 삶을 향상시키려고 길을 깔아주었는데 이게 또 사람 생명을 앗아가는 길로도 바뀌는구나', 이런 생각이 들면서 가슴이 아프고 안타까운 거예요.

물론 저희들이 길을 닦을 때에는 도로 안전 조치들이 도입됩니다. 문제는 우리가 길을 사용하는 사람들의 사고방식이나 문화를 조금 더 도로 안전망에 대한 인식과 결부시키지 못했다는 생각이 드는 거죠. '하드웨어는 5년이면 세워지지만 이걸 사용하는 사람들의 자세랄까 태도랄까 사고방식이랄까, 그러니까 컬처를 만드는 일은 별도의 문제고 시간도 많이 걸리는 어려운 거구나' 하는 생각을 하면서 돌아온 적이 있습니다. 그래서 그다음부터는 저희들도 교통안전을 중요한 개발과제로 추진하고 있어요. 개발 프로젝트를 할 때 개발 단계에 맞추어서 하드웨어뿐만 아니라 소프트웨어까지 동시에 고려해야 하고, 상황 변화에 따라 신축적으로 조정하고 보완해서 최적의 방안을 찾아나가야 하는 거죠.

나성섭 ─ 김길홍 선생님께서 일하시면서 그런 가슴 아픈 경험이 있었는지는 저도 몰랐네요.

인류가 가보지 않은 시대

김길홍 ─ 4차 산업혁명 시대에는 정말 모르는 길을, 그러니까 인류가 지금까지는 안 걸어봤던 길을 가게 됩니다. 미리 짜인 매뉴얼이 잘 통하지 않는 시대를 살아가야 되는 거죠. 그래서 매뉴얼만 따라 하다가 갑자기 매뉴얼에 없는 상황이 벌어질 때에 무슨 일이 생기는지에 대한 또 하나의 사례가 있어요.

일본에 쓰나미가 난 뒤 제가 재난과 인프라 문제에 대한 일본의 대응을 배우려고 그 현장을 갔던 적이 있어요. 일본 마을에는 지진이나 쓰나미를 대비하기 위한 길이나 표지판이 엄청나게 잘 만들어져 있었어요. 한국을 기준으로 보면 재난에 대한 그들의 매뉴얼은 완벽하다고 느껴질 정도로 철저하고 구체적입니다. 예컨대 쓰나미가 나면 어디로 어떻게 피해야 하는지, 어떻게 길을 돌아가야 하는지 알려주고, 집들도 코너를 돌기 쉽도록 공학적으로 각이 지지 않게 둥글게 만들고요. 그런데 이번에는 안타깝게도 그 마을 사람들 대부분이 쓰나미에 생명을 잃었어요. 거기에 설명을 해주러 오신 분이 이런 얘기를 하시는 거예요. 이렇게 구체적인 대비 매뉴얼이 있었지만 이번에는 오히려 그 때문에 생명을 많이 잃었다고 말입니다. 매뉴얼의 상황을 능가하는 재난이 닥쳤는데도 상황에 따라 개인들이 유연성을 발휘하지 못하고 매뉴얼만 그대로 따라서 지정된 대피소로 갔는데 그곳을 쓰나미가 덮쳤던 거죠.

그때 그분이 아주 인상적인 말씀을 하셨는데요. 그 마을에서 유일하게 살아남은 사람들은 학생들이었다는 거예요. 이유가 무언가 하니, 이 동네 학교 선생님이 재난 방제 교육을 하면서 학생들에게 매뉴얼을 그대로 따르라고 하는 게 아니고, 여러 가지 상황에 대한 옵션을 주면서 사태를 보고 판단해서 안전하다고 생각하는 데로 가라고 가르쳤다는 거죠. 그러니까 그 학생들은 다른 주민들처럼 정해진 대피 장소로 따라간 게 아니고, 지금 이 쓰나미가 이전과는 전혀 다른 굉장히 큰 쓰나미 같다고 판단해서 아예 더 높은 산 쪽으로 피신했다는 겁니다. 이 사례의 교훈은, 매뉴얼에 없는 일이 발생할 수도 있다는 사실을 인지해야 하고, 그때에는 자율적인 판단이 굉장히 중요하다는 겁니다.

한계 없는 아이디어

나성섭 — 저는 세 개의 에피소드를 소개해볼게요. 첫 번째는 2000년대 초반 에피소드인데요. 네팔은 히말라야산맥이 있는 나라이고, 중국과 인도의 사이에 있는데, 고구마처럼 생겼어요. 입헌 왕정 체제에 집권당과 야당이 갈등을 해서 정정이 굉장히 불안했어요. 내전으로 마오이스트들이 반군이 되어 일부 지역을 점령하고 있었습니다. 이때 제가 네팔에 10차 5개년 개발 계획을 도와주는 업무를 맡게 되었어요. 우리 한국도 1962년도에 1차 5개년 개발을 하면서 나라의 발전 과업의 방향을 잡았는데, 이런 어려운 상황에서 나라의 발전 과업을 잡는다는 건 참 어려운 일이죠.

네팔은 바다가 없어요. 중국과 인도에 둘러싸여 있어서 교통이 굉장히 좋지 않아요. 물건을 다른 나라에서 수입하려면 인도의 콜카타항으로부터 들여오는데, 그게 아무리 빨라도 1주에서 2주 이상 걸려요. 네팔 안에는 산악 지대도 많아서 물자를 이동하는 게 어려운 지역이 태반입니다. 동서 횡단 도로는 있지만 남북 종단 도로가 없어서 어떤 지역에서 농작물이 많이 나온다고 하더라도 네팔의 수도 카트만두로 가져오기는 어려워요. 당나귀나 야크 같은 운송 수단에 쌓아서 짐을 가져와야 되는데 오다가 다 상해버려요. 내륙 교통이 나쁘다 보니 호텔 같은 경우도 농작물을 지방에서 수급하지 않고 인도의 델리에서 수입합니다. 호텔에서 수입하는 신선한 농작물을 일반 시장에서 접하기가 어렵죠. 당시 네팔은 국민소득이 1인당 연간 250달러 정도로 세계에서 가장 가난한 나라 중의 하나였어요. 지금도 가장 가난한 나라예요. 2020년까지 아시아의 거의 모든 나라들이 1인당 국민소득이 약 3,000달러 이상이 되어 중진국이 됩니다. 딱 두 나라가 중진국이 안 되는데 그게 아프가니스탄과 네팔입니다. 그 정도로 어려운 나라예요.

이런 상황에서 이 나라를 어떻게 개발할 것인가가 저의 큰 문제였어요. 처음 가서 한 일이 반군 세력 지역에 우리가 왔다는 것을 알리고 안전을 허락받아 지역을 시찰하는 거였어요. 동네를 시찰했더니 먹을 게 없는 거예요. 네팔 산악 오지에서는 교통이 끊기는 겨울철에 굶는 사람이 많아요. 아기들도 못 먹고요. 임신 기간부터 세상에 태어난 후 두 살까지 기간인 1,000일 동안 아이가 영양 결핍을 겪을 경우, 뇌 발달장애로 영구히 제대로 지적 활동을 할 수가 없는데 이 지역 아이들의 상황이 그렇습니다. 야크로 티베트 접경지대에 가서 곡식을 사 오고 겨우 물물교환을 하며 삽니다. 물론 전기도 안 들어오는 지역이 많습니다.

함돈균 — 진짜 열악한 상황이네요. 그리고 보면 저도 그렇고 대학교수들이 강단에서 이론적으로 말하는 혁신은 그런 현장에 가보면 무용지물이 되는 실험실 혁신에 불과한 경우가 비일비재할 것 같아요.

나성섭 — 이론이 잘 안 통하죠. 이런 곳의 삶의 실제 조건은 매뉴얼에서는 찾을 수도, 적용할 수도 없는 상황이니까요. 이 지역을 시찰해보니 경제성장도 문제지만 우선 가장 큰 문제는 도로가 없는 거예요. 그래서 제가 중국과 인도를 연결하는 고속도로를 건설할 것을 제안했습니다. 주어진 매뉴얼을 찾을 것이 아니라 이렇게 상황이 어려울 때는 매뉴얼에 없는 발상의 전환이 필요하다는 거죠. 네팔은 강대국에 주위가 사방으로 둘러싸여 있는 게 단점이에요. 그런데 발상을 전환해보면 이게 장점도 될 수 있겠더라고요. '차라리 인도와 중국을 관통하는 고속도로를 여러 개 뚫으면 네팔이 오히려 이 지역의 지리적 허브가 되지 않겠나' 하는 생각에서입니다. '주위 나라들과 윈윈하는 남북종단고속도로 프로젝트를 해보자'라는 거였죠. 당연히 중국과 인도의 협조가 필요했죠. 이 계획의 실행은 쉽지 않았습니다. 여러 나라의 국내외 정치 상황도 있어서 지지부진하다가 부분적으로만 실현이 되었습니다. 만족할 성과는 아니었지만, 제가 말씀드리려는 것은 어떤 돌파구를 찾을 때 한 영역에 매몰된 협소한 매뉴얼만 따르지 말고, 다른 영역과의 협업을 통해 해결책을 찾는 발상의 전환을 하자는 거예요.

두 번째는 태평양 국가의 해저케이블 사업인데, 이것은 2007년에 시작했어요. 아시아개발은행의 태평양 지역은 북태평양 국가 미크로네시아, 마셜제도, 팔라우, 중간에 피지, 파푸아뉴기니, 남쪽으로는 사모아까지 포괄합니다. 지구 면적의 15퍼센트에 달하는 광활한 지역이죠. 그런데 섬 크기는 엄청나게 작고 인구는 다 해봐야 1,000만 명이 안 됩니다. 저희에게 떨어진 과제는 '인도보다 큰 광활한 지역에 이곳저곳 흩어져 주거하는 1,000만 명도 안 되는 태평양 국가 사람들의 사회서비스를 어떻게 개선할 것인가, 사회개발을 어떻게 도와줄 것인가'였어요. 문제는 그렇게 적은 인구 지역에 섬마다 어떤 사회자본에 투자를 한다면, 예를 들어 학교, 병원 등을 만든다고 할 때, 재정적으로 자립해서 유지할 가능성이 전혀 없다는 거죠. 많은 태

교육의 미래, 컬처 엔지니어링

평양 국가들이 결국 미국이나 호주나 뉴질랜드에 종속된 국가가 돼버린 게 이런 자립성을 갖지 못하기 때문이죠. 그래서 어떤 사업을 하더라도 계속적인 원조에 의지하지 않고도 지속 가능한 사업을 지원하자는 개발 원칙을 세웠습니다.

우선은 여기에서도 네팔처럼 국가들을 연결하는 방향을 생각했어요. 이 지역은 섬이다 보니까 배가 없이는 식량을 구할 수가 없는 거예요. 그래서 이 지역에는 지금도 채소가 귀합니다. 채소는 오래 보관할 수가 없잖아요. 전기도 물론 제대로 없어요. 이런 곳의 아이러니는 인구의 평균 소득은 네팔보다 훨씬 높지만 생활의 질은 더 떨어진다는 거예요. 예를 들어 내가 아프다고 해도 병원에 가서 치료를 받을 수가 없는 거예요. 가벼운 병이나 부상에도 그냥 앓다가 불구가 되거나 죽습니다. 그러니까 연결을 제공하는 인프라가 중요한 거죠.

'연결connected' 하면 도로, 배, 비행기가 우선 떠오르죠. 그런데 망망대해의 작은 섬들이니 육로로 연결한다는 건 아주 제한적으로만 가능하고요. 해운도 돈이 많이 들기 때문에 계속적인 원조가 없으면 유지할 수가 없는 거예요. 항공은 더 어렵습니다. 지속 가능성을 따져보니 아무리 봐도 도와줄 수 있는 방법이 없는 거예요. 태평양 지역이라는 특수 환경에서 '연결'에 관해 취할 수 있는 매뉴얼이 다 소용이 없더라고요. 다시 발상의 전환이 필요한데, 그때 우리가 떠올린 게 해저케이블을 통한 인터넷 접속망 구축이었어요. 빈곤국의 인프라 구축에서 잘 생각하지 않는 경우예요. 나라와 나라를 연결해야 하고, 게다가 망망대해잖아요. 하지만 이 나라들은 인터넷 접속 상황이 너무 안 좋아서 이메일 하나 보내려고 해도 시간이 엄청 걸리고 인터넷 검색은 아예 불가능한 상황이었습니다. 그래서 밖으로 소식을 쉽게 전달할 수 있는 조건만 되어도 삶의 질을 상당히 개선하는 효과가 있을 거라고 판단했죠. 인터넷이 연결되면 상거래를 할 수 있는 시장망이 열리고, 게다가 요즘에는 대학도 다닐 수가 있지 않습니까? 인터넷으로 교육과정을 이수하고, 수업을 받을 수도 있고, 굉장히 많은 사회서비스가 인터넷으로 가능해지더라고요.

해저케이블은 돈이 많이 듭니다. 그래서 이미 들어와 있는 메인 라인을 찾아서 이용하고 케이블은 다른 데서 쓰지 않는 헌것을 깔기로 했죠. 메인 라인은 이미 들어와 있는 피지^{Fiji} 것을 이용했어요. 피지가 허브가 되고 여기에 통가^{Tonga}를 연결했습니다. 그리고 북태평양의 팔라우와 마셜제도를 연결해서 태평양 전체가 해저케이블로 연결이 된 거예요. 그래서 이제 그 지역은 어디를 가더라도 인터넷 서비스가 다 돼요. 인터넷으로 물건을 팔 수도 있고, 주문도 할 수 있고, 그 지역에 관광객 수주도 받을 수 있고, 학생들도 위성을 통한 온라인 교육의 혜택을 받게 되었어요.

함돈균 — 어려운 조건을 돌파하기 위해서 틀에 갇히지 않는 다양한 생각, 가능성에 제한을 두지 않는 사고를 한 것이 그 지역에 삶의 활로를 열어주었네요.

나성섭 — 그렇죠. 이것도 어떻게 보면 기존에 없는 새로운 매뉴얼의 작성이라고 봅니다. 또 하나는 방글라데시의 CNG 프로젝트예요. 2002년 일인데요. 방글라데시의 수도인 다카는 인구가 1,000만 명이 훨씬 넘는 메가 도시인데, 세계에서 아마 인구밀도가 제일 높고 주거 환경이 제일 나쁜 도시일 거예요. 그곳에 가서 아침에 자고 일어나보면, 도로를 가득 채우고 천천히 움직이는 뭔가 시커먼 게 보여요. 처음에는 뭔지 몰랐어요. 알고 봤더니 사람들이 타고 다니는 릭샤라는 삼륜 자전거와 툭툭이라는 삼륜차의 행렬이에요. 릭샤와 툭툭이 도로를 꽉 채워서 걸어 다닐 수 없을 정도로 복잡해요. 툭툭을 중고 엔진으로 만들다 보니 매연이 오징어 먹물처럼 나옵니다. 대기의 질이 너무 나쁜 거죠. CNG 프로젝트는 다카가 당면한 저 끔찍한 공기 질을 조금이라도 개선해보자는 거였습니다.

개발도상국은 겨우 먹고살 수 있는 상황이기 때문에 배기가스의 양을 줄이는 건 사회 조건상 불가능합니다. 그래서 배기가스의 질을 조정하기로 했습니다. 방글라데시는 천연가스를 생산합니다. 가스 가격이 굉장히 낮게 책정되었어요. 그렇지만 그 가스가 시내까지 들어오려면 충전소를 비롯해 여러 가지 시설이 있어야 되는데 매우 부족했어요. 그래서 저희가 제안한 게 CNG^{Compressed Natural Gas}라는 클린 가스를 이용해서 툭툭 삼륜차와 버스의 가솔린 엔진을 CNG로 바꾸는 거예요.

그래서 사업을 시작했는데 재미난 현상이 일어났어요. CNG로 바꿀 때 우리 목표는 보조금을 지원해서 가솔린 엔진을 CNG 엔진으로 바꿔주는 거였어요. 그런데 충전 시설이 생기니까 CNG를 사람들이 구할 수가 있게 되었어요. 당시 CNG 가격이 거의 공짜일 정도로 쌌어요. 그러니 가솔린에서

CNG로 바꾸면 이익이 되니까 사람들이 CNG 프로젝트의 보조금을 기다릴 필요 없이 자발적으로 바꾸기 시작하는 겁니다. 정부나 아시아개발은행 입장에서는 너무 잘된 거예요. 보조금도 안 쓰고 프로젝트의 목적을 달성하게 된 거니까요.

한데 그렇게 잘된 프로젝트가 이후 한참 지난 뒤에 아주 당혹스러운 상황으로 또 바뀌었어요. 알고 봤더니 정부의 가스 매장량 추정이 잘못된 거예요. 가스가 부족해서 가스를 수입해야 된다는 거예요. 황당한 경우죠. 이 프로젝트를 하면서 우리가 가지고 있는 역량을 이용해서 노력을 해도 그 과정에서 정말 뜻하지 않는 일들이 생긴다는 것을 알게 됐어요. 예측 매뉴얼에 없는 시나리오가 두 건이나 전개된 거죠. 너무 잘되다 보니 호응이 있어서 그들이 스스로 일을 수행하게 된 경우, 또 천연가스 매장량 추정의 오류라는 상상치도 못한 일이 발생해서 아예 계획 단계의 매뉴얼이 무용지물이 된 경우였죠.

함돈균 ─ 당혹스러움이 느껴지지만 그래도 재미있는 에피소드이기도 하네요.

매뉴얼만으로는 안 되는 시대의 교육

폴 김 ─ 지금 매뉴얼이 없는 시대, 또는 매뉴얼에 없는 일이 일어나는 시대라는 것을 얘기하고 있는데요. 저는 이 상황을 매뉴얼만 가지고는 안 되는 시대라고 얘기하고 싶어요. 실수는 항상 일어나고, 자연재해들이 많이 일어나는데, 여기에서 매뉴얼만 가지고는 안 되는 일도 항상 일어난다는 거죠. 인공지능 시대, 4차 산업혁명 시대의 교육을 볼 때에는 더 그렇다는 거예요.

지금, '교육을 어떻게 변화시켜야 되나', '어떤 방향으로 가야 하나'에 대해 상당히 말이 많잖아요. 한국의 예를 들어보죠. 한국에서 요즘 많이 나오는 얘기가 스마트교육, 스마트교실 같은 개념이에요. 그런데 그런 말을 들어보면 아무래도 다음 미래교육에 대해서 이해를 잘못하는 거 같아요. 스마트교육 하면 스마트폰, 스마트디바이스 이런 것을 생각하거든요. 그래서 학교에 최신 컴퓨터를 들여놓고 스마트그리드니 이런 것들을 설치해요. 한국 교실이 굉장히 좋아졌어요. 그런데 그런 게 중요할까요? 저는 아니라고 봅니다. 그런 기자재 설치가 아니라 '무엇을 어떻게 가르칠까'에 대한 생각, '어떻게 '스마트한 생각'을 하는 교육이 될까', 그것을 고민하는 게 훨씬 더 중요하다고 봅니다.

그래서 저는 스마트한 생각을 하게 하는 교육이 스마트교육이라고 봐요. 똑똑한 교사의 가르침이 위주가 되는 방법이 아니라, 학생들이 스스로 생각하고 능동적으로 질문하고 스스로 문제를 해결하는 능력이 고급 생각 능력이고, 그 능력을 키워주는 교육이 스마트교육이라고 저는 보거든요. 이게 학교교육의 질과 상당히 관련이 있어요. 지금까지는 개발도상국이니 어쩔 수 없다고 하지만, 이제는 모든 국가들이 글로벌 수준에서 질에 중점을 두어야 될 시대에 와 있어요. 개발도상국이라고 인공지능 시대에서 빗겨 있는 게 아니기 때문이죠. 상황이 글로벌하게 동시에 주어지는 시대가 이 시대입니다.

스탠퍼드에서 하는 연구 중에서도 '돈을 얼마 쓴 연구인가'는 중요하지가 않아요. '교육에 돈을 얼마 썼을 때 그 나라가 경제적으로 윤택하게 되는가', 이게 아니에요. 돈을 얼마 썼는지보다도 교육이 본질적으로 어떤 수준과 질을 갖고, 어떤 창조적인 모델을 갖고 있는지가 더 중요한 거예요. 지금 대한민국은 교육에 정부가 돈을 엄청 쏟아붓고 있는데, 그 내용은 '주어진 보기에서 답 찾기' 교육을 하는 거예요. 답 찾기 교육을 하는데, 답이 없는 상황은 어떻게 할 것인가에 대한 교육은 전혀 안 하고 있죠. 주어진 매뉴얼로 안되는 사회가 왔는데, 왜 매뉴얼의 답을 강요하는 것을 지금도 계속하려고 하느냐는 거죠. 그 학생들이 졸업해서 사회에 나가면 이제는 할 게 별로 없는 시대가 이미 왔다고요. 자율적 응용력도 없다면 어떻게 할 건가요?

초창기 교육 모델에서는 지식 습득 능력을 키워주고, 그다음 단계는 지식을 정리할 수 있는 능력을, 그다음에는 지식을 적용할 수 있는 능력을, 그다음에는 지식을 평가할 수 있는 능력을, 그다음에는 지식을 창조할 수 있는 능력을 키워주는 것으로, 이렇게 단계를 나눴는데요. 이제는 그보다 더 높은 수준의 고급 지성의 발휘가 필요한 시대가 되었어요. 특히 실행을 어떻게 할 것인지에 대한 종합적 사고 능력을 키워주는 그런 교육이 필요한데, 지금 한국 교육에서는 여러 방면으로 전혀 이런 준비를 안 하고 있다는 거죠. 매뉴얼과 매뉴얼 부재 상황이 다르고, '매뉴얼이 없는 상황이라면 어떻게 대처할까'라고 가정할 때, 순차적으로 생각을 할 수 있는 능력, 실행 능력, 상황 변화에 대한 대처 능력 등 역동적 수행력dynamic executive functioning ability이

지능의 고급 단계에서 필요하다는 말이죠.

함돈균 — 스마트교육이나 스마트교실은 최신 기술 기자재를 갖다 놓거나 돈을 많이 쓰는 교육이 아니라, '스마트한 생각'을 하기 위해 얼마나 '고급 교육' 방법을 택할 수 있는가와 관련된다는 말씀이 정말 피부에 와닿네요. 정부가 주도하는 국가 공교육시스템에서만 그런 게 아니라, 대학에서도 상황은 비슷한 거 같아요. 많은 대학이 교육을 혁신한다고 하면서 우선하는 건, 교육 프로세스는 그대로 둔 채 주로 건물을 새로 짓는 일이거든요. 외국의 대학을 다니면서 알게 되는 건 유서 깊은 대학일수록 캠퍼스에 신축 건물이 별로 없고 그런 일이 교육의 본질과는 별 상관 없다고 생각하는 태도예요.

잘 만든 매뉴얼도 필요하다

폴 김 — 스마트교육에는 스마트사고를 키우는 프로세스가 훨씬 더 중요해요. 그런 사고력을 키우는 건 매뉴얼 없는 사회에는 더 필요하고요. 몇 가지 예가 떠오르네요.

2009년에 US 에어웨이스 비행기가 허드슨강에 착륙한 일이 있지 않았습니까? 그때 기장이 상당히 경험이 많은 미국 공군 출신인데요. 어처구니없게도 그 사건은 비행기가 이륙하자마자 새 때문에 엔진 두 개가 꺼져버린 상황이었어요. 그런 긴급 상황에서 강에 착륙한다는 건 매뉴얼에 없는데 조종사의 판단력이 이끌어낸 결과였죠. 사실 그때 여러 가지 선택지가 있었어요. 비행 매뉴얼을 찾으려고 하다가 시간이 지나버려서 사고가 날 수도 있고, '강에 착륙하면 어떻게 하느냐, 빨리 공항으로 계속 가야 한다', 이렇게 판단할 수도 있었거든요. 당황해서 소통이 잘 안 될 수도 있었는데 소통도 상당히 잘했고 매우 침착하게 대응했죠. 그다음 기장이 강물에 착륙을 한 뒤에도 승객들을 다 내보내고 혼자 남아서 뒷좌석까지 가서 한 명도 없음을 확인한 다음에 나왔다는 거예요. 책임의식을 상당히 갖고 있는 기장이었죠.

그렇게 대응해서 한 명도 죽지 않은 사건임에도 불구하고 정부에서는 엄청난 검증을 했어요. 처음부터 끝까지 매초마다 기장이 내린 결정들이 맞는 결정이었는지 그렇지 않은지를 검증했죠. 철저한 검증을 통해서 상벌을 주는 미국 시스템이 상당히 인상적이었어요. 그 사건에서 '플라이 아웃사이드 더 박스fly outside the box'라는 말이 생겼어요. 우리가 '싱킹 아웃사이드 더 박스thinking outside the box'라는 말을 많이 말하잖아요. 그 기장이 한 일을 보면 '플라이 아웃사이드 더 박스', 결국 박스 안에 갇혀서 생각을 하는 게 아니라 그 바깥을 생각해서 문제를 해결해야 된다는 건데요. 매뉴얼을 넘어선 생각이죠.

이것과 대비되는 사건이 2014년에 아시아나항공 비행기가 샌프란시스코에서 추락한 사건이죠. 비행기가 보잉 777이었는데, 이 기장이 에어버스를 몰던 사람이었어요. 그런데 에어버스와 보잉의 큰 차이점으로 오토스로틀autothrottle이라는 게 있는데 자동 속도조절 장치라고 볼 수가 있죠. 추진력이 어느 정도 떨어지면 자동으로 엔진이 기계적으로 돌아가요. 플라이바이와

이어$^{fly-by-wire}$라 그래서 에어버스는 착륙을 기계가 다 알아서 할 수 있는 장치이고, 보잉 777은 오토스로틀 부분에서는 세팅 차이점이 있는데, 기장은 속력이 떨어져도 알아서 엔진이 유지를 할 거라고 생각하면서 고도나 이런 것들에 대해서 생각을 집중하지 못했던 것 같아요. 이건 오히려 이전에 조종하던 비행기와 다른, 새로운 매뉴얼에 대한 숙지가 철저하지 못해서 생긴 반대 문제예요. 또 자동화된 기계장치들에 대한 매뉴얼은 더 중요해요. 그래서 매뉴얼이 없는 시대라는 것은 매뉴얼이 아예 없다거나 필요 없다는 뜻이 아니라, 매뉴얼에 대한 숙지도 상당히 필요하고, 매뉴얼만 가지고는 안 된다는 상위 체계 인지의 유연성이 있어야 한다는 거죠.

조금 덧붙이자면, 저는 대한민국에서 공기업이라든가 공무원, 특히 교육 관련 기관을 살펴볼 일이 있어서 좀 들여다봤는데, 자동화 시대에 걸맞은 매뉴얼에 대한 생각이 너무 없는 것을 보고 정말 후진성을 느꼈어요. 이런 곳에서 작성된 매뉴얼을 보면, 소위 깨알을 센다고 하죠. 공문서 작성, 수치 작성, 설문지 등 작성하는 것을 보면, 정말 자동화 시대에 맞는 실행 매뉴얼이 너무 없더라고요. 예를 들면 학교에서 학부모나 가정에 공문이나 설문지를 보내고, 그것을 취합해서 다시 엑셀 파일을 만들고, 이걸 다시 취합해서 조사를 하고 이런 것을 일일이 하는데, 처음부터 링크를 보내서 거기에 직접 쓰게 하면 되는데 말이에요. 그런 일을 하면서 교육 업무 종사자들, 교사들이 시간을 낭비하고 진짜 중요한 교육적 일들은 하나도 준비를 못 하는 거예요. 지금 한국은 공무원을 늘리고 있잖아요. 공무원은 관리직이기 때문에 많은 부분들을 자동화로 할 수 있고, 할 수 있는 부분들은 점점 더 늘어나고 있어요. 앞으로는 공무원이 필요 없을 정도로 문서 프로세스는 거의 완전 자동화되는 수준이 되는데, 고용을 그런 식으로 비효율적으로 계속 늘리면 앞으로 어떻게 행정 비용을 감당하자는 건지 이해가 안 됩니다. 미래를 생각한다면 정부 재정을 이렇게 비효율적으로 사용하는 것은 너무도 근시안적인 방안이라고밖에 볼 수가 없어요.

이 문제는 시대에 맞는 제대로 된 업무 매뉴얼이 없어서 생겼지만, 거꾸로 생각할 수도 있어요. 이게 다, 하던 대로만 하는 박스 안에 갇혀서, 그러니까 예전 매뉴얼에만 얽매여 있는 습성 때문에 매뉴얼 쇄신을 못 하는 문제이기도 한 거죠. 앨빈 토플러^{Alvin Toffler}가 얘기하듯이 21세기의 문맹은 생각을 필요에 따라 쇄신할 능력이 없는 사람입니다. 무엇을 활용할지, 어떤 혁신적인 생각을 '플라이 아웃사이드 더 박스' 할 수 있을지, 그런 생각을 하는 학생을 키우는 교육 프로그램을 어떻게 만들지에 대한 고민을 더 많이 해야 할 시기라고 봅니다.

함돈균 — 한국 사회를 이해해보면 아이러니한 지점이, 합리성의 시스템화가 이루어진 것이 현대성인데, 이 합리적 시스템, 그러니까 매뉴얼 체계가 잘 잡히지도 않은 상태에서 이전과는 다른 현대성이 밀려오는 상황을 맞고 있는 것이거든요. 한국 사회도 너무 빨리 변해왔고, 이제는 기술혁명에 의해 세계가 또 너무 빨리 변하고 있죠. 방금 폴 김 선생님이 말씀하셨던 공무원 업무 프로세스는 한편으로 보면 매뉴얼만 따르는 사회 같은데, 그 매뉴얼 자체도 비효율적으로 조직되어 있기 때문에 현대적인 방식의 매뉴얼이

교육의 미래, 컬처 엔지니어링

라고 하기도 어려운 거죠. 많은 이들이 공공기관과 일을 하면서 느끼는 답답함이 그런 거예요. 그래서 이중의 불편과 고통이 있는 사회인 거죠.

김길홍 ─ 이중, 삼중의 고통인 것 같아요. 삼중은 무엇인가 하면 개발도상국 경우에는 윗사람이 말하는 게 매뉴얼이 됩니다. 이런 건 문제의식이 실종된 컬처라고 봐야 되는데, 왜냐하면 실제 문제를 분석하기보다 조직에서의 위계나 서열에만 의존해서 업무가 처리되거든요. "서열 아래에 있는 사람은 내 말만 따라라. 그러니 너는 일을 해결할 문제의식을 주도적으로 가지지 말아라"라는 거예요. 그런 말 있죠, 영혼이 없는 존재. "너는 생각하지 말아라." 어떻게 보면 기계죠. 로봇으로 보는 거죠. "문제는 내가 줄 테니까 너는 로봇처럼 그냥 답만 만들라"라는 거예요. 한국 사람들은 주어진 문제를 푸는 능력은 굉장히 좋다고요. 그런데 "왜 이걸 해야 되느냐?", 문제의식을 갖고 영혼 있는 질문을 제기하면 그 사람이 오히려 문제 있는 사람으로 찍히는 컬처인 거죠.

나성섭 ─ 그러니까 매뉴얼만으로 안 된다고 하는 건 질문이 있어야 하고, 좋은 질문을 할 수 있어야 한다는 거죠. 문제를 특정identify하고 정의할 수 있는 힘이 바로 디자인 싱킹design thinking의 가장 중요한 능력이거든요. 제대로 된 질문을 해야만 제대로 된 답이 나올 수 있죠

함돈균 ─ 매뉴얼 없는 사회라니까 최근에 한국에서 있었던 사건이 떠올라

요. 한국의 KT에서 당혹스러운 사건이 있었죠. 어느 한 기지국에서 불이 나니까 서울 전체 통신이 다 두절이 된 거예요. 이걸 보니까 의외로 요즘 사회에서는 간단한 방식으로 사회를 멈출 수도 있더라고요. 통신이 정지되니까 신용카드도 안 긁히고 온라인 뱅킹도 안 되고 돈의 흐름이 일시에 다 멈추는 거예요. 돈이 멈추니까 물류가 다 멈추죠. 실제로 휘발유가 없어서 주유소에 갔는데 신용카드 결제에 통신 장애가 있어서 자동차가 잠시 설 수밖에 없었어요. 매뉴얼에 없던 일이 발생했는데, 그 충격이 너무 큰 사회가 된 거예요.

울리히 벡Ulrich Beck이라는 사회학자가 이 시대를 '위험사회risk society'라고 규정하잖아요. 모든 게 연결돼 있다 보니까 아주 효율적이지만 위험도도 굉장히 높아지는 사회라는 건데요. 매뉴얼로 대응이 안 되거나 예측이 안 되는 거죠. 극단적으로 자동화되고 모든 게 데이터로 연결되고 인공지능이 활동하고 자율주행 자동차가 다니는 이 세계가, 매뉴얼을 넘어서거나 매뉴얼이 무용지물인 상황이 오히려 늘 일어날 수도 있는 구조적 위험사회라는 것을 인지시키는 것만으로도 교육적 효과가 있다고 봅니다. 위험사회에서는 유연하고 종합적이며 전체를 보는 눈을 키우는 교육이 더 중요합니다.

후쿠시마의 쓰나미에서 어른보다 아이들이 더 많이 살아남은 이유는?

후쿠시마는 평소 지진과 쓰나미에 대비해서 세계 최고 수준의 방파제와 방제시스템, 대피 매뉴얼을 가진 지역입니다. 아주 구체적으로 매뉴얼이 준비되어 있고, 주민들도 잘 훈련되어 있습니다. 그러나 2011년 동일본 대지진 때 발생한 쓰나미에 주민 상당수가 숨졌습니다. 매뉴얼 상황을 크게 넘는 재난이 발생했기 때문입니다. 하지만 매뉴얼에 정한 대피소로 대피하지 않고, 상황을 보고서 높은 산으로 간 아이들은 살았습니다. 사회의 변화가 크고 빨라지며 개인 삶에서도 다양성이 펼쳐지는 시대에는 자율적 판단 능력이 더 중요해집니다. 사회의 여러 영역과 교육시스템에서도 세부 지침을 통해 깊숙이 개별 영역에 간섭하는 포지티브 리스트^{positive list}를 만들기보다는, 원칙과 가치를 공유하고 나머지는 개별 주체에게 맡기는 네거티브 리스트^{negative list}를 만드는 방향이 현명합니다. 이 과정을 통해 행동과 선택에 관한 개인들의 책임감과 윤리의식도 함께 높아질 수 있습니다.

8. 글로벌 시티즌십

. . . . .

시민은 군중도, 백성도,

국민도, 중생도 아니다

글로벌 시민의식은 그냥 만들어지는 착한 태도가 아니라
공부를 많이 해야 가능한 대단한 노력의 산물입니다.
글로벌 문제에 대한 공감은 우선 내용을 알지 못하면 생겨날 수가 없는 거거든요.
또 지식을 피부로 느낄 수 있는 생생한 교육 프로그램도 필요합니다.

함돈균 — 이번 얘기는 글로벌 시티즌십에 관한 얘기입니다. '글로벌'이라
는 수식어를 쓰니까 이 말이 요즘은 어딘지 시장이나 기업과 관련한 단어처
럼 연상되는 면이 있지만 예전에는 '세계시민world citizen'이라는 말로 사용했던
표현입니다. 그 연원을 거슬러 올라가면 역사도 깊고 사유의 뿌리도 깊습니
다. 국가를 '공화국/공공적인 것res publica'이라는 관점에서 사유했던 로마제국
의 정치가 마르쿠스 키케로Marcus Tullius Cicero가 '시민' 개념을 정치철학의 중요한
핵심으로 강조하면서 그 사유의 기반을 닦았고요. 근대에 와서는 18세기의
철학자 이마누엘 칸트Immanuel Kant가 세계평화론을 주창하면서 중요하게 제기
했던 사회철학 개념입니다. 지금 두 선생님이 국제기구에 계시는데요. '국
제기구' 아이디어의 현실적 출발점이 되었던 UN이 바로 칸트의 세계시민

개념에 기반을 둔 거죠. 이 자리에는 국가 인프라 차원에서 사회개발을 하시는 전문가와 교육 전문가, 그리고 저 같은 인문학자도 있으니 좀 다채로운 관점에서 생각을 공유해볼 수 있지 않을까 합니다.

글로벌 시티즌십은 사회의 수준과 공공선, 문화의 보편성, 개인적 정체성, 세계적 시야를 지닌 국가 경쟁력 등 여러 측면에서 굉장히 중요한 덕목이자 컬처인데도 한국에서는 그에 대한 인식이 별로 없습니다. 특히 교육차원에서는 의식적인 노력이 굉장히 부족한 부분이라고 생각됩니다. 삶에 자연스럽게 스미고 사회 구성원들의 태도가 되어야 하는 일이라는 점에서 컬처 엔지니어링 차원에서도 적극적인 생각을 해보아야 할 것 같습니다.

나성섭 — 전적으로 동감합니다. 너무 중요한 문제임에도 불구하고 이에 관한 노력과 의식이 상당히 부족하다는 점도요. 글로벌 이슈에 진정한 책임의식을 가지고 고민하는 자세가 중요하다고 생각합니다.

지금 한국 정부의 외교정책이나 경제정책을 보면 해외 원조를 할 때도 '이렇게 원조를 하면 이런 이익이 우리에게 있을 것이다', 아니면 이와 반대로 '우리나라가 너희 나라에 베푸는 거야', 이런 시혜적 태도를 취하고 있는 게 아닌가 합니다. 과연 글로벌 시대에 그런 시혜적인 태도라든지, 아니면 단도직입적인 이익 추구의 관점을 가지고 상대국과 진정한 파트너로서 파트너십을 맺을 수 있는 것인가 하는 데에 상당히 회의적인 생각이 들어요. 솔직히 말해서 그런 태도가 통할 수 있는 나라는 전 세계에서 슈퍼 파워를 지닌 미국밖에 없어요. 우리 위치나 국력은 그게 아닙니다. 그러면 우리 같은 나라에서 할 수 있는 게 뭐냐면, 상대국과 진정한 친구가 되려는 태도입니다. 실제로 동등한 위치로 파트너십을 맺는다는 의식이 있어야 한다는 겁니다. 기업에서 해외에 진출할 때에도 근시안적이고 편협한 이익 추구 중심으로만 그 나라에 접근하기 때문에 오히려 시장을 놓치는 경우도 많아요.

김길홍 ─ 지금 4차 산업혁명 시대는 전통적인 국경 개념이 정말 사라지고 있어요. 그렇다면 그런 시대에 맞는 시민의식을 기본으로 갖춘 인재가 나와야 하죠. 세계적인 이슈를 이해하고 공감하고, 자기 지역 문제에만 국한해서 보는 게 아니라 공동의 이익이라는 관점에서 사고하고, 다양한 문화를 이해하고, 다양한 나라의 관습이나 풍습을 존중하는 이런 자세를 가져야 하는데요. 특히 지금 또 하나의 큰 추세는 아시아가 굉장히 중요한 위치를 갖게 된다는 겁니다. 한국에 대한 국제사회의 기대도 예전과는 다르게 무게가 더해지고 있기 때문에 한국의 국력이나 아시아에서의 지위에 걸맞은 책임감을 갖고 역할을 해주어야 한다는 건데요. 과연 지금 한국의 시민이나 젊은이들이 국제사회에 그런 책임감을 지니고 있는지, 아니 그런 폭넓은 관심이라도 진지하게 가지고 있는지, 그에 맞는 리더십을 지니고 있는지 우리가 이제는 시급히 돌아볼 필요가 있는 때라고 생각합니다.

저는 아시아개발은행에서 근무하면서, 한국의 많은 기업들이 아시아 지역에 진출하기 위해서 한국의 성공 모델, 과거의 성장 모델, 기술 모델, 상품 모델을 가지고 들어오면서도, 정작 가장 기본이 되어야 할 아시아 지역과 아시아인들에 대한 존중이나 이해가 없는 것을 너무 많이 봐왔습니다. 또 지역에 따라 그 지역에 맞는 모델로 접근을 해야 하는데도 융통성 없이 한국 모델밖에 없는 것처럼 이미 만들어진 것을 가지고 와서 지역에 고집하고 강요하는 것을 많이 보면서 안타까운 마음이 들었습니다. 사고에 자기중심주의가 너무 강한 거거든요. 지역적 맥락을 문화든 관습이든 기술 수준이든 지식 수준이든 조직의 생태계를 같이 보면서 이해하는 게 필요하다는 거고요. 또 그런 측면이 다양성하고도 연결이 되는 거겠죠.

저희들이 이 시점에서 던져야 하는 물음은 '한국의 인재가 될 것인가, 세계의 인재가 될 것인가?' 하는 거예요. '지금 한국에서는 유능한 인재지만 과연 그게 세계 흐름에서 자기 분야를 주도하고 리드해나갈 수 있는 인재로서 품성을 갖춘 것인가, 아니면 한국이라는 작은 우물 안에서만 큰소리치는 인재인가?' 하는 물음이죠.

요즘 한국의 젊은이들에게서 국제기구에 진출을 하려는 열의가 높아지는 현상을 저는 상당히 긍정적으로 보고 있습니다. 그런 꿈을 가진 젊은이들을 어떻게 글로벌 인재로 키울 수 있을지 생각도 해보고요. 그래서 구체적인 프로젝트 개발에 경험도 쌓고, 세계 무대에서 통할 수 있는 다양한 이해 능력을 가진 사람들이 많이 나왔으면 좋겠어요. 한국이라는 좁은 울타리를 넘어서면 넓은 세상에 정말 할 일도 많으니까요. 그냥 세상에 적응하자는 게 아니라, 자기 인생도 진취적으로 개척을 해보고 세상도 좋은 방향으로 변화시켜 보겠다는 그런 꿈을 가진 인재를 이제는 좀 키울 수 있기를 바랍니다.

폴 킴 ― 글로벌 시민의식에 대해서는 강조할 포인트가 많이 있는데요. 저는 글로벌 시티즌십이 그냥 생겨나는 게 절대 아니고 엄청난 노력과 공부를 해야 되는 일이라는 것을 강조하고 싶어요. 문화적 다양성을 가지려면 일단 여러 문화권의 세계관, 세계 역사에 대해서도 알아야 될 게 당연히 많고요. 그다음에 여러 지역에서 생겨나는 분쟁이라든지 이런 것들이 왜 일어나는지에 대한 정치·사회적 공부도 해야 하고요. 왜 세상이 이렇게 돌아가는지, 왜 어떤 국가가 이런 형태로 생겼으며, 지금 그 나라가 무엇을 주장하는지 이런 것도 공부를 하지 않으면 정확히 이해를 할 수가 없어요. 글로벌 시민의식은 그냥 만들어지는 착한 태도가 아니라 공부를 많이 해야 가능한 대단한 노력의 산물입니다. 글로벌 문제에 대한 공감은 우선 내용을 알지 못하면 생겨날 수가 없는 거거든요. 또 지식을 피부로 느낄 수 있는 생생한 교육 프로그램도 필요합니다.

예를 들자면 '르완다에서 대학살이 있다', '팔레스타인에서 무슨 일이 있다' 하는 뉴스를 접했을 때 역사적 상황에 대한 정확한 이해와 공부, 노력이 없으면, '저 나라는 매일 싸우는 나라구나', 그러면서 감정적이고 표피적인 인상만 갖고 끝이 나요. 자기 문제로 인식을 못 한다는 말이죠. 이건 사실 글로벌 시티즌십이 전혀 없는 거라고 봐야 해요. 글로벌 시티즌십은 글로벌 상황에 자기를 개입시키는 노력, 공감, 헌신적 태도를 뜻합니다. 앞서 김길홍 선생님께서 하신 라오스에 도로를 만들어준 프로젝트 얘기를 들으면서 상당한 헌신이라고 생각했어요. 10년이나 지난 프로젝트인데 그곳 원주민의 불편함을 덜어주기 위해서 다시 가서 시정을 하고 완결을 하려고 한다는 거, 바로 이게 글로벌 시티즌십이에요. 저 사람의 불편을 내 불편으로 여기는 거잖아요.

함돈균 — 글로벌 시티즌십은 단순한 태도가 아니라 상당한 지적 노력과 헌신이 필요한 일이라는 얘기가 중요한 말씀인 것 같습니다. 한국 사회에서 공감이나 태도에 대해 얘기할 때 보면, 감정적으로 그런 문제에 접근한다는 생각이 많이 들거든요. 공감도 우선 알아야 생기는 거고요. 그것도 정확히 알지 못하면 일시적이고 시혜적인 동정 수준 같은 차원에밖에 머물지 못하고요. 실제 어떤 사회에 자기를 적극적으로 연루시키는 책임의식은 발생하지 못하게 되니까요.

폴 김 — 그렇습니다. 적극적인 태도로 프로젝트에 접근했을 때 아름다운 완결이 가능한 거죠. 교육적인 면에서 글로벌 시티즌십을 봤을 때, 한국에서 최근에 있었던 사건들을 보면 '학교에서 시험공부만 잘하는 아이를 키우는 게 얼마나 위험한 사람을 만드는 일인가' 하는 생각을 많이 하게 됩니다.

르완다에서 대량 학살을 일으킨 사람들을 보면 무식한 사람들이 절대 아니에요. 상당히 학력이 높은 사람들이 그런 대량 학살을 구상하고 전략적으로 일을 일으킨 거거든요. 공부만 잘해서 똑똑한 사람이 된다는 것은 교육의 공적 측면을 생각해보면 아무런 의미를 갖지 못하는 거고 오히려 역효과일 수도 있죠. 한국에서도 유명 대학을 나온 국가 엘리트들이 시민의식을 가지고 있지 못하고 저지른 부정부패나 정경유착, 국가권력의 남용 등 참

끔찍한 일을 많이 보잖아요. 학교교육에서 시민교육을 매우 중요하게 생각하고 다뤄야 한다는 겁니다.

CNN을 통해서 알려진 일인데 팔레스타인에서는 이런 일도 있었죠. 학교 운동장에 백린탄이 떨어졌어요. 백린탄이라는 게 폭탄이 하늘에서 폭발하면서 조각들이 날아가 그 파편을 맞게 되면 불이 꺼지지 않아요. 불이 꺼지지 않고 살이 구멍이 나서 녹을 때까지 타게 만드는 잔인한 무기예요. 백린탄을 만들기 위해서는 상당한 과학적 지식이 필요합니다. 엔지니어링과 과학적인 지식을 통해서 그런 탄을 만들 때, 거기에 동원되는 지성은 아주 잔인한 방식의 마인드가 있어야 합니다. 이스라엘군의 그 폭탄이 어디에 많이 떨어지느냐 하면 팔레스타인 지역 학교거든요. 학교 건물과 운동장에 떨어져서 아이의 머리에 구멍이 나고 살이 으깨질 때까지 불이 꺼지지 않습니다. 그렇게 폭탄이 팔레스타인 학교에 떨어지는데 이스라엘 사람들이 맥주를 마시면서 그것을 구경한단 말이에요. 무슨 영화를 보는 것처럼요. 인간이 인간을 보면서 어떻게 그런 마인드를 가질 수 있을까요? 그렇게 유유자적하게 맥주를 즐기면서 멀리서 폭력을 구경하는 사람들의 모습이 뉴스에 나왔을 때, 저는 제 눈을 믿을 수가 없었어요. '분명 교육을 받았을 것이고, 고통과 아픔을 똑같이 느끼는 사람들일 텐데 어떻게 저럴 수가 있을까' 생각했습니다.

함돈균 — 사회학에서 회자되는 유명한 말이 있어요. "인간은 인간을 죽이지 않는다"라는 말이죠. 인간이 인간에게 아주 잔인한 행위를 할 때, 또는 그에 대해 방관하거나 그런 행위에 대해서 아무런 감정도 일어나지 않을 때, 거기에는 그 사람이 감정이 없거나 잔인하다는 차원 이전에 한 인간이 다른 인간을 동류의 존재로 보지 않는 의식적·무의식적 개입이 있습니다. 팔레스타인의 상황이나 홀로코스트, 테러리즘, 난민에 대한 혐오, 이런 게 다 그에 해당하는데요. 내가 시티즌십을 갖는다는 건 상대도 시티즌으로 인정한다는 얘기입니다. 저런 현장에서는 가해자나 피해자나 모두 시민이 되지 못하는 거예요. 그런 점에서 시티즌십, 특히 글로벌 시티즌십은 국가적 이해관계를 넘어서서 동류의 인간성에 대한 인정이라는 더 보편적 차원과 관계하는 것이죠.

폴 김 — 제가 이 관점에서 꼭 기억해주기를 바라는 미국의 여자 어린이가 하나 있는데, 레이철 코리^{Rachel Corrie}라는 아이예요. 그 여자아이가 초등학교 5학년 때 세계의 굶어 죽어가는 어린이에 대해 학교에서 발표한 것을 비디오로 녹화한 게 있어요. "우리가 공부를 열심히 해서 저런 굶주림을 막아야 된다"라며 발표한 겁니다. 그런데 그 여자아이가 성장해서 20대 때 팔레스타인에 가서 이스라엘 불도저에 대항했어요. 이스라엘 불도저가 팔레스타인 지역의 약국과 학교를 밀어붙이면서 유대인 거주지를 만들 때, 메가폰을 가지고 "병원과 약국을 부수지 마세요"라고 외쳤는데, 결국은 이스라엘 불도저가 그 친구를 밀어버려서 깔려 죽었어요. 그 아이는 초등학교 5학년 때부터 글로벌 시민의식을 갖고 있었어요. 슬픈 얘기예요.

그래서 저는 항상 강의할 때마다 이 여자아이를 얘기하고 비디오를 틀어 줘요. 그러면서 제가 항상 "세상이 어떻게 돌아가는지를 공부해라. 그리고 초등학교 때부터 이런 것들을 자꾸 보고 알아야 글로벌 시민의식이 생긴다", 이렇게 강조합니다. 스탠퍼드의 학교 프로젝트 중에는 글로벌 상황에 대한 문제의식을 가지고 타인의 삶의 고통을 개선하려는 사회적 책임의식을 지닌 것들이 아주 많고요, 학생들이 자발적으로 결성한 프로젝트를 기술적 혁신이나 창업으로 연결시키는 일들도 많습니다. 학교는 이런 프로젝트를 상당한 관심을 가지고 지원하고요. 대학 생활을 취직 공부에만 목매어서 자기 일자리 찾는 일밖에 생각하지 않는 한국 풍토와 많이 다르다고 느껴요. 이런 태도는 돈이 있고 없고 하는 여건 문제와 상관없는 컬처의 문제죠. 그런데 이 문제가 결국 세상에 대한 폭넓은 시야와 관련된 것이라서 지성 능력과도 연관이 되어 있습니다. 글로벌 시티즌십은 옵션이 아니라 지금 세상에, 또 학교교육에 필수적인 겁니다.

글로벌 시티즌십에는 노력과 훈련이 필요하다

김길홍 — 폴 김 선생님 말씀에 크게 동감을 하면서 제 사례를 하나 들게요. 요즘 한국에서 국제기구에 대한 관심이 많잖아요. 그래서 아시아개발은행 설명회를 해달라고 하는 경우가 많습니다. 제가 아시아개발은행 부총재와 한국을 방문했는데, 국제기구에 진출하고 싶은 한국 학생들이 정말 많이 모였어요. 그때 한 대학생이 일어서서 질문을 했어요. 자기는 이런 분야의 공부도 하고 있고, 영어도 잘하고, 어디 가서 인턴도 하고 있고, 여러 가지 자기 계발 노력을 많이 했는데, 아시아개발은행 같은 데 취직하려면 어떻게 해야 하는지 가이드를 달라는 것이었죠. 그때 부총재가 그 학생에게 이런 질문을 했어요. "당신은 카자흐스탄을 얼마나 아느냐?" 하고요. 그 학생이 당황하면서 "잘 모르는 나라"라고 대답했죠. 그러니까 부총재가 "당신은 스펙은 많이 쌓았는데 여기에 취직은 안 될 것 같다"라고 설명했어요. 여타 스펙이 있다 해도, 기본적으로 아시아에 어느 나라가 있는지, 그곳이 어떻게 돌아가는지, 그 나라 사람들이 어떤 삶의 환경에 처해 있는지에 대한 관심이 없어서는 국제기구에 근무한다는 것 자체가 무의미한 것 같다고 얘기해 주었죠. 그런데 제가 볼 때는 한국 젊은이들 중에는 국제기구조차도 고시 공부하듯이, 글로벌 시민의식도 전혀 인식하지 않은 채로 준비하는 사람이 많은 것 같아서 안타깝고 유감스럽습니다.

함돈균 — 아마 한국에서는 고시 공부하듯이 대부분 그렇게 할 겁니다. 그런데 사실 국제기구만 그런 게 아니라 관료가 되는 과정도 마찬가지지요. 공적인 일에 관여하는 직업이고, 그 직업적 특성상 사회 전반에 아주 큰 제도적·문화적 영향력을 미치는 일이잖아요. 실제로 그 일은 세금이라는 공적 자금으로 운영되고 그 일에 종사하는 사람들은 공적 자금으로 봉급을 받고 사는 사람들이기 때문에 공적 책임감은 당연히 중요한 거죠.

이 지점에서 '공공적인 것', 그러니까 라틴어의 '레스 푸블리카res publica'를 국가 정체성으로 삼아 국가를 '공화정', '공화국'이라고 부른 고대 로마의 정치가 키케로가, 국가와 사회의 구성원으로서 주요 정체성으로 삼았던 개념이 '시민'이라는 것을 상기할 필요가 있습니다. 키케로는 공공적인 것으로서의 '공화정'이라는 말을 다수의 지배로서의 '민주정'과 구별한 정치철학자였는데요. 시민은 여기에서 공적 책임감을 지닌 사람이기도 하고, 시티즌십은 리더의 자질로서도 매우 중요한 덕목입니다. 저는 그래서 시민 개념과 관련하여 생각할 때 사실 민중에 의한 지배, 다수에 의한 지배를 뜻하는 '민주정democracy'보다도 '공화국'이나 '공화정'이라는 개념을 한국 사회가 더 중요하게 들여다볼 필요가 있다고 생각하는 쪽입니다. 다수에 의한 지배가 늘 공공성을 띠는 것도 아니고, 공적 책임감이 부재한, 시민 없는 민주주의도 있을 수가 있기 때문에, 또 실제로 저는 지금 한국 사회를 그렇게 보는 면도 있기 때문이죠.

청와대 바로 옆에 제 사무실이 있는데요. 정부가 바뀌어도 시위가 더 격화되고 오히려 더 시끄럽습니다. 본의 아니게 거의 매일 시위를 보는 생활을 하면서 시위에서 무엇을 어떻게 주장하는가를 더 자세히 관찰하게 되는데요. 진화한 민주 사회의 수준이 아닌 게 너무 많습니다. 이념적 보수나 진보나 이런 것에 수준 차나 구별이 없는 경우도 많아요. 보편적 시티즌십이 없다 보니까 많은 시위들이 책임의식이나 타협적 의지나 수준 있는 커뮤니케이션 스킬도 없이 정부에 대한 일방적 요구로 점철됩니다. 사회 전체에 대한 대의가 거세된 채 당파적이거나 순전히 이해 다툼 요구에 불과한 게 또 많고요. 제도적 민주주의가 이루어졌으나 시민 없는 민주주의의 현장이 그런 시위의 현장이고, 또 한국 상황이 아직도 상당히 시티즌십에 관해서는 부족하다고 여겨집니다.

그런데도 한국에서는 국가 보통교육 과정에서도 시민교육을 진정성 있게, 중요하게 다루지 않는 데다가, 리더십 교육에서도 시민교육을 거의 하지 않아요. 리더십 교육이 기업이나 관료화된 공공기관이나 영혼 없는 학교교육에서 관례적이고 상투적으로 이루어지는 일이 많기 때문인데요. 시민은 권리의 주체인 동시에 책임의 주체이기도 하다는 점에서 시티즌십은 사회 구성원의 기본 덕성이기도 하지만, 리더십의 기본 덕목이기도 하거든요. '고급의 지적 수준과 사회적 품성을 지닌 인간을 키우려면 그건 결국 훌륭한 시민적 품성을 지닌 인간을 키우는 일과 다르지 않다', 저는 그렇게 생각합니다. 그래서 저는 여러 방식으로 이루어지는 소위 한국의 리더십 교육에 대해 논평할 때마다 한국의 리더십 교육은 시티즌십 없는 리더십 교육이라는 말을 늘 합니다. 시티즌십이 없으면 수평적 소통에 대해서도 무관심하기 때문에 권위주의적 리더십이나 엘리트주의를 리더십으로 오해하게 되는 경우가 많고요.

요즘처럼 글로벌 책임의식이 중요하게 부각되는 상황에서, 나 선생님께서 아까 말씀하신 것처럼 아직도 국제 관계를 시혜적인 태도나 협소한 이익 추구 중심으로밖에 생각하지 못하게 됩니다. 세계를 공동의 책임을 지닌 공동 공간으로 인식할 수가 없으니까요. 이때 시민교육, 시티즌십이 있는 리더십 교육에서 아주 필요한 게 인문적 관점의 도입입니다. 지식으로서의 인문학을 말씀드리는 게 아니라, 어떤 관점이나 태도나 지향이나 품성으로서의 인문 정신을 말씀드리는 거예요.

김길홍— 제가 여기 스탠퍼드대학교에 잠시 와 있으면서 스탠퍼드 D스쿨을 보고 충격을 받은 일이 있습니다. 학생들이 공부하기도 바쁜데 네팔의 유아 사망률이 높은 것을 보고서 그것을 개선하기 위해 이동용 보육기를 디자인한 거예요. 엄청난 공감 능력에다가 타인의 고통을 자기 문제로 여기는 공동 책임감, 혁신적 아이디어가 결부된 거예요. 이게 왜 아이디어로서도 혁신적인가 하면 보통의 경우 사회개발에 지원하는 국제기구나 정부에서 유아 사망률을 줄인다고 하면, 보건소 설치처럼 인프라나 시설에 투자하는 것을 주로 생각합니다. 그런데 학생들은 현지인들의 입장에서 그들이 정말 필요로 하는 게 무엇일지를 분석해서 훨씬 더 직접적이고 간단하고 비용도 덜 드는 문제 해결 방식을 선택한 거거든요. 아기를 싸는 보에 보온 장치를 넣어서 애를 부모가 직접 쉽고 안전하게 돌볼 수 있게 하는 장치인 거죠.

만일 아시아개발은행이든 세계은행이든 인재를 선발한다고 할 때, 스펙은 잘돼 있지만 다른 나라나 타인의 고통에 대해 평소 별 관심 없는 그 사람을 뽑겠어요? 아니면 개도국의 문제를 내 문제로 생각하고서 그 사람들하고 지내보면서 현실성 있게 새로운 해결책을 제시하려는 의지를 가진 D스쿨의 그 학생들 같은 사람을 뽑겠어요? 그러니까 국제기구로 진출하려는 열정이 많은 것은 좋은데, 그 꿈을 이루려면 개도국 문제에 대한 공감 능력을 키울 필요가 있다는 거죠.

나성섭— 글로벌 시티즌십에서 가장 중요한 건 여러 복잡한 글로벌 문제에 대한 관심과 이해, 내가 그 문제를 해결해보려고 하는 자세가 꼭 필요하다는 거예요. 글로벌 시민으로서 책임의식을 가진 사람만이 글로벌 리더가 될 수 있습니다. 왜 글로벌 질서나 글로벌 서열이 이미 정해진 거라고 생각을 해야 됩니까? 더 나은 글로벌 시대를 우리가 주도적으로 만들 순 없나요? 우리가 미국처럼 슈퍼 파워를 지닌 나라는 아니지만 이제는 국제사회에서 어느 정도 존재감을 가지고 있는 나라가 됐어요. 게다가 글로벌 질서가 재편되고 있습니다. 유럽보다 아시아 쪽으로 힘이 이동해 오고 있습니다. 우리에겐 큰 기회입니다. 우리가 피동체가 아니라 주체가 돼서 글로벌 이슈를 제안하고 끌어가봐야 해요. 글로벌 이슈를 그냥 받아들이지만 말고, 한국적 관점에서 재정립을 하도록 노력해야 합니다. 한국이라는 경험을 가지고요.

우리는 일본을 비난합니다. 제가 일본 ICU^{International Christian University}의 교수였어요. 그런데 가서 충격을 받았어요. 이 대학의 비전이 글로벌 시민을 교육하는 것인 거예요. 그 이유가 뭐냐면, 2차 대전에서 일본이 패전을 했잖아요. 일본의 양심 세력은 자기 나라가 전쟁을 일으킨 거에 대해 사죄의식을 느끼고 있어요. 그래서 일본의 양심 세력과 미국의 양심 세력이 모여서 만든 게 ICU예요. 우리에게 이런 대학이 있나요? 그런데 우리는 일본을 타자화하고 비난합니다. 한국에서는 김영삼 대통령 시절에 국제 대학원을 많이 만들었어요. 그런데 국제 대학원의 모토는 좋은 인재를 키워서 세계에서 돈을 벌자는 거예요. 학교의 교육목표 자체가 좀 창피하지 않나요? 문제는 돈도 그런 근시안적인 협소한 사고방식만으로는 더 못 번다는 겁니다. 어디가

교육의 미래, 컬처 엔지니어링

교육 경쟁력이 더 있을 것 같나요?

타인에 대한 진정한 이해, 그들과 교류하고자 하는 순수한 마음이 일단 있어야 사람 마음도 열리고 시장도 열리고 문화적 공동 번영도 가능하다는 겁니다. 이때 글로벌 시티즌이 되기 위해 스펙과 언어 능력도 필요하지만, 실은 스펙이나 언어 능력이 절대적인 역할을 할 수 있다고 생각하지 않아요. 글로벌 이슈를 디자인하는 능력, 그리고 열린 마음, 이런 게 국제 관계에서는 훨씬 더 중요해요.

함돈균— 제가 한국 대학에서 경험해보면 한국의 대학교수들 상당수가 외국 박사 출신입니다. 저의 의문은 외국 유명 대학에서 공부 많이 하고 학위 받은 사람들로 꽉 차 있는 교수 사회가, 왜 그 작은 공간 안에서도 지적 사회다운 공동체성을 충분히 발휘하지 못하고 미성숙한 차원으로 운영되거나, 봉사나 헌신, 협력, 정의감, 민주적 품성, 시민적 덕성, 이런 것을 발휘하지 못하나 하는 겁니다. 그 학교가 터를 잡고 있는 지역사회에 대한 책임의식을 지속적으로 발휘하는 대학도 거의 보지 못했을 뿐만 아니라, 개방성을 지닌 대화 문화가 학문 공동체 안에서도 잘 구현되지 못해서, 교수와 학생들 사이의 수평적 대화는 아직도 생각하기 쉽지 않다고 봅니다. 이게 다 시티즌십인데, 그래도 대학교수들은 비교문화적 관점을 지닐 수 있는 조건을 경험했는데도 왜 이게 이렇게 어려운지 모르겠어요. 그래서 저는 시티즌십이 없는 사람은 외국에서 비교문화적 경험을 아무리 해봐야 글로벌 시티즌십을 저절로 갖게 되는 게 아니라고 봅니다.

제가 6년 전에 선배 학자들과 함께 '시민행성'이라는 모임을 만들었어요. '한국 사회가 좋은 사회로 가는 데에 지금 가장 중요한 과제가 무엇인가? 사회혁신을 계속 얘기하는데 그게 첨단 기술을 갖추고 전문인 양성만 한다고 성취될 수 있는 것인가? 사회의 컬처가 중요하고 그 컬처를 살아가고 만들어가는 사람들의 품성이랄까 정신적 품위가 정말 중요하다', 이런 문제의식에서 시작된 거죠. 그 핵심을 저는 '시민적 품성'이 구현되는 컬처로 봤어요. 그래서 그 모임의 이름을 '시민행성'으로 지었던 거죠. 사실 그때 저는 글 쓰는 사람으로서 한국 사회의 상황을 여러 방식으로 관찰하면서 참 절박했습니다. 제가 그때 봤던 게, 한국이 경제성장의 기본적 수준을 성취해서 절대 빈곤에서 벗어나고, 제도적 민주화를 거쳐 민주사회로서의 최소한의 법적·사회적 토대를 가지게 됐지만, 그 안에서 사는 사회 구성원들이 정체성을 고민하고 훈련하는 일에는 소홀했다는 거죠. 제도는 있지만 그 제도를 충분히 성숙하게 발휘하게 할 만한 인적 정체성과 그 사람들에 의해 만들어지는 사회의 컬처는 부재하다는 거죠. 저는 여전히 '컬처 엔지니어링'이라는 이 주제에 '시티즌십'의 형성이라는 게 핵심적 과제로 인식되어야 한다고 생각을 해요. 아직도 부재하다는 것은 이게 미래교육의 핵심 과제라는 뜻이기도 합니다.

김길홍 ─ 공감이 되는 얘기입니다. 그런데 함 선생님이 생각하시는 '시민'이 어떤 내용을 지닌 사람인지 그 정체성에 대해 좀 더 얘기를 듣고 싶네요.

시민은 군중도, 백성도, 국민도, 중생도 아니다

함돈균 — 그 규정은 조금씩 다를 수가 있지만, 제가 규정을 해본 건 이런 거예요.. 제가 '시민'이란 무엇인가, 시민적 품성이나 시티즌십이 무엇인가에 대해서 제 나름의 생각을 글로 써서 발표한 적이 여러 번 있는데요. 시민을 뭐라고 규정했느냐면, 시민은 군중이 아니고, 국민이 아니고, 백성이 아니며, 중생이 아니라는 것이었습니다. 적극적 규정보다는 비교해서 대립적 개념을 통해 생각해보는 게 이해에 유리한 면이 있어서 이렇게 말하곤 합니다.

군중이 아니라는 것은 군중처럼 덩어리 사고를 하지 않고 주체적이고 개별적이고 독립적인 사고를 우선시한다는 뜻이죠. 그럼 군중은 왜 덩어리 사고를 하냐면, 지극히 안정 지향적 태도를 지니고 있기 때문에 다수를 일단 따라 하는 습성을 지니고 있다는 겁니다. 시민은 특정 사안이나 전반적으로 삶을 살아가는 태도나 세계관 등에서 보수적일 수도 진보적일 수도 있지만, 군중은 어떤 면으로도 진보적이기 어렵습니다. 창조적이고 도전적인 사고도 하기 어렵고요.

또 한국 사회를 요즘 보면 남 탓하는 맛으로 사는 사회처럼 보입니다. 경제적으로 훨씬 어렵던 시절이나 민주화 시대 이전 때보다 더 심해졌다고 느껴요. 불평이 사회 변화를 이끌지만, 그건 불평이 창조적 비판으로 승화될 때이고요. 불평하는 사람만 있어서는 감정사회가 될 뿐이지 실제 사회의 진화는 이루어지지 않습니다. 이때 사회 구성원들이 시민적 덕성을 가지고 있거나 스스로를 시민이라고 생각한다면 즉흥적인 감정 배설로서 남 탓, 나라

탓, 사회 탓만 하고 끝나지는 않을 겁니다. 왜냐하면 시민은 권리의 주체만이 아니라 사회에 책임을 지닌 주체라는 생각도 하게 되기 때문입니다. 제가 아는 어떤 선생님은 백성과 시민을 이 차이로 구별하시더군요. '옛날에만 백성이 있는 게 아니라 지금도 많은 사람들이 백성으로 산다. 백성은 나라가 시키는 일만 하는 존재다. 그러나 시민은 제 자신이 사회를 꾸려가는 사람이라는 의식이 있기 때문에 자신이 사회를 위해 무엇을 해야 하는지 질문하고 행동하는 존재다'라는 게 그분의 요지였어요.

그렇지만 시민은 국가 아래 있는 '국민'이라는 개념보다 국가에 대해 더 수평적인 개념을 가지고 있죠. 근대 서구 시민국가를 개념적으로 디자인한 철학자들에 따르면, 시민이 자신들의 공동 번영을 위해서 시민들 사이의 연합을 통해, 즉 사회적 계약을 통해 국가라는 사회적 공동체를 디자인해내지 않습니까? 여기에서 시민은 국가에 속해 있지만 국가에 종속되어 있는 건 아니죠. 그럼에도 불구하고, 아니 그래서 다시 한 번 '사회계약의 산물로서 국가의 운영 책임은 본질적으로 시민에게 있다'라는 생각을 했습니다. 그리고 여기서 또 하나 생각할 지점은 시민이라는 게 개념적으로 이미 국가적 특수성을 넘어서 존재할 가능성을 지니고 있다는 거죠. '세계시민', '글로벌 시티즌'이라고 말하지 않아도 시민이 된다는 건 보편적 개인이 된다는 사회적 정체성을 함의하고 있습니다. 공감 능력이나 지성적 태도도 훨씬 넓은 겁니다. 다시 말씀드리지만 시티즌십이 없으면 글로벌 시티즌십도 없다는 거죠.

폴 김 선생님은 팔레스타인 지역 예를 드셨는데요. 저는 문학 수업을 하면서 종종 이런 얘기를 합니다. 비행기 사고가 났다는 뉴스를 보다 보면 아나운서가 이런 멘트를 아무 생각 없이 합니다. "인도 상공을 날고 있던 어느 나라 비행기가 추락을 해서 300명이 모두 죽었다. 그런데 '다행히도' 그 비행기에 한국인은 하나도 없었다", 그럽니다. 그러면 뉴스를 시청하고 있던 사람들도 "다행이네", 이렇게 반응합니다. 목숨에 국적이 있나요? 그런데 이런 습성을 인간은 가지고 있죠. 2018년에 한국 사회를 뜨겁게 달궜던 예멘 난민들의 제주 입국에 대한 한국인들의 거센 반대 반응이 이런 습성을 잘 보여주었죠.

　놀라운 것은 예멘 난민의 입국을 극렬하게 반대한 사람들 중에는 배운 사람들이 상당히 많다는 겁니다. 평소에 다양성의 존중이니 인권이니 하는 지적 태도로 자기를 무장하고 있어도, 거기에 자기 이해관계가 걸렸다는 생각을 하는 순간 문화가 이뤄낸 생각의 진화나 존엄의 틀은 온데간데없고 무리 동물의 즉흥적 습성이 나옵니다. 인간이라는 존재의 습성이나 인간 역시 생존 본능에 지배되는 존재라는 점에서 이해할 수 있는 면도 있지만, 이 습관적 감수성에 대해서 질문을 던져볼 필요는 있습니다. 문학은 이런 습관적 감성이나 상투적 세계 이해에 질문을 던지면서 자동적 판단을 유보시키는, 인류의 아주 오래되고 첨예한 지적 프로그램입니다. 저는 문학 수업을 시민적 품성을 길러내는 데에 자주 활용합니다. 문학의 본질에는 보편성의 추구라는 게 있어서, 문학 공부는 그 자체로 어떤 특정한 목적성을 정하지 않아도 부지불식간에 시티즌십 공부가 되는 면이 있습니다.

폴 김 ─ 　그건 예멘 사람은 테러리스트라고 규정한 잘못된 생각을 바꾸어주지 못한 기존 교육과 대중 언론의 탓도 큰 거죠. 그와 같은 잘못된 인식을 잘 못된 것이라고 인지하지 못하는 것이 더 큰 문제라고 봅니다.

함돈균 — 네. 일종에 이데올로기 조작 같은 거죠. 요즘은 미국 정부의 시각이 마치 보편성을 획득한 시각이거나 선의 기준인 것처럼 이데올로기화되는 일이 일반적이니까요. 한국 언론은 그 프레임을 반성 없이 그대로 쓰는 경우가 아주 많고요.

나성섭 — 생각해볼 만한 부정법이네요. 시민은 무엇이 아니고, 무엇과 다른지 따져보는 시각이요. 그런데 중생이 아니라는 건 또 무슨 뜻인지요?

함돈균 — 불교에서 부처buddha는 깨달은 사람 또는 각성한 존재를 말하는데, 부처가 되기 위해서는 보살bodhisattva이 먼저 돼야 한다고 얘기를 하거든요. 그런데 재미있는 게 보살이 어떻게 되느냐고 물으면, 자기가 보살이 되겠다고 마음먹는 순간 보살이 된다는 거예요. 자기 의지, 내가 실천적 의지를 갖는 순간 나는 이미 다른 존재로 변화되어 실천적 삶을 살게 된다고 하는 건데요. 유명한 철학자 프리드리히 니체Friedrich Nietzsche의 위버맨쉬Übermensch 개념도 실은 유럽의 부처가 되고 싶었던 그가 이런 불교철학에서 아이디어를 차용한 것입니다. 그러니까 이런 생각을 접목해보면, 시민이 되려면 시민이 되려고 하는 마음을 내는 게 우선 중요하다는 거고요. 그 마음을 낸다는 것은 구체적으로 내가 백성이 아니고, 중생이 아니고, 군중이 아니고, 특수성에 갇힌 옹졸한 국민으로 살지 않겠다는 마음을 내는 거죠. 그렇지 않으면 첨단 기술 교육을 받고 인공지능 스피커와 대화를 하면서 비싼 주상복합건물에 사는 22세기에도 끝내 어떤 사람은 백성처럼, 군중처럼 살게 되는 게 아닌가 하는 생각을 해봅니다.

그런데 사실 그 마음을 내는 일이 그냥 저절로 되기는 어렵습니다. 생활의 압력이란, 관점을 상투화시키고 정신에서 영혼을 앗아가기 쉽게 되어 있죠. 삶의 전환에는 그래서 어떤 계기가 있어야 하는데요. 교육시스템은 바로 그 전환을 위해 한 사회나 문화가 만든 가장 중요한 장치입니다. 현재 한국의 교육시스템에서는 한 인간, 나아가 사회와 문화에 전환과 진화의 계기를 마련하는 이 중요한 장치가 어떤 부분에서는 전혀 작동하고 있지 않다고 생각합니다.

카자흐스탄을 아십니까?

여러분은 카자흐스탄의 총리가 누군지 아나요? 그 나라의 주된 산업이나 인구 구성, 문화는 어떠한지 아나요? 지구 어디쯤에 자리 잡은 나라인지 지리상의 위치는 그려지나요? 글로벌 사회는 한 나라의 정치적·경제적·사회적 상황이 다른 나라들의 삶과 직간접적으로 연결되어 있습니다. 플랫폼 경제가 등장한다는 것은 다양한 타인들이 모여 이루는 개방적 시스템이 사회의 기본 조건이 된다는 뜻입니다. 내 삶과 타인의 삶이 연결되어 있다는 의식은, 내 삶이 나와 우리나라에서 중요한 가치를 지닌 것만큼이나, 타인과 외국인들의 삶 역시 동등하게 존중받아야 한다는 의식으로 확장되어야 합니다. 지금은 협소한 영역에 갇혀 있는 전형적인 스펙보다도 보편적 삶과 가치에 대한 개방성과 이해력, 포용력이 더 중요한 의미를 가지며, 이것이 개인과 사회의 실제 차원에서도 경쟁력을 갖는 시대입니다.

9. 미래학교

· · · · ·

사회에 적응시키는 교육이 아니라

사회를 변화시키는 교육을 위해

자기 주도성은 대입이 아니라 평생을 결정합니다.
여기에서 중요한 포인트가 뭐냐면
자기 스스로 결정을 할 기회가 많다는 것은 그런 결정을 통해서
실패할 기회를 많이 갖는다는 뜻이라는 겁니다.
실패할 기회를 효과적으로 자꾸 만들어주는 학교가 미래학교인 거예요.

함돈균 — 이제 저희 얘기가 어느덧 마지막 장에 이르렀습니다. 여러 주제를 두고 많은 대화를 나누었는데요. 아무래도 마지막은 교육에 관한 얘기로 귀결되지 않을까 싶습니다. 정말 말도 많고 탈도 많은, 하지만 포기할 수 없는 어려운 과제인데요. 지금의 교육시스템이 과거 사회구조의 재생산을 위해 디자인되었던 '앙시앵레짐'이라는 데에는 다들 동의하지만, 어떻게 새로운 교육을 시작해야 하는지, 그 큰 방향은 어떻게 줄기를 잡아야 하는지 갈팡질팡하고 있습니다.

교육이 사회 모순의 해소에 기여하는 게 아니라 오히려 사회 모순의 결정체가 되어 있는 한국에서는 더욱 그렇습니다. 상대적으로 변화를 추동할 것으로 보였던 현 정부(문재인 정부)가 광장 민주주의를 통해 새로 들어섰음에도 교육의 근본적 패러다임 전환이나 미래 안목을 기초로 한 새로운 비전 설

정에는 상당히 소극적이라는 점도 의외입니다. 교육 문제가 시한폭탄 같아서일까요. 고양이 목에 방울 달기처럼, 누구도 나서서 진짜로 문제를 해결해보자는 의지는 보이지 않습니다. 그러나 이 자리에서는 정부 교육정책에 대한 소소한 현황 진단보다는 '미래교육', '미래학교'의 그림이나 방향에 대한 줄기를 선생님들 경험과 시야를 통해 여러 각도에서 얘기해보고, 그를 위한 컬처를 어떻게 만들어가면 좋을지 생각을 나눠보면서 이 대담을 마무리하려고 합니다.

나성섭 ─ 대전환기에는 당연히 학교교육이 예전 우리가 겪어왔던 학교교육과는 굉장히 달라야겠죠. 그렇지 않으면 새 시대에 맞는 글로벌 시티즌십, 가치, 원칙, 어떤 면으로도 선도는커녕 쫓아가는 것조차 어려울 겁니다. 교육시스템의 전환 없이는 이 시대에 맞는 생산자나 노동자가 되기도 이제 어려운 지경입니다. 잠깐 되돌아가서 교육이나 학교가 어떻게 변했는지 살펴볼까요?

교육의 역사를 보면 오히려 과거 소크라테스 시절 더 좋은 '미래교육'을 했던 것 같아요. 소크라테스는 대화법으로 제자들을 가르쳤어요. 제자들이 질문을 통해 스스로 답을 깨닫게 하는 교수법이죠. 질문을 통해 스스로 사고하게 하고 답을 바로 주지 않았어요. 예수님, 공자님, 다 그랬습니다. 그런데 그때는 지금과 달리 소수의 사람만 교육을 받을 수 있는 기회가 있었죠. 신분제 사회잖습니까? 신분제 사회의 교육은 엘리트 중심 교육이죠. 그러다가 아주 오랜 시간이 흘러 교육에 대변환이 일어납니다. 신분제 해체와 동시에 산업혁명이 시작되면서 대량생산체제을 뒷받침할, 소위 제2세대 교육시스템이 생겼어요. 우선 많은 학교가 생겼어요. 이 많은 학교들은 공장과 같이 컨베이어 벨트의 공산품처럼 인간도 대량생산체제로 찍어냈습니다. 산업과 학교시스템은 사실 샴쌍둥이 같은 관계입니다. 산업화와 더불어 포드 자동차의 모델 T를 만들던 컨베이어 벨트 생산 모델이 학교교육에 도입되었어요. 중앙집권적인 효율성 시스템, 일방향 교육 지침과 교수 방법, 표준화된 교육과정과 교수법, 즉 자동차를 찍어내는 것 같은 시스템이죠.

이 과정에서 학교는 급속한 양적 성장을 했습니다. 지금은 이런 시스템을 비판하지만 시대적 맥락을 볼 때 사회에 큰 기여를 했다고 봐야 합니다. 우선 문맹률이 급격히 낮아진 거예요. 많은 사람들이 읽을 수 있게 되고 기본적인 계산을 할 수 있게 되었어요. 당시 사회에서 필요한 사람들은 대체로 기술자들이었어요. 전근대 사회에서는 엘리트들이 철학, 인간의 본질, 신학, 통치 이념, 이런 것을 논했다면, 산업혁명 시대에는 표준적 공장 노동자를 키우는 게 학교의 중요한 존재 이유 중 하나였죠. 산업적 관점에서 보면요.

함돈균 ─ 그런 것을 보통 사회 재생산시스템으로서의 교육이라고 하죠. 철학자 루이 알튀세르Louis Althusser는 결국 이러한 재생산시스템이라는 게 사회의 현상 유지를 위한 사고를 재생산하는 것이기 때문에 이데올로기적 국가 장치라고도 했습니다. 철학자 미셸 푸코Michel Foucault는 학교 건물, 학교의 운영 방식과 컬처가 군대나 공장하고 똑같은 게 그 때문이라고도 하죠. 이런 시각에서 근대의 학교교육은 한 인간의 총체적 성장을 돕는 것이라기보다는 감시와 처벌의 메커니즘을 훈련시키는 사회 도구라는 거예요. 이런 시각을 저는 예전에는 조금 지나치다고 생각했는데, 이제 보면 사회 구성원들 다수가 학교를 취업을 위한 통과제의, 시장의 상품 생산을 위한 연구시스템 정도로 인식하고 있잖아요. 이제는 학교교육이 저 비판적인 시각을 완전히 실현시키고 있다는 생각이 듭니다.

나성섭— 그런데 산업적 관점에서 볼 때도 그 양상은 시기적으로 분화되고 달라집니다. 소위 산업화 3기, 교육 체제 3기에 오게 되면 상황이 크게 달라집니다. 산업화가 고도화되는 시기인데 정보통신기술ICT: Information and Communications Technologies이 들어오고 노동의 필요도 조금 더 지식 노동 쪽으로 가게 됩니다. 이때는 지식 인력의 중요성이 상대적으로 더 높아지기 때문에 국가 의무교육, 보통교육 과정인 초등학교나 중고등학교보다 대학이 부상합니다. 대학이 산업 인력 양성의 차원에서도 더 중요한 역할을 할 수밖에 없는 거죠. 이제는 대학교도 거의 대중화됩니다. 특이한 경우는 한국이에요. 대학 진학률이 70퍼센트를 훨씬 넘죠. 보통 선진국 같은 경우는 30~40퍼센트 정도가 대학을 가는 게 좋다고 생각하거든요. 한국이라는 나라가 세계적으로도 교육열에서 정말 특이해요. 한국이 가정과 사회의 에너지를 대학 교육에 무조건 쏟아붓는 나라가 되었다는 겁니다. 모든 국민이 대학을 가려고 해요. 너무 많아요, 인구 대비 대학과 대학생이. 지구상에 거의 없는 사례입니다.

교육의 미래, 컬처 엔지니어링

알다시피 지금 4차 산업혁명 시대로 들어가고 있죠. 학교도 당연히 변할 수밖에 없는 사회적 조건에 놓인 겁니다. 게다가 지금 주목해야 하는 것은 사회의 다기화·다양화 현상입니다. 또 개인주의가 한국에서도 강력하게 대두하고 있어요. 디지털 미디어의 발전이 개인주의를 더 잘 표출할 수 있는 도구를 제공하고 있죠. 매슬로가 얘기하는 사회의 마지막 단계인 개인주의의 강력한 표출 같은 게 굉장히 중요한 시대가 된 겁니다. 우리 교육도 이러한 체제와 호응하는 방향을 찾을 수밖에 없습니다. 사회는 거미줄같이 다기화되고, 개인화되고, 고도지식화되는 시대인데, 아직도 교육시스템이 너무나 중앙집권적이고 표준적 인간형, 평균적 공장노동자를 만드는 것에 초점을 맞춘다는 거죠.

함돈균 ── 교육에서 표준화가 지닌 한계에 관한 얘기는 상식이 되었죠. 얼마 전에 읽은 토드 로즈^{Todd Rose}라는 학자의 『평균의 종말』이라는 책이 인상적이었는데, 대량생산 산업화체제에서조차 평균에 무언가를 맞춘다는 게 얼마나 허상인가에 대한 수많은 사례들을 얘기하고 있더라고요. 그 책에서 가장 인상적이었던 사례가 2차 세계대전 이후 미 공군 전투기 조종석 디자인에 관한 얘기였어요. 보통 전쟁을 통해 과학기술이 비약적으로 발전하잖아요. 2차 세계대전 전후로 항공 기술이 엄청나게 진화하는 단계에서 가장 결정적인 영향을 미친 사건 중의 하나가 비행기 조종석 디자인이었다고 해요. 그 핵심은 평균치를 상정하고 만들었던 조종석 디자인에 모든 조종사 개인의 신체적 개별성을 맞춰서 담으려고 했던 시도였다고 합니다. 여기에서 두 번의 사고 혁신이 단계적으로 일어나는데, 우선 평균성의 허상에 관한 질문을 제기하는 것 자체가 패러다임 전환이었고, 이어서 이 질문을 현실에서 구현할 수 있는 개별성을 디자인하는 방법에서 다시 한 번 기술적 전환이 일어납니다.

이런 시도가 이미 70년 전쯤의 일이라는 거죠. 이런 사고 전환이 산업적 측면에서는 현재 자동차 운전석에도 적용되고 있는데요. 사실 학교를 비롯하여 교육 현장에서 이 전환이 일어나야 하는 게 아닌가 생각해요. 물론 이따 얘기할 기회가 있겠지만 이건 학교를 산업적 측면으로 보는 관점을 넘어서는 다른 관점에서는 더 필요하죠. 제가 안타깝게 생각하는 건, 일단 패러다임 전환이 일어나게 되면 그 패러다임의 현실화를 위한 각고의 노력을 통해 그다음 순서나 하위 단계의 구체적 시스템 전환도 결국 이루어지는 경우가 많은 데도 불구하고, 우리 사회 구성원들은 교육에서는 이런 전환이 현실적으로 불가능하다고 자포자기하는 상태처럼 보인다는 겁니다. '우리는 안 된다. 교육은 그냥 두는 게 차라리 낫다', 이런 식인 것 같아요.

폴 김 선생님과 제가 이전에 낸 대담집에 대해 한국에서 주된 반응이 뭐였냐면, 일단 참 좋은 내용이고 영감을 받기도 했는데 한국 교육 현실에는 안 맞는 이상적인 얘기라는 거예요. 저희가 나눈 얘기들은 한국 교육 상황에 적응하거나 그 조건을 맞추려는 얘기들이 아니라, 제대로 미래의 그림을 그리고서 재시작할 필요가 있다는 거였는데, 누적된 과거로서의 현실 상태를 조건으로 그에 맞출 수 없다고만 얘기하니 메시지 발화자의 의도와 수신자의 의지가 안 맞는 거죠. 사실 안 맞는 게 아니라 수신자들의 의지가 없다고 말하는 게 솔직하다고 봐요. 변화에 수반되는 갈등이나 어려움을 감당하기 싫다는 것도 크니까요.

평균의 종말과 다양성

나성섭 — 문제는 요즘 현장이 요구하는 변화된 인재상을 보면 버티는 것도 임계점에 도달했다는 거죠. 부모, 교사, 교수들이 상황의 절박성을 피부에 와닿게 느끼지를 못하는 거 같아요. "그냥 두자", 이게 이제 안 된다는 거예요. 제가 사회 인프라스트럭처 프로젝트에 자금을 조달하는 다국적 기업의 CEO와 잠시 이야기할 기회가 있었어요. "당신이 기관을 운영하면서 제일 고민하는 게 뭐냐?"라고 물어봤어요. 그러니까 자기가 제일 고민하는 게 인재를 확보하는 거라고 하더라고요. 저는 프로젝트를 디자인하는 일 같은 게 제일 어려운 게 아닐까 했는데, 이 기관에 취직하려는 인재들이 줄을 서는데도 사람 구하는 게 제일 힘들다는 거예요. 자기들이 거기에 제일 시간을 많이 쓴다는 거죠.

그래서 물었죠. "당신은 어떤 사람을 원하느냐?" 그러니까 자기는 국제적인 프로젝트를 발굴하고 집행하기 때문에 다른 요소들도 많지만 두 가지를 굉장히 중시한다고 해요. 하나는 다른 문화를 이해하고 수용하는 문화적 다양성과 포용력. 여기에는 타인들과의 협력이나 대화 능력, 공감하는 감성 등이 포함되죠. 두 번째는 실제적인 문제 해결 능력. 무슨 문제가 있는지 파악하고 그 문제를 끝까지 해결해나가는 의지와 능력이 필요하다는 거예요. 그런데 학벌 좋은 사람들이 그렇게 많아도 의외로 이런 사람을 찾기가 쉽지 않다는 거예요. 그래서 자기는 주로 사람 뽑고 발굴하는 일을 하는 데 시간을 보낸대요. 보통 자기 직원 뽑을 때에 몇 개월을 테스트하고, 1년에 걸쳐서 많은 평가를 한 다음 정식 직원 채용을 한답니다. 이건 무슨 말이냐면 현행 학교교육이 이런 사람을 기르는 시스템이 아니라는 거죠.

미래학교일수록 다양성의 문제가 굉장히 중요합니다. 제가 경험했던 얘기를 하나 할게요. 얼마 전 베이징대학교에서 세계 유명 대학의 총장들을 초대한 포럼이 있었습니다. 거기에서 미국과 글로벌 패권을 다투려고 하는 중국의 최고 학교인 베이징대학교 총장과 한국의 한 유명 대학교 총장과 스탠퍼드대학교 부총장이 자기 학교의 미래 비전을 얘기하면서 그 미래를 위해 자신들 학교가 지금 무얼 강조하고 있는지를 논의했습니다. 베이징대학교 총장은 세계 톱 학교가 되기 위한 미래 비전을 성취하기 위하여 지금 가장 역점을 두고 있는 건 세계 최고의 연구력을 지닌 인재들을 교수진으로 채용하는 일이라고 얘기하더군요. 그런데 한국의 유명 대학교 총장이 거기에서 무얼 자랑스럽게 소개했느냐면, 취직률과 고시 패스율이었습니다. 그것이 학교의 목표인 것처럼요. 이것이 한국 대학이 지금 생각하고 역점을 두는 학교 비전 수준입니다. 인재 양성의 목표를 그런 수준에서 보고 있다는 게 그 자리에 있는 한국인으로서 좀 창피하더라고요. 스탠퍼드 부총장은 그럼 뭐를 얘기했느냐면, 바로 다이버시티diversity, 다양성이에요.

스탠퍼드는 교수 채용부터 학생 선발, 교직원 고용까지 인종, 국적, 성별, 연구 관심, 컬처, 재능 등 온갖 종류의 다양성을 어떻게 유지할 것이며 더 확장할 것인가가 제일 큰 관심이고, 미래 비전을 거기에 걸 만큼 최고의 역점 사항이라는 거예요. 제가 그 말을 들으면서, '아, 스탠퍼드는 여유가 있구나' 하면서도, 실제로 생각을 해보니 이 말이 무시무시한 비전이더라고요. 이건 전 세계의 미래를 선도하겠다는 비전이거든요.

함돈균 — 스탠퍼드의 비전은 교육계의 아마존 기업이 되겠다는 말처럼 들리네요. 간단하게 표현되었지만 미래지향적이면서도 야심이 느껴지는 비전입니다. 그런데 그 한국 대학의 총장이 말한 비전은 참 안타깝네요. 그게 특정 대학이라기보다는 지금 한국 대학이 다 그만한 수준에 있다고 생각됩니다. 좀 더 구체적으로 보면 미래교육, 미래학교에 관한 비전을 세울 수 있는 역량을 지닌 리더가 교육계나 사회에 부족하기 때문에 생기는 문제라 여겨집니다. 그 총장이 말씀하시는 내용은 사실 리더의 멘트가 아니라 매니저의 멘트거든요.

이참에 저도 덧붙이자면 미래학교는 진정한 의미의 리더를 키울 수 있는 학교라고 생각해요. 우리는 자주 리더와 매니저를 혼동하는데요. 리더십은 큰 질문, 큰 그림을 그릴 수 있고 구성원들을 설득하는 능력이죠. 이건 기존 질문에 종속된 정답을 찾는 능력이 아니라 질문의 전환 능력이고 지적 창조성의 영역에서는 가장 고차원적인 부분이고요. 매니저는 그 질문에 대한 답, 해법을 찾는 역할이죠. 덜 중요하다는 게 아니라 둘 다 중요한데 그 역할이나 방향이나 차원은 전혀 다르다는 거예요. 그 총장님은 거기에서 리더로서 비전을 보여주셔야 하는데, 해법을, 그것도 아주 지엽적이고 현행 시스템에 철저히 종속된 수준의 매니저 사고를 보여주고 계시잖아요.

이런 리더십 부재 또는 리더십에 관한 오인 현상은 학교, 기업, 정부 관료 체제 등 한국 사회의 거의 모든 상황에서 똑같이 비슷한 수준으로 나타난다고 저는 보고 있습니다. 한 사례로 이번 정부가 나름 기대를 받고 출범했지만 교육정책을 보면 이전 역대 정부들과 차이점이 별로 없는 것으로 보입니다. 이때 제가 주목하는 게 역시 리더 역할의 부재예요. 교육부장관이 리더로서 어떤 역할을 해야 하고, 어떤 발화를 해야 하는지 인지가 안 되어 있고, 역시 마찬가지로 매니저의 수준에 머물러 계시더라고요. 예컨대 현 교육부장관이 임명되면서 가장 먼저 무슨 메시지를 사회적으로 던지는가 봤더니, 수능을 상대평가로 하느냐 절대평가로 하느냐, 사립 유치원 문제를 어떻게 처리하느냐, 이런 거였어요. 그리고 여기에 올인을 하더라고요. 이 사안이 중요하지 않다는 게 아니라, 그건 비전의 차원에 해당하는 게 아니라는 거죠. 즉, 리더로서의 영역이라기보다는 개별 사안의 물리적 조정책을 찾는 매니지먼트의 영역이라는 겁니다.

솔직히 말하면, 그건 한국 사회에서 진짜 문제를 회피하거나 은폐하기 위한 가짜 문제라고 생각해요. 절대평가가 되든지 상대평가가 되든지, 교육적 상황에서 발생하는 이 극심한 고통과 낭비가 근본적으로 해결되는 방법이 전혀 아니라는 말입니다. 그냥 흉내를 내는 거죠. 정치가로서, 행정가로서 무언가를 하는 것처럼요. 리더로서 진짜 용기는 없는 거예요.

대통령 탄핵이라는 초유의 국가적 상황, 문명사적 전환기에 등장한 국가

교육의 미래, 컬처 엔지니어링

교육 리더라면 이런 시대 상황을 거시적으로 보고 시대적 전환에 걸맞은 교육 비전을 제시하고, 이를 용기 있게 설득할 줄도 아는 의지와 지혜와 강단이 있어야 하는데 역할을 잘 모르더라고요. 우리 사회에서는 장관이 리더가아니라 그냥 정치인이거나 이해관계를 조정하는 매니저인 거예요. 국가의교육 리더가 미래 비전이 없고 미래 비전을 설득하지 못하는데, 미래교육과미래학교에 관한 시스템적 비전은 당연히 만들어질 수 없겠죠. 그런데 다시아이러니하게도 이건 결국 한국의 학교가 리더를 키우는 컬처나 시스템을갖지 못했기 때문이에요. 리더가 그냥 되는 게 아니죠. 광화문에 있는 큰 서점에 보니 "사람은 책을 만들고, 책은 사람을 만든다"라는 문구를 건물 벽에걸어놨더라고요. 미래학교의 비전을 디자인하는 것이 리더이지만, 그 리더가 존재하게 하는 것이 미래학교의 목표이기도 할 것입니다.

폴 김— 리더십에 관한 얘기 재미있게 들었습니다. 저는 교육자의 입장에서 학교의 학생들 얘기를 할게요. 저는 학교에서 학생들을 볼 때 하나하나의 학생들이 정말 위대한 과학자, 위대한 예술가이자 좋은 시민으로서의 가능성이 있다고 믿어요. 그런데 아이들이 현재 형태의 학교를 다니면 다닐수록 오히려 호기심이 줄어들고 평범한 사람이 된다는 겁니다. 아까 함 선생님께서 '평균의 종말'이라는 얘기를 하셨는데요. 그 예를 들어보면, 사람은다 다른 특성과 능력과 취향과 관심을 가졌거든요. 동물로 치자면 원숭이와코끼리와 물고기가 다르잖아요. 지금 한국의 교육시스템에서는 똑같은 과정에 똑같은 목표를 가지고서 나무 잘 타는 원숭이에게는 "무거운 것을 들어

봐라", 코끼리에게는 "나무를 잘 타봐라", 물고기에게는 "기어다녀라", 이렇게 무차별적으로 끌고 가는 식인 거예요. 타고난 개성, 원하는 일, 좋아하는 일이 다른데, 학부모들이 무조건 똑같은 시스템에 편입되어 같은 방향으로 무리하게 끌고 가죠.

그것이 제가 가장 불만스러운 거고, 그래서 함 선생님과 '교육의 미래, 티칭이 아니라 코칭이다'라는 주제로 책을 내기도 했고요. 그런데 '코칭'이라는 게 그냥 멘토링을 하는 게 아닙니다. 그 사람의 개별성에 대한 충분한 이해를 바탕으로 가이드를 해주어야 하거든요. 그런 게 선생님의 역할이고 학교의 역할이고요. 정말 좋은 코치라면 그 학생이 갖고 있는 장단점, 특기 이런 것들을 잘 이해해야 되잖아요. 그런데 무조건 다 똑같은 형태의 결과물을 원하고 있단 말이에요. 이제 이 똑같은 인간형 양산 체제가 종말을 고하고 있고, 현재 아이들이 자라나 사회에서 역할을 하는 때가 되면 직업 체제의 큰 변화 때문에라도 이런 교육 체제에서 자라난 친구들이 사회에서 자기 주도적인 삶을 사는 게 쉽지 않다는 거죠. 글로벌화된 세계에서 한국 교육은 선진적 사회들과 비교하면 이젠 경쟁 자체가 되지 않을 겁니다.

김길홍 — 이런 상황에서도 교육시스템에 전환이 잘 일어나지 않는 가장 중요한 이유를 폴 김 선생님은 무엇 때문이라고 보십니까?

폴 김 — '그럼 왜 한국은 이렇게 평균적 인간상과 획일적 삶의 패턴을 따라가지 못해서 모두 안달인 사회가 되었나?', '왜 이런 상황이 완전히 고착화

교육의 미래, 컬처 엔지니어링

되었을까?' 하는 질문이 필요하죠. 이게 이 대화와 책의 목적이기도 한데, 바로 강력한 컬처의 고착화 때문입니다. 이 컬처를 변화시키는 능동적이고 구체적인 사회디자인, 컬처 엔지니어링 같은 노력이 의식적으로 이제는 필요하다는 거예요. 변화는 절대로 저절로 되지 않습니다. 사회라는 건 관성이 너무 세고 그 관성을 통해 먹고사는 사람들이 너무 많기 때문이죠.

저는 한국 사회의 이 컬처를 '두려움이 지배하는 사회'로 이해합니다. 이 두려움은 단지 사고방식의 문제가 아니라, 두려움을 완화해줄 수 있는 컬처가 없고, 그 컬처를 지탱할 수 있는 구조가 되어 있지 않아서입니다. 하나만 콕 찍어 말한다면 이 컬처의 지지대 중에서 가장 중요한 게 바로 사회안전망인데, 한국은 그게 잘 안 되어 있다는 것도 큰 문제입니다. 사회안전망이 충분하지 못하다 보니까, '내가 학벌로 내세울 수 있는 학교나 연봉 높은 직장을 얻어서 내 스스로 충분히 벌어놓지 않으면 나는 굶어 죽는다. 아무도 나를 도와주지 않는다', 이런 생각이 두려움을 조장하고, 평균적 삶을 살기 위해 많은 사람들이 모든 인생의 시간을 바치는 낭비적인 일이 발생하는 겁니다. 그러니까 여기에는 국가나 사회에 대한 불신도 있는 거예요. 교육의 변화를 위해서는 과잉 두려움을 완화하거나 해소할 수 있는 컬처를 형성해야 하고, 이를 위해서는 국가가 사회안전망을 구축하는 정책을 펴는 게 매우 중요하다는 거죠.

교육의 혁신을 위해서는 사회안전망이 필요하다

함돈균 ─ 사회안전망의 구축이 교육의 변화와도 연결된다는 유기적이고 거시적인 시야가 새롭습니다. 그게 사회적 두려움을 완화하는 컬처 엔지니어링의 방법이라는 것도 구체적이고요. 지금 바로 이런 시야가 필요한 것 같아요. 교육 문제가 실은 사회의 인프라스트럭처라서 교육학이나 교육공학의 영역에 갇힐 수 있는 게 절대 아닌데요. 전체성과 유기성을 지닌 시야가 충분치 않으니 굉장히 협소한 혁신을 추동하려 하고, 이러니 저항이 생기고, 그러다 보니 또 '그대로 가자', 하는 안주하는 태도가 생기는 거 아니겠습니까? 게다가 이런 부문을 디자인하는 이들이 교육 관료들인데, 그 관료들이 교육받은 방식도 결국 마찬가지로 유기적이고 전체적이며 통섭적인 인재를 기르는 게 아니었고, 관료를 뽑는 방식도 수능 보는 방식과 크게 다르지 않은 국가 행정고시고요.

폴 김 ─ 좀 더 구체적으로 교육의 방향에 대해 시사점을 줄 수 있는 사례를 얘기해볼게요. 개인적으로 제가 여러 가지 교육학적 연구를 하면서 알아낸 것들이 있습니다. 멕시칼리Mexicali라는 멕시코의 지역에서 모바일 러닝을 했는데, 하나는 농촌 지역에서의 연구였고, 또 하나는 도시빈민 지역에서의 연구였어요. 도시빈민 지역에 있는 부모들은 집에 있는 시간이 없고 대부분이 술을 많이 먹는다든지, 아이들의 교육에 대한 관심도, 지원도 부족한 경우들이었어요. 농촌 지역에 사는 부모들은 집에 있는 시간은 상당히 많지만 수입은 별로 없어요. 모바일 러닝 프로젝트를 하면서 보니까 농촌 지역에 있는 아이들이 훨씬 뛰어난 학습 결과를 나타냈단 말이에요. 그래서 왜 그럴까 연구를 해봤더니 농촌에 있는 부모는 그래도 집에 있어요. 그러니까 애들이 학교 갔다 오면 "너 뭐 했어?", 질문을 하고 그러면 애들이 설명을 해주는 거예요. "이것도 했고, 저것도 했고", 설명을 해주는데, 도시빈민 지역 애들은 일단 부모가 없어요. 여러 가지로 아이들의 목소리에 귀를 기울일 수 있는 부모의 시간이 없었던 거예요. 연구의 결론이 뭐냐면, 학교에서는 선생님이 코치이고 집에서는 부모님이 코치인데, 이런 부모님이나 부모님의 역할을 해주는 사람이 아예 없을 경우에 그런 방식의 코칭을 해주는 사람도 없다는 거예요. 그랬을 때 아이들이 자기가 뭘 배웠는지를 상기할 수도, 확인할 수도 없고, 그것을 재밌게 설명할 수도 없다 보니까 도시빈민 지역에 있는 아이들이 훨씬 더 공부를 못하는 현상이 나타나더라는 거죠.

그런데 이에 반대되는 사례도 있어요. 이건 한국의 사례인데요. 한국의 교육은 너무 의존형 아이들을 만든다는 거죠. 아이가 모든 일을 엄마에게, "나 이거 해야 돼?", "뭐 할까?", "나 어떤 학교에 가야 해?", "이런 전공 선택해도 돼?", 이런 식인 거죠. 부모가 아이의 성장 과정에 전반적으로 너무 깊숙이 개입하고 간섭하는 거예요. 소소한 일에서부터 인생의 결정적인 방향 선택에 이르기까지. 20대 대학생이 되어도 몸만 컸지 자라는 과정에서 자기 결정을 스스로 하는 경험이 거세되다 보니까, 자기 주도적으로 새로운 일을 탐색하거나 새로운 도전을 하는 의지 자체를 갖지 못해요. 마인드 바탕에는 자기 결정에 대한 두려움이 깔려 있어서 이미 안전 지향 본능만 너무

커져 있습니다. 우리가 사회의 좋은 변화를 추동한다고 할 때 결국 이것도 사람이 하는 일인데, 사람 자체가 변화를 추동할 수 있는 마인드가 안 되고 이런 사람들이 사회의 다수를 차지하니까 도전 없는 컬처가 형성됩니다.

함돈균— 이전 책에서도 "한국 교육시스템은 두려움에 기반을 두고 두려움을 조장하는 교육시스템이다"라는 얘기를 하셨죠?

폴 김— 그렇습니다. 이 상황이 어디에서 비롯되는가를 자각해야 해요. 우리가 이 대화에서 미래학교, 미래교육에 대해서 얘기할 때, '미래학교', '미래교육'이라는 말 자체가 특별한 뜻이라기보다는 아직 오지 않은 삶, 예측할 수 없는 삶을 준비하고 만들어가는 학교와 교육이라는 뜻이에요. 이미 있던 과거만 추종하는 사람들을 키우는 교육과 문화 속에서 비싼 건물을 짓고 신형 컴퓨터로 바꾼다고 그게 되나요? 멕시코 시골 학교 학생만도 못한, 자기 주도성이 없는 사람이 된다 이거죠.

미래학교라는 건 아이들이 자기 주도적으로 학습할 수 있는 능력을 키워주는 학교입니다. 현재 한국에서 수능에 전부 쏟아붓는 게 아이의 대입을 결정할지는 모르지만, 이제부터는 학벌로 결정되는 사회가 끝나가고 있어요. 취직했던 회사가 없어지고 직업군 자체가 없어지는데, 일시적 취직이 평생을 보장할 수가 없죠. 자기 주도성은 대입이 아니라 평생을 결정합니다. 여기에서 중요한 포인트가 뭐냐면 자기 스스로 결정을 할 기회가 많다는 것은 그런 결정을 통해서 실패할 기회를 많이 갖는다는 뜻이라는 겁니다. 실패할 기회를 효과적으로 자꾸 만들어주는 학교가 미래학교인 거예요. 리스크 테이킹 능력도 능력이라는 말이죠.

이건 동시에 컬처이기도 해요. 잘못된 결정도 해봐야 하고, 거기에서 배우고, 실패할 기회를 주고, 실패를 통해서 다시 배우고, 더 발전된 나를 찾는 그런 기회와 환경을 제공해주는 학교가 미래학교의 모습이라는 겁니다. 보다 나은 미래는 실패의 계기, 실패를 학습하는 일이 없으면 가능하지 않습니다. 그런 교육 프로세스와 그런 학교를 디자인하는 것이 사회가 한 단계 진화하고 성숙해지기 위한 컬처 엔지니어링이기도 한 것입니다.

김길홍— 정말 지금 그렇게 변화가 진행되고 있어요. 그런데 한국 사회는 이에 대한 실감이나 글로벌한 상황에 대한 이해, 대처가 미흡한 것 같아요. 옛날 상투를 붙잡고 있는 거 같아요. 구글이나 페이스북 같은 글로벌 기업들이 직원을 채용할 때 대학 졸업장을 요구하지 않기 시작했고, 전통적인 교육 시스템 이외에도 인터넷 동영상 등 새로운 방식으로 전문성을 습득할 수 있는 기회들이 많아지고 있어요. 이런 얘기 하면 먼 나라 얘기인 것처럼 이상적인 얘기를 한다고 하죠. 외국에서 국제기구에 근무하면서 한국의 교육 상황을 관찰하면 바다가 범람해서 둑이 터지기 직전인데 구멍만 막고 있는 그런 느낌이 있습니다. 지금 대비하고 준비해야 되는데요. 지금 교육 체제가 만족스러운 것도 아니고 많은 이들이 고통을 느끼고 있는 거잖아요.

함돈균— 제가 새로운 학교를 지금 준비하고 있는데 같이 준비하는 선생님이 글로벌 컨설팅 기업에서 컨설턴트로 있었어요. 한국 사회에 대해 사려 깊은 이런 진단을 하더라고요. "사회 구성원들 거의 모두가 교육시스템에 대해 불만스럽고 너무나 고통스러운 체제 속에 있지만 변화를 원하지 않을 때, 어떻게 그 체제가 이렇게 공고히 지속될 수 있는지가 참 수수께끼다", 그럽니다. 그런데 그분이 가만히 한국 사회를 들여다보고 말하셨어요. "고통의 한계치가 지난 지 오래되었지만, 그 고통의 감각을 타인에게 강요하다 못해서 이제는 다들 스스로 무디게 함으로써 근본적 변화 없이 몸과 정신과 시스템이 썩어가는 데도 그냥 살 수 있게 되었다"라고요. 그 말을 듣고 '촌철살인 같은 진단이다' 싶으면서 가슴이 아프더라고요.

학교 모델, 평가시스템, 분권화

폴 킴— 그런 상황이다 보니 제가 한국에 와서 교육의 변화에 관한 얘기를 아무리 해도 늘 듣는 얘기가 교사나 학부모나 모두 "너무 이상적인 얘기 아니냐"라며 냉소하는 거예요. 그런데 이게 이상적인 거냐 하면, 전혀 아니란 거죠. 현실에서 실현되고 있는 사례가 많은데, 이건 이상적인 게 아니라 진화한 현실의 사례를 못 봐서 그런 거예요. 그래서 저는 교육의 변화나 새로운 컬처를 만드는 과정에서는 좋은 사례를 많이 보여주고 알리는 게 중요하다 생각하고요. 함 선생님이 지금 시도하는 '사회디자인학교 미지행Mijihaeng' 같은 새로운 학교 모델이 작든 크든 지속 가능한 성공의 사례를 만들어가는

교육의 미래, 컬처 엔지니어링

게 대단히 중요한 사회적 의미를 갖는 것도 이 때문입니다. 우리가 이런 학교들이 성공할 수 있도록 공적 자산으로 생각하고 함께 도와야 한다는 거예요. 핀란드 같은 나라의 학교 모델도 교사들만 관심을 가질 것이 아니라 학부모들이 알 수 있도록 해야 합니다. 뭘 봐야죠, 알아야죠. 아이든 부모든 본 적이 없으니까 그게 무지에서 오는 질문인 줄 모르고, 어떤 교육철학 앞에서 무슨 뛰어난 전문가적 식견인 것처럼 "그거 너무 이상적인 거 아닌가요?", 이런 논평 아닌 논평을 수십 년 동안 앵무새처럼 반복만 하다가 정체된 사회가 지금 한국이 아닌가 합니다.

또 교육자의 입장에서 보면 교육정책이라든지 교육 프로그램이라든지 교육과정이라든지 이런 게 너무 정치적인 영향력에 휘둘리기 때문에 상당히 단기적인 교육 프로젝트들이 한국에는 많아요. 정부가 바뀌면 중단되거나 또 바뀌죠. 교육혁신이라는 건 절대 단기적 프로젝트가 될 수 없는 성격이기 때문에 지속성이 있어야 하는데, 정책 연속성에 대한 사회적 컬처가 없으면 지속 가능한 혁신 프로젝트도 없고, 혁신의 동력도 절대 만들어지지 않습니다.

그리고 교육에 관한 컬처를 변화시키는 데에 아주 중요한 일이, 아이들을 보는 사회의 눈이 전체적으로 달라지는 겁니다. 부모가 가이드는 될 수 있지만 아이들의 인생을 부모의 욕망에 따라 결정하는 일은 없어져야 합니다. 아이를 부모 소유라고 보면 안 되고, 그 독자성을 존중할 뿐만 아니라 사회의 공적 자산이라고 봐야 해요. 아이 하나하나가 부모를 위해 태어난 것도 아니고, 미래에 어떤 역할을 할지 모르는 귀한 존재들이라는 거죠. 미래학교를 거창하게 생각할 게 아니라, 학교의 구성원인 아이와 학생들이 미래의 스타라고 보는 문화가 기본적으로 필요합니다. 그런데 지금 한국의 학교에서나 가정에서나 아이들 하나하나를 그런 존재로 여기는 문화가 있는 건지 잘 모르겠어요. 시험 성적에 따라 그것도 주입식 시험을 보면서 그 기준에 따라 인간에 대해 보이지 않는 차별을 하는 문화가 있는 거 아닌가요? 학생 하나하나, 아이 하나하나에 대한 관심과 가능성에 대한 정확한 파악, 존재 그 자체에 대한 존중이 있는 컬처인지에 대해서 상당히 회의적입니다.

나성섭— 학교에 관해 좀 더 얘기를 덧붙여볼게요. 지금 세계적으로 교육 경쟁력이 높고 정말 좋은 인재를 키우는 나라들 중에 네덜란드, 핀란드, 싱가포르 이런 조그만 나라들이 있어요. 인구도 적고 국토도 작아요. 그런데 그 나라 인재들이 한국에 왔을 때 과연 서울대에 들어갈 수 있을까요? 못 들어간다고 단언합니다. 사람을 키우는 방향이나 목표 자체가 다른 거예요.

저는 사회 전체적인 관점에서 대학 졸업이나 취업 평가시스템을 재설계하는 것을 고려해야 한다고 봅니다. 결국 한국 교육의 목적은 좋은 대학을 졸업해서 좋은 직장에 취업하는 것이니까요. 그런데 네덜란드, 싱가포르 등의 나라들에서 눈여겨볼 게 평가시스템인데, 적어도 우리 같은 수능이나 암기 중심 객관식 문답은 아니죠. 특히 핀란드에서는요. 이걸 보면 삼성에서 SSAT Samsung Aptitude Test라는 독자적 직무수행시험을 만든 것도 근본적인 게 아니고 뭔가 회피적 성격이 있다고 봐요. 아까 얘기한 그런 나라들에서는 최종 학교나 기업 등에서 실제적인 협력 능력, 지적 호기심, 자기 주도성 같은 것을 중요한 테스팅 포인트로 도입하고 있어요. AI가 대답을 다 해주는 시대에 모든 사람을 동일한 유형의 객관식 테스트로 일률적으로 측정하는 시스템에 대해 정말 재고를 해봐야 한다는 겁니다. 사람마다 장점도 단점도 재능도 관심도 다 다르잖아요. 이 다른 부분을 어떻게 키우고 어떻게 측정할 것인가도 미래교육의 포인트예요.

그리고 또 하나 중요한 부분이 국가 전체의 교육시스템을 교육부 중심에서 개별 학교 단위로 분권화하는 게 정말 필요합니다. 일선 학교 중심으로 가야 돼요. 학교 단위마다 특성을 갖는 개별적 독자 모델을 만들 수 있게 방향을 잡아야 합니다. 개별 학교에 권한을 주어야 하고, 교장과 교사의 자율권을 향상시켜줘야 해요. 이때 학교행정 디자인의 핵심이 뭐냐면 교장에게 인사권을 주는 겁니다. 지금은 공립학교에서는 국가고시로 교사를 채용하고 수급하다 보니 교장에게 인사권이 없는데, 인사권이 없으면 아무 힘이 없어요. 무조건 힘을 빼게 하는 건 좋은 게 아니에요. 아시아개발은행의 교육프로젝트에서 하는 일 중에 학교에 인사권을 주는 것도 있어요. 그래서 학교가 사람을 뽑아요. 우리도 그렇게 할 수 있죠. 인사 남용을 견제하는 시스템을 넣되 권한은 있어야 책임도 생기고 학교의 특성도 만들 수가 있잖아요.

학교를 모니터링할 수 있는 시스템을 도입해야 하는데 부모들이 책임 의식을 가지고 모니터링에 참여해야 합니다. 부모가 학교와 교육에 대해 일방적인 불평만 하지 말고, 자기도 참여해서 팀으로서 같이 뛰어야 돼요. 학교 운영도 함께 협동해서 해야 한다는 겁니다. 앞으로는 사회 어디에서든 중요한 인성 포인트가 협력과 소통인데, 그게 학생들에게만 강조되는 게 아니라 교육시스템의 일원으로서 개별 단위에서 부모도 협력적 시스템의 일부가 되는 책임성을 발휘해야 한다는 말입니다.

함돈균 ― 나 선생님께서 교육의 분권화, 학교의 자율성이라는 아주 중요한 방향 포인트를 지적하신 것 같아 덧붙입니다. 제가 한국의 교육시스템 전환에서 과감하다 싶을 정도로 전환을 모색해야 한다고 보는 게 개별 학교들의 독립성 또는 독자성을 어떻게 강화할 것인가 하는 문제입니다. 한국에 있는 학교들은 초등학교, 중학교, 고등학교, 대학교가 사립이든 공립이든 상관없이 중앙 조직의 하부 구성물처럼 존재합니다. 충분히 이 정도의 물적 토대를 가지고 있으면 자존심을 가지고 자기 비전이나 독자성을 강조해나갈 수 있다고 보이는 대학조차 모두 비슷비슷합니다. 대학의 사회 기여도를 어떻게 측정해야 하는지 모르겠지만, 지금처럼 취업률 1위를 내세우는 것 말고 다른 기준을 제시할 수 있다고 생각됨에도 불구하고 이름 있는 사립대학조차 국가의 부속 조직처럼 쪼그라들어 있거든요.

잘 아시겠지만 여기에서 국가와 대학 간에는 돈을 놓고 벌이는 '거래'가 있어요. 대학과 대학의 주요 구성원인 교수나 연구진은 정부 재정 지원에 종속되어 있습니다. 대학뿐만 아니라 초등학교, 중고등학교 하나하나가 독립적인 단위로서 자율성을 가지고, 구성원들의 철학에 따라 각자의 좋은 비전을 만들 수 있어야 해요. 그리고 네거티브 리스트 같은 최소한의 기준 아래 교육과정의 자율성도 학교마다 가질 수 있어야 사고와 재능과 관심의 다양성도 확보될 수 있을 텐데요. 역시 우리에게는 모든 게 대학 입시로 결국 블

교육의 미래, 컬처 엔지니어링

랙홀처럼 빨려 들어가는 상황이니 이 자율성에 대한 사회적 신뢰가 높지 않은 악순환이 있고요.

김길홍 — 자율성이라는 게 참 좋은 건데, 사회에 시스템적으로 도입되려면 신뢰도가 높은 사회여야 가능합니다. 한국 사회가 세계에서 사회적 신뢰도가 낮은 나라 중 하나라는 게 여기서 또 변화의 발목을 잡는 거죠. '각자의 자율은 못 믿겠다. 정부가 주는 일률적 지침을 따르고 감시를 받는 체제가 낫다', 이런 인식이 있지 않나 해요.

함돈균 — 자기 주도형 교육에 대해서도 저는 견해를 덧붙이고 싶어요. 미래교육이나 미래학교에서 자기 주도형 배움, 자율적 인재를 키우는 게 중요하다고 얘기를 많이 하셨는데, 물론 동의합니다. 이 얘기 전에 한국을 지금 보면 어린 학생부터 시작해서 대학생까지 교육 분야에 한정하지 않아도, '내가 진짜 뭘 하고 싶은가'에 대한 자기 욕망의 확인 과정이나 기회가 없는 사회라는 생각이 들어요. 개별적인 차원에서 자기 욕망의 부재가 사회적으로 모이면 결국 '내가 살고 싶은 사회는 어떤 사회인가'라는 질문이 부재한 사회가 됩니다. 국가 단위로도 마찬가지지요. 결국 내 욕망의 능동적 확인은 사회 비전이나 국가 비전에 대한 구성원들의 생각으로 이어져요.

제가 존경하는 한 건축가께서 '공공公共'이라는 말을 공公과 사私 사이에 있는 것이라고 하시며 여기에서는 '함께共'라는 말의 의미를 깊이 있게 생각하고 새롭게 확장해서 실천하는 게 중요하다고 하셨어요. 어쩌면 사회의 지배적 요구나 압력에 굴복하지 않고 자기가 진짜 원하는 일을 찾아가는 일에서부터 사회의 진정한 비전도 열릴 수 있는 게 아닌가 싶어요. 자기 삶에 대한 진짜 소망을 확인하고 사회 비전과 그것이 연결되어 있다는 것, 적어도 학교가 그 사이에서 가교 역할을 해야 합니다. 자기 주도성이라는 게 그 방향을 생각하지 않고 그냥 스스로 하는 능력이라고만 얘기해버리면 입학시험 준비에만 열심히 몰두하는 학생도 자기 주도적인 인간이겠지만, 우리가 지금 얘기하는 교육의 목표는 그런 수준에 머무르는 것은 아니잖습니까? 사회 구성원들이 자기 욕망을 확인하고 형성할 계기가 없는 문화에서는 사회가 더 완고한 관료주의에 휘둘리게 됩니다. 소수의 관료 엘리트들이 책상 앞에 앉아 자기들 생각대로 사회를 재단하고, 그 힘은 더 소수의 행정 체제에 집중되며 완고한 힘이 되어 변화는 더 어려워지는 악순환이 발생하는 거죠.

폴 김 ― 동의합니다.

함돈균 ― 지금 전 세계적으로, 특히 한국 사회에서 교육에 대해 갖고 있는 협소한 시각, 저는 이게 일종의 이데올로기라고 생각하는데요. 이걸 의심해봐야 한다고 생각해요. 그게 뭐냐면, 제가 기업에 다니는 사람들을 만날 때 가장 많이 듣는 단어 중의 하나가 '니즈needs'라는 말이에요. 그런데 그 맥락을 들어보면 이 '니즈'가 결국 '시장', '상품 사회'의 니즈인 거죠. 니즈라는 말이 필요나 결핍이라는 뜻이고, 세상의 필요나 결핍은 시장이나 기업이 추구하는 이윤 가치로 모두 환원되는 게 아닌데도 불구하고, 이 말을 사용하는 사람들을 보면 세상을 기본적으로 시장으로 환원하고 어떤 상품이나 화폐적 척도로 삶의 가치 기준을 전부 통일해서 본다는 거죠. 현재와 미래 사회의 중요한 가치로 다양성에 대해 얘기를 많이 하고 있지만, 사실 이 시대야말로 시장 제국주의이고 화폐 제국주의라서 가치 척도의 다양성을 말살하는 시대라는 겁니다.

철학자 미셸 푸코는 수십 년 전에 이런 태도와 사고들이 세상의 중심 관념이 될 것이라고 예고하면서 이런 사회를 '신자유주의' 사회라고 표현했어요. 이 사회의 특징은 모든 이가 자신의 신체와 생각을 포함하여 그로부터 나오는 모든 인간의 창조물을 상품으로 생각하고, 모든 이들이 마치 자신을 '기업가'인 것처럼 사고하고 행동하는 정체성을 추구하게 된다는 것입니다. 그이전에 철학자 죄르지 루카치György Lukács는 이런 현상을 개인과 사회의식의 '물화物化'라고 표현했죠. 사회에서 인간의 상호관계가 상품 사회의 교환관계를 그대로 닮아가서 사회 전체가 상품 형태, 화폐적 교환가치 이외의 다른 방식으로는 존재할 수 없게 되는 상황인 거죠.

오늘날 많은 대학에서, 이제는 더 하위 단계의 학교 과정에서도 창업가 교육, 기업가 교육이 유행하고, 피터 드러커Peter Drucker 같은 경영철학이 윤리학으로 격상되는 시대이기는 합니다. 하지만 이것이 가진 유의미성에도 불구하고 삶이 그 방식으로만 이해되거나 환원될 수 없다는, 그러니까 화폐적 척도와 교환가치로만 세상을 이해하거나 환원할 수 없다는 비판적 사고도 필요합니다. 이는 철저한 질문의 형태로 '사유'되어야 한다고 봅니다. 저는 이 사유를 훈련하는 일이야말로 미래교육과 미래학교의 가장 중요한 프로세스 중 하나로 도입되고 강조되어야 한다고 봅니다. 이 얘기는 언뜻 보면 매우 역설적이기는 하지만, 미래학교라는 것, 미래교육이라는 것은 미래 사회를 준비하는 교육일 텐데, '준비'한다는 말에는 '적응한다'라는 뜻도 포함되지만 '문제를 풀고 새로운 문제에 대비한다'라는 뜻도 포함되기 때문입니다. 이런 교육을 저는 인문 정신이라고 보는 거예요.

미래 사회는 분명히 지금보다 더 뛰어난 효율성과 지능을 지닌 기계들이 출현할 것입니다. 자동차 운전조차 기계가 해주고 갓난아이가 엄마에게 배우던 모국어('엄마의 말')까지도 기계가 가르쳐주며 인간이 자라나는 시대가 이미 시작되었습니다. 사회 전체가 기계와 데이터의 자율신경망에 의해 조직되는 세계는 결국 인간의 지각과 의식과 감성 체계를 자동화할 것이 분명합니다. 어쩌면 영화 〈매트릭스〉가 보여주듯 자동기계들이 실제 주인이 된 세상에서 그 시스템의 지속 가능성을 위해 인간 의식이 컨트롤되는 세계는 벌써 도래해 있는지도 모릅니다.

폴 김 선생님은 스마트학교라는 게 첨단 기술이 아니라 스마트한 사고를 할 수 있는 인간을 키우는 학교라고 말씀하셨는데, 이 스마트사고에서 가장 중요한 능력이 바로 통찰적 사유 능력이라고 저는 생각합니다. 저는 미래교육의 추세로 요즘 강조되는 비판적 사고, 창조성, 협력, 소통이라는 소위 4C critical thinking, creativity, collaboration, communication에 대한 강조를 들을 때, 어떤 면에서 의구심이 들기도 합니다. 왜냐하면 여기에서 '4C가 무엇을 위한 것이냐'라는 질문을 할 때, 이 질문이 대체로 4차 산업혁명 쇼크에서 비롯된 것이기 때문에, 새로운 시장 창출, 새로운 노동력, 새로운 기업의 출현이라는 관점에서 추동되고 있다는 생각이 적지 않게 들기 때문입니다. 4차 산업혁명이라는 말을 처음 꺼낸 분도 다보스포럼의 의장이셨던 분 아니겠습니까?

에리히 프롬Erich Fromm이 이미 오래전에 현대의 인간 양식, 사회 양식에 대해 얘기하면서 소유 양식과 존재 양식이 있다고 한 적이 있는데, 정말 이제는 세상이 '소유 양식'으로 완전히 획일화되었습니다. 이 획일성이 심지어는 이제 교육의 영역 안에도 완전히 침투되어 '물화'된 상황입니다. 미래에는 이런 사회체제가 거의 의식조차 되지 않을 정도로 사고에 자동적으로 자리 잡으면서 거기에서 비롯되는 매우 심각한 새로운 인간문제, 사회문제들이 발생할 것이 확실합니다. 넷플릭스의 인기 드라마 〈블랙 미러〉를 한번 보십시오. 정말 쇼킹한, 그러나 충분히 있을 일들이 새로운 기술혁명 사회에서 발생할 것이고, 그 미래는 이미 우리 생활 안에 실마리들이 들어와 있습니다.

그렇다면 이러한 상황에 처한 인간, 삶, 사회의 양식에 대한 깊이 있는 통찰이 필요하고, 이 통찰의 프로세스를 다양한 방식으로 학교와 교육시스템에 도입하는 것 자체가 미래학교이고, 사회디자인이며, 컬처 엔지니어링이라고 할 수 있을 겁니다. 제가 말씀드리는 건 지금 대학에서의 전공 인문학이나 교양 인문학 같은 종류가 아니라, 진정한 차원에서 인문교육과 예술교육이 국가 보통교육 과정에서 코딩기술 학습보다도 강조되고 진화한 공부 방식으로 도입되어야 한다는 겁니다.

미래 삶에 대한 통찰력을 키우는 인문적 시야

김길홍 ― 함 선생님 말씀에 매우 동의합니다. 제가 주로 개발도상국에서 경제개발이나 물리적인 인프라스트럭처 프로젝트를 진행해오다 보니까, 현실적으로는 인문학이나 예술교육 같은 부분을 신경 쓰거나 관여할 기회가 별로 없었습니다. 그런데 스탠퍼드에 1년간 방문학자visiting scholar로 와서 이곳에서 어떤 일들이 진행되는가를 유심히 지켜보니, 이곳이 공학뿐만 아니라 인문적 교육 프로세스가 매우 유기적으로 결합이 되어 있는 학교라는 데에 깊은 인상을 받았습니다. 제가 앞서 기술도 중요하지만 기술혁명이 야기하는 새로운 갈등을 조정하는 디자인 프로세스가 사회 발전의 도전 과제가 될 거라고 얘기한 것도 그런 융합적인 시야가 필요하다는 뜻이었죠.

함돈균 ― 갈등 조정을 담당하는 사람이나 갈등의 이해관계 당사자나 더 큰 그림을 그리는 정책자나 관료들 모두에게 필요한 게 인문적 시야입니다. 제가 말하는 인문적 시야라는 건 다른 게 아니라 삶을 360도로 조망하는 힘인데, 이건 시험용 암기 공부나 교양의 진주 목걸이 같은 게 아니라 일반적인 중등교육과정에서 자연스럽게 배우고 훈련해나가면서 갖게 되는 잠재성 같은 거거든요. 비판적 사고critical thinking라는 게 토론만 열심히 한다고 되는 게 아니라, 실은 바로 이 인문적 시야 자체가 발산하는 사고의 힘이라고 봐야죠.

나성섭 ― 저는 미래학교와 미래교육을 직업교육 차원에서도 생각해봐야 한다고 봅니다. 제가 아시아개발은행에서 교육 디렉터로 있는데요. 국가에 직업학교를 디자인하고 세팅하는 일을 합니다. 직업학교시스템은 한 국가의 미래와 관련하여 굉장히 중요한 일이거든요. 개인에게도 사실 그렇습니다. 그런데 한국에서는 취업과 학교를 그렇게 연결시키면서도 이상한 문화가 있어요. 중학교에서 인문계 학교로 진학하지 않고 실업계 학교, 특성화 학교를 가면 뭔가 인생 낙오자 같은 걸로 여기는 분위기가 아직도 일반적이라는 말이에요. 그런데 이제 개인적으로나 국가적 차원에서도 이 직업학교를 주목하고 잘 디자인해야 합니다.

저희가 변하고 있다는 말을 이 대화에서 많이 했는데, 사회혁신이 일어나고 있는 국가들은 예외 없이 좋은 직업학교시스템, 직업학교에 대한 우호적 컬처를 형성하고 있습니다. 그런데 한국은 아직도 양반 사회 컬처가 남아 있는지, 아니면 남들 시선을 의식하는 허세 문화 때문인지 몰라도 직업학교나 직업학교 다니는 학생을 긍정적 시선으로 보지 못하는 거 같아요. 아직도 다 인문계에 가려고 하지, 재능 있는 학생들이 직업학교에 자발적으로 진학하는 문화가 아니거든요. 싱가포르의 예를 여러 번 얘기해서 미안하지만, 역시 싱가포르가 이것도 잘하고 있어요. 싱가포르에는 폴리텍이 있는데, 3년제 전문대입니다. 싱가포르에는 세계적인 명성을 지닌 싱가포르국립대학교와 난양공과대학교가 있어요. 그런 곳에 폴리텍 학생들이 이들 대학에 입학을 척척 하고 싱가포르국립대학교 전자공학과에서 1등으로 졸업한 사례도 있어요. 실업계 출신들은 현장 중심으로 공부를 하다 보니까 기계나 기술에 대한 이해도가 인문 계열 학생들보다 월등하고 이게 강점으로 작용한 거죠.

　문제 해결 능력을 요즘 강조하는데, 한국에서 인문계에서 수능 입시 공부만 하는 학생들을 생각해보세요. 문제 해결 능력이 과연 얼마나 좋을까요? 인문계 학교 출신보다 실업계 학교 출신이 삶의 구체적인 현장도 알고 사회 생태계와 네트워킹도 잘하고 자기 주도성도 뛰어난 경우가 많아요. 저는 이런 학교에 직접 관여하기 때문에 수없이 이런 사례를 보아왔습니다. 기업에서 이런 학생들을 좋아하지 않겠어요? 사실 학벌 간판만 떼면 이 친구들이 상당히 경쟁력이 있어요. 실질을 중요하게 생각하는 사회로 가야 한다는 겁니다.

　여기에서 중요한 게 갭 이어^{gap year} 시스템의 디자인입니다. 미래교육시스템에서는 무조건 상급 학교로 진학을 바로 하는 게 아니라, 쉬었다 가도 되고, 일하다가 정말 공부하고 싶고 필요성이 느껴지면 그때 학교를 가도 되는 거예요. 왜 모든 사람이 사정이 다르고 꿈도 다른데 상급 학교로 꼭 바로 진학을 해야 하나요? 외국에서는 지금도 대학원의 경우 한국처럼 바로 학부에서 진학하는 비율보다 현장에서 일하다가 진짜 더 심화된 공부를 하고 싶어서 나이 들어 진학하는 경우가 상당히 많아요. 갭 이어 시스템을 잘 디자인해서 현장과 기업, 현장과 학교, 고등학교와 대학교와 대학원 등을 다시 잘 개편하면 좀 더 사회와 유기성을 갖는 미래교육시스템을 만들 수가 있습니다. 실업계 학교에서 기술과 현장 경험을 쌓아 취업했다가, 그 현장 경험을 우대해서 그런 학생들의 심화 공부를 도울 수 있도록 대학교와 대학원의 문턱을 낮추고 입학시키는 프로세스를 적극적으로 도입할 필요가 있어요.

교육의 미래, 컬처 엔지니어링

그 경로로 대학 입학 통로가 생기면 실질적으로 공부하고 싶은 학생들과 자기 주도성이 뛰어난 학생들을 더 뽑을 수 있어서 대학도 좋고, 학생들도 좋습니다. 인문계를 나와서 자기 꿈도 없이 대학에 가려고 모든 힘을 쏟아붓는 소모적 교육시스템이 완화될 거라고 봅니다.

폴 김 ─ 우리 얘기가 어느덧 마무리되어가는 것 같은데, 기왕 얘기가 나왔으니 함 선생님이 지금 정성을 다해서 만들고 있는 '사회디자인학교 미지행'이라는 학교가 있잖습니까? 한국에서는 찾아보기 힘든 새로운 학교 모델을 디자인하는 일이라서 저도 기대하고 있고, 또 동참해서 함께 만들어가고 싶은 학교이기도 한데요. 한국에서는 새로운 교육적 사례가 별로 없다 보니 구체적인 학교 디자인 사례로 이 학교를 소개해주시며 대화를 마무리하는 것도 좋을 것 같습니다. 함 선생님이 가진 사회와 교육에 대한 오랜 문제의식, 인문적 관점, 시민교육에 관한 생각들이 총체적으로 녹아 있는 미래학교라고 짐작을 합니다만.

함돈균 ─ 소개할 기회를 주시니 감사하네요. 이 학교는 근대에 만들어진 학교 체제, 특히 한국의 학교 상황에 대한 여러 가지 문제의식과 깊은 고민, 그리고 새로운 시간의 도래를 바라는 염원을 담아서 여러 선생님들이 함께 디자인해가고 있습니다.

　우선 저는 학교라는 시스템에 관해 비판적 사회이론가들이 '사회 재생산 시스템'으로서의 학교라든지, '이데올로기적 국가 장치'라고 하는 것과는 다른 차원의 학교를 만들어보고 싶다는 생각을 오랫동안 해왔습니다. 기존의 학교가 현행 사회시스템을 유지시키는 데에 주로 관심을 갖는다면, 거꾸로 좀 더 진화된 사회시스템을, 미래 가치를 내포한 시대정신의 개입 아래 학생이 주도적으로 설계하는 학교도 있을 수 있다는 거예요. 그래서 이 학교의 정체성을 '사회디자인학교'라고 설정했습니다. '사회디자인'이라는 개념이 제가 만든 독창적인 개념은 아니지만, 사실상 이런 정체성을 중심으로 삼는 학교는 한국에 없었고 외국에서도 사례가 많은 것은 아닙니다. 우리가 얘기하는 '컬처 엔지니어링'이라는 것도 사회디자인의 한 형태라고 봐야 하는데요. 아무튼 여기에서 중요한 것은 기존의 교육이 이미 있는 사회시스템을 전제로 그 시스템에 적응하거나 시스템을 유지하기 위한 방안을 찾거나 산업 역군을 양성하는 데에 주된 관심을 갖는 형태라면, 이 사회디자인 학교는 '좋은 삶은 무엇인가?', '우리가 원하는 사회는 어떤 것인가?'라는 가치의 개입, 미래에 대한 주체의 주도성을 확인하는 질문을 던지고, 그 질문을 통해 나온 사회에 대한 그림을 현실화하는 구체적인 실행 전략을 기획해보는 실천적 학교라는 점입니다.

지금 대학에서의 공부가 이론 중심적인 연구인 반면에 사회 현장에서는 아주 실무적인 차원의 기술자들이 있어요. 한쪽에서는 현실과의 괴리가 문제되는 이론의 공허함이 있고, 다른 한편에서는 좀 더 종합적이고 거시적인 시야를 통해 현장의 전문성을 가치 지향적 관점에서 가이드해줄 수 있는 콘셉트 기획의 필요성이 요구된다는 거죠. 그런 중간 지대 앎의 활동 영역이 있다고 생각됩니다. 제가 준비하는 학교는 이 중간 지대에서 발휘될 수 있는 기획력과 통섭적 안목을 갖춘 사회기획자나 사회디자이너, 또는 우리가 얘기하는 새로운 개념을 적극적으로 차용하자면 컬처 엔지니어의 자질을 키워보자는 취지입니다.

김길홍 — 취지가 좋고 아이디어도 좋네요. 제가 실무적 경험을 오래 해본 감각으로는 설득력이 있고 아주 필요한 영역이라고 판단됩니다. 그런데 새로운 학교 모델이라면 뭔가 운영상의 특징도 있지 않겠습니까?

함돈균 — "새 술은 새 부대에 담는다"라고, 뜻을 보다 진화된 형식으로 구현할 운영 원리가 있습니다. 이 학교는 크게 보면 '잇는 학교', '움직이는 학교', '말하는 학교'라는 세 가지 원리에 따라 운영됩니다. 사회디자인의 구체적 연구 모델을 만들기 위해서 매 학기 특정한 연구 지역을 설정하고, 그 지역 전체를 캠퍼스로 삼는다는 개념 아래 의미 있는 지역의 공간들을 탐색하여 그 공간들을 여러 개의 거점 교실로 공유하며 수업을 진행합니다. 그 공간들을 이어서 새로운 지역 지도를 만들어내고, 그 공간들이 서로 네트워킹되어 지역 전체가 배움의 터전이 되는 방식입니다. 수업 장소는 계속 움직여서 다른 지역으로 이동합니다. 교실의 잇기와 이동은 해외를 포함하여 다양한 삶의 현장이나 교육 공간이 연합하는 형태로 제한이 없습니다. 이 과정을 통해 여러 지역의 사회적 생태계를 파악하는 동시에 새로운 사회적·교육적 생태계를 만들게 됩니다. 또 수업에서 지역 연구를 진행하면서 매 학기, 매년, 공부 내용을 아카이빙하면 대학의 사회학 논문과는 전혀 다른 관점으로 특정한 지역에 대한 살아 있는 리포트가 쌓일 것이라고 생각합니다.

한편 이 학교는 사회디자인이라는 개념으로 접근하는 공부와 연구 자체가 현재 사회에 의미 있는 아이디어와 빅 퀘스천, 정책적 제안의 성격을 띨 수 있기 때문에 공론장 역할을 하려고 합니다. 학교 자체가 사회의 문화 형성이나 정책 형성에 영향을 줄 수 있는 스피커가 될 수 있다는 생각을 하고 있습니다. 그리고 전공은 따로 없이 사회디자인을 위해 필요한 영역을 인문, 몸, 공간, 도구, 미디어, 커뮤니케이션, 커뮤니티 등으로 분류합니다. 이 영역을 통섭적으로 모두 공부해서 종합적 지성을 형성하고, 배움이 현장과 현장 전문가들로 늘 연결되게 해서 자연스럽게 학생들이 살아 있는 삶과 네트워킹되도록 한다는 원칙을 갖고 있습니다.

폴 킴 ― 미래학교는 첨단 테크놀로지를 갖추고 있는 학교가 아니라 미래에 걸맞은 인재, 스마트한 인간을 키워내기 위한 노력을 하는 학교라고 말씀드렸잖아요. 사실 이런 학교가 한국뿐만 아니라 글로벌한 상황에서도 중요한 학교 모델이 될 수 있을 거라고 봅니다. 샌프란시스코에 미네르바스쿨이 등장한 것처럼 이 학교가 잘 디자인되고 운영되면 글로벌한 차원에서도 주목하는 창조적인 사례가 충분히 될 수 있다고 생각해요. 교육혁신이라는 것을 한 번에 이루려고 하지 말고, 이러한 다양한 사례들을 계속 만들어나가는 노력을 해야 하고, 사회가 응원하면서 그 도전을 함께 도와야 되겠습니다.

컬처 엔지니어링을 위한 아홉 번째 질문
한국 기자들 질문 없습니까?

미국의 전 대통령 버락 오바마^{Barack Obama}가 한국을 방문해서 방문자로서 한국의 초대에 감사를 표하며 한국 기자들에게 질문할 우선권을 주었습니다. 아무도 질문을 하지 않자 다시 물어봅니다. "한국 기자들 질문 없습니까?" 그러나 역시 한국 기자들은 꿀 먹은 벙어리입니다. 난감한 표정을 지으며 오바마가 다시 질문이 없냐고 묻자, 중국 기자가 "아시아 대표로서 내가 대신 질문하겠다"라고 나섭니다. 오바마는 한국 기자에게 발언권을 주는 것이라며 중국 기자를 제지하고 다시 한국 기자에게 질문권을 넘깁니다. 역시 한국 기자들은 질문하지 않았으며, 중국 기자가 다시 나서는 어처구니없는 풍경이 발생했습니다. 질문을 두려워하거나, 질문을 귀찮아하거나, 창조적 질문을 할 줄 모르는 사회. 한국의 학교가 만든 풍경입니다. 미래학교에서 인재를 키운다는 것은 창조적 질문 능력을 지닌 사람을 키운다는 뜻입니다.

교육의 미래, 컬처 엔지니어링

질문하는 문화를 어떻게 만들 것인가?
ⓒ 폴 김·김길홍·나성섭·함돈균, 2019 Printed in Seoul, Korea

초판 1쇄 펴낸날 2020년 1월 14일
초판 2쇄 펴낸날 2021년 7월 30일

지은이	김길홍·나성섭·폴 김·함돈균
펴낸이	한성봉
편집	안상준·이동현·하명성·조유나·최창문·김학제
디자인	전혜진·김현중
마케팅	박신용·오주형·강은혜·박민지
경영지원	국지연·지성실
펴낸곳	도서출판 동아시아
등록	1998년 3월 5일 제1998-000243호
주소	서울시 중구 소파로 131 [남산동 3가 34-5]
페이스북	www.facebook.com/dongasiabooks
전자우편	dongasiabook@naver.com
블로그	blog.naver.com/dongasiabook
인스타그램	www.instargram.com/dongasiabook
전화	02) 757-9724, 5
팩스	02) 757-9726

ISBN	978-89-6262-318-5 03300

이 도서의 국립중앙도서관 출판예정도서목록(CIP)은
서지정보유통지원시스템 홈페이지(http://seoji.nl.go.kr)와
국가자료종합목록 구축시스템(http://kolis-net.nl.go.kr)에서
이용하실 수 있습니다. (CIP제어번호 : CIP2020000676)

※ 잘못된 책은 구입하신 서점에서 바꿔드립니다.

만든 사람들

편집	김다정·하명성
크로스교열	안상준
표지디자인	전혜진
본문디자인	김경주